少儿编程发展与
信息技术教育

吴瑜鹏 朱恩芳 著

江西高校出版社
JIANGXI UNIVERSITIES AND COLLEGES PRESS

图书在版编目(CIP)数据

少儿编程发展与信息技术教育/吴瑜鹏,朱恩芳著.--南昌:江西高校出版社,2024.8
ISBN 978-7-5762-4475-5

Ⅰ.①少… Ⅱ.①吴… ②朱… Ⅲ.①程序设计—教学研究—中小学 Ⅳ.①G633.672

中国国家版本馆 CIP 数据核字(2023)第 235901 号

出 版 发 行	江西高校出版社
社　　　址	江西省南昌市洪都北大道96号
总编室电话	(0791)88504319
销 售 电 话	(0791)88522516
网　　　址	www.juacp.com
印　　　刷	江西新华印刷发展集团有限公司
经　　　销	全国新华书店
开　　　本	700 mm×1000 mm　1/16
印　　　张	14
字　　　数	222 千字
版　　　次	2024 年 8 月第 1 版
	2024 年 8 月第 1 次印刷
书　　　号	ISBN 978-7-5762-4475-5
定　　　价	68.00 元

赣版权登字-07-2023-872
版权所有　侵权必究

图书若有印装问题,请随时向本社印制部(0791-88513257)退换

CONTENTS
目 录

▼

第一章 少儿编程发展概述 ………………………………………… 1
  第一节 少儿编程的起源 ……………………………………… 1
  第二节 国外少儿编程发展成果介绍 ………………………… 3
  第三节 国内少儿编程发展成果介绍 ………………………… 7
  第四节 少儿编程与单片机技术的融合 ……………………… 12
  第五节 少儿编程与3D打印造型技术的融合 ………………… 14
  第六节 少儿编程与人工智能的融合 ………………………… 16
  第七节 少儿编程存在的问题 ………………………………… 19
  第八节 少儿编程未来的发展方向 …………………………… 22

第二章 少儿编程融入信息技术教育的发展历程及基本理论 …… 29
  第一节 少儿编程融入信息技术教育的发展历程 …………… 29
  第二节 少儿编程融入信息技术教育的意义 ………………… 37
  第三节 少儿编程融入信息技术教育的理论基础 …………… 41
  第四节 少儿编程教育的群体面向与原则 …………………… 61
  第五节 少儿编程融入信息技术教育的模式 ………………… 67

第三章　信息技术课程标准与教材中的编程内容 …… 80
第一节　信息技术课程标准中的编程内容 …… 80
第二节　中小学信息技术教材中的编程内容 …… 90
第三节　中小学信息技术编程竞赛 …… 104

第四章　中小学信息技术教学素材与案例 …… 108
第一节　中小学编程教学素材 …… 108
第二节　基于少儿编程的中小学信息技术教学案例 …… 125

第五章　少儿编程发展与信息技术教育研究 …… 179
第一节　少儿编程发展与信息技术教育研究的价值 …… 179
第二节　少儿编程发展与信息技术教育研究的选题 …… 181
第三节　少儿编程发展与信息技术教育研究的基本方法 …… 194
第四节　少儿编程发展与信息技术教育学术论文类型及写作 …… 198

第一章　少儿编程发展概述

随着信息技术的飞速发展,编程已经成为现代人必备的技能之一。少儿编程教育也成了当今社会关注的热点。本章将全面概述少儿编程的起源、国内外发展现状、少儿编程与单片机技术的融合、少儿编程与3D打印造型技术的融合、少儿编程与人工智能的融合、少儿编程存在的问题与发展方向等方面。

第一节　少儿编程的起源

20世纪60年代,计算机作为一种新兴技术开始进入人们的视野,儿童编程教育也随之兴起。由于计算机技术成本高且复杂,儿童编程教育一开始主要是在大学实验室中进行的。这个时期主要采用基于机器语言的低级编程语言进行教学,技术门槛较高。

20世纪80年代,个人计算机开始流行,前后也诞生了许多基于图形界面的编程语言,使得儿童编程教育开始向普通家庭普及。其中最为著名的是Logo语言。西蒙·派珀特(Seymour Papert)教授是Logo语言的发明者,也是构造主义学习理论的提出者。派珀特教授专门为孩子发明了Logo语言。Logo语言创始于1967年,是早期的一种编程语言,也是一种与自然语言非常接近的编程语言。它通过"绘图"的方式来学习编程,非常适合通过"寓教于乐"的方式对儿童进行教学。与一般的计算机语言不同的是,Logo语言输出的是几何图形。派珀特教授基于对儿童学习和认知的理解,意识到计算机不仅能够执行指令和传递信息,还能帮助儿童表达自己的想法。他在《头脑风暴》一书中写道:"通过编写计算机程序,孩子们既能尝试着理解和掌握最现代、最强大的技术工具,有机会触及科学和数学的最深处,又能体会到创建智能模型的美。"时至今日,这一观点仍然具有前瞻性。因此,派珀特教授将Logo语言应用到了教育领域,让孩子们通过编程的方式学习,从而使学习变成一种看得见、摸得着的方式。

20世纪90年代,儿童编程教育开始进入一个新的阶段。随着互联网和多媒体技术的发展,家庭计算机逐渐普及,这为儿童编程教育提供了更广阔的平台。米切尔·雷斯尼克(Mitchel Resnick)在派珀特教授的理论基础上推出了新一代的编程语言——Scratch编程语言。Scratch是面向儿童和少年的编程学习工具。它的目的是让孩子们通过图形化的编程方式,学习和理解编程的基本概念和逻辑。

Scratch由麻省理工学院的"终身幼儿园团队"在2007年正式发布。它是一种广为人知的图形化编程工具,所有人都可以在软件中创作自己的程序。截至2023年,Scratch仍在不断更新和改进。Scratch用积木接口的形状作为拼插指引的设计,来源于乐高积木。Scratch的诞生和发展在全球范围内受到了关注和认可。它已经成为许多学校和教育机构的首选编程工具,能够帮助孩子们培养逻辑思维、问题解决能力和创新能力。同时,Scratch也在不断发展和改进,以满足更多孩子和教育工作者的需求。目前,Scratch软件被翻译成超过50种语言,注册用户超过4000万,遍布全球150多个国家。

国外编程发展迅猛,中国教育机构和很多企业也意识到孩子从小学习编程的重要性。2000年初,计算机科学教育在中国的一些大城市开始兴起。最早的编程学习形式是通过计算机培训机构提供的课程来进行的。

2005年,随着计算机技术在中国的普及,一些教育机构开始在学校开设编程课程,主要面向中学生,并由专门的编程老师授课。这是中国少儿编程发展的重要一步,标志着编程逐渐进入学校教育领域。

然而,真正的快速发展始于2010年,教育部发布了《国家中长期教育改革和发展规划纲要(2010—2020)》,要求加快教育信息化进程。此后,浙江省将信息技术纳入高考选考科目,2017年高考中首次出现编程相关题目。北京、重庆、广东、湖北、厦门等省市也颁布相关政策,支持编程教育的发展。

2015年,国内少儿编程迎来了一个发展的小高峰。教育部印发了《教育信息化"十三五"规划》,将信息化教学能力培养列入中小学办学水平评估、校长考评的指标体系。自此,编程教育正式纳入基础学科。

2020年,教育部又出台了"强基计划",推出新的人才培养方案。其中,与编程相关的内容占比高达40%。这表明政府对编程教育的重视程度进一步加深。

随着政策的推动,市面上的少儿编程品牌也逐渐增多。以极客晨星为例,它独创渐进式学习法,自主研发星码系统课程体系,涵盖可视化编程逻辑概念、Python、C++及国际信息学奥林匹克竞赛等全体系课程,为孩子们提供了高质量的编程教育。

总的来说,少儿编程在国内的发展史是一个从政策推动到市场响应、从规划设想到落地实行的过程。随着政策的不断推动和市场的不断发展,少儿编程在国内的发展前景将会更加广阔。

第二节 国外少儿编程发展成果介绍

少儿编程教育在国外已经取得了显著的成果,这些成果涵盖了编程教育政策的推动、编程教育的普及、编程语言与工具的发展、编程与学科的融合、编程教育师资培训、编程社区与交流平台的发展、编程竞赛与项目的开展以及政府对编程教育的支持等多个方面。

一、编程教育政策的推动

2010年,美国国家科学基金会实施了iDreams项目,旨在重塑K-12阶段的学校计算机科学教育,在常规课程中增加计算机科学教育。英国政府也明确了在少儿编程教育中应加入与学生逻辑接受水平相当的算法与计算机基础知识,并且各大公立与私立中小学应为学生开设足够多的编程课程。澳大利亚政府将编程纳入国家课程,并投入大量的资金和资源。政府还为教师提供专业的编程培训和教学资源,以确保他们具备教授少儿编程的能力。此外,澳大利亚的一些学校还与企业合作,共同开展编程教育项目,为孩子们提供更好的编程学习机会。这为孩子们提供了足够多的编程学习机会和资源,推动了国外少儿编程教育的发展。

二、编程教育的普及

2011年以后,美国的少儿编程呈现繁荣发展的景象:2012年,美国中小学开始开设编程课;2013年,非营利组织Code.org发起"编程一小时"(Hour of Code)科普活动,将美国的计算机编程教育推向了高潮。该活动通过有趣的游戏内容,启发孩子们进行编程,用一种虚拟的、可视化的和富有想象力的方式来构建编程思维。

在许多发达国家,少儿编程已经成为学校教育体系中的重要组成部分。例如,美国、英国、日本等国家已经将编程纳入基础教育课程体系。这些国家的学校不仅提供了丰富的编程课程,还通过开展课外活动、夏令营等形式,让更多的孩子接触到编程。此外,许多国家的学校还开发了在线编程平台,以便学生在家中也能够学习编程。

三、编程语言与工具的发展

从计算机发明至今,随着计算机硬件和软件技术的发展,计算机编程语言经历了机器语言、汇编语言、面向过程的程序设计语言以及面向对象的程序设计语言阶段。

1967年,第一款少儿编程语言——Logo语言面世。它是一种解释型语言,内置一套海龟绘图(Turtle Graphics)系统,通过向海龟发送命令,就可以直观地学习程序的运行过程,适用于儿童学习和数学教学。

1972—1973年,美国贝尔实验室推出了C语言。C语言既具有高级语言的特点,又具有汇编语言的特点,1978年后,C语言已先后被移植到大、中、小及微型机上。SQL(Structured Query Language,结构化查询语言)是一种数据库查询和程序设计语言。在C语言中,我们可以使用SQL来存取数据以及查询、更新和管理关系数据库系统。

1979年,贝尔实验室的计算机科学家开始设计一种将C语言改良为带类的C语言,并于1983年将该语言命名为C++语言。C++语言是一种静态数据类型检查的、支持多重编程范式的通用程序设计语言。它支持过程化程序设计、数据抽象、面向对象程序设计、泛型程序设计等多种程序设计风格。

1991年推出了Python语言。Python语言是一种面向对象的直译式计算机程序设计语言,由Guido van Rossum于1989年底发明,首个版本发布于1991年。Python语言是一种代表简单主义思想的语言。阅读一个良好的Python程序就像在读英语一样。它使你专注于解决问题,而不是去搞明白语言本身。

1995年,Java语言出现了。Java语言是一种简单的、面向对象的、分布式的、解释型的、健壮的、安全的、结构中立的、可移植的、性能优异的、多线程的、动态的语言,是由Sun Microsystems公司于1995年5月推出的Java程序设计语言和 Java 平台(即 JavaSE、JavaEE、JavaME)的总称。在 Java 出现以前,Internet 上的信息内容都是一些乏味死板的 HTML 文档。

2007 年,米切尔·雷斯尼克带领麻省理工学院媒体实验室"终身幼儿园"团队,正式发布图形化编程语言 Scratch。该语言操作直观、形象,因此在全球 150 多个国家广受欢迎。

四、编程与学科的融合

在国外,少儿编程教育不仅仅局限于计算机领域,还与其他学科进行了深度融合。例如,Scratch 与音乐结合:孩子们可以使用 Scratch 中的音乐模块来创作歌曲。他们可以通过选择不同的乐器、调整音量和音调来创作独特的音乐作品。这种方式的创作可以帮助孩子们更好地理解音乐的基本元素和表达方式,同时也可以培养他们的音乐创造力,提升他们的艺术修养。

国外少儿编程与多学科的融合为孩子们提供了更广阔的学习和发展空间。这种跨学科的学习方式可以帮助孩子们更好地理解和应用编程思维,同时也可以促进他们在其他学科领域的学习和发展。这种融合可以培养孩子们的素质和能力,帮助他们更好地适应未来的社会和发展要求。

五、编程教育师资培训

在国外,少儿编程教育师资培训已经成为一个重要的领域。许多机构和组织都为少儿编程教师提供了专门的培训课程和资源,以确保他们具备教授编程所需的专业知识和技能。

目前,世界上已经出现了一些知名的少儿编程教育师资培训机构。

(1)ScratchEd。ScratchEd 是一个由麻省理工学院开发的在线培训平台,旨在帮助教师掌握 Scratch 编程语言和教学方法。该平台提供了各种培训课程和资源,包括视频教程、案例研究、实践练习和在线社区等。

(2)Code.org。Code.org 是一个非营利组织,致力于推广编程教育。该组织为教师提供了各种编程教育资源和培训课程,包括在线课程、工作坊和研讨会等。

(3)CSforAll。CSforAll 是一个致力于推广计算机科学教育的非营利组织。该组织为教师提供了各种计算机科学教育资源和培训课程,包括针对不同年龄段和技能的课程和工作坊。

这些机构和组织提供的培训课程和资源内容丰富、形式多样,包括在线课程、工作坊、研讨会和实践练习等。它们不仅提供了关于编程语言和工具的培训,还教授少儿编程课程的设计和实施、学生学习成果的评估等内容。

此外,一些机构和组织还为教师提供了资源,例如教学材料、案例研究和最佳实践等,以帮助教师更好地理解和教授少儿编程,提高教学质量。

总之,国外少儿编程教育师资培训已经得到了广泛的重视和发展。各种机构和组织都为教师提供了专门的培训课程和资源,以确保他们具备教授编程所需的专业知识和技能。这些培训课程和资源内容丰富、形式多样,为教师提供了资源支持,能够帮助教师提高教学质量。

六、编程社区与交流平台的发展

国外还存在着许多针对少儿编程的社区和交流平台。这些平台为孩子们提供了互相学习、交流经验的场所。在这里,孩子们可以分享自己的编程作品、交流编程技巧、参加线上或线下的编程活动等。这些社区和平台不仅增强了孩子们的团队协作能力,还激发了他们的学习热情和创新精神。

从适用年龄来看,国外有代表性的青少年编程平台基本涵盖了各个年龄段。其中,Google 旗下的 Made with Code 编程平台,专门为青少年阶段的女生搭建学习编程和计算科学的平台。从典型课程来看,各大青少年编程教育平台主要围绕 JavaScript、HTML、CSS、Python、Scratch 等主流编程语言,同时教授 Ruby、SQL 等语言。从运营模式来看,国外典型的青少年编程教育平台大多采用线上运营模式开展教育教学;同时,很多平台也与学校或社会教育培训机构合作,开展面对面交流或夏令营等线下活动。

七、编程竞赛与项目的开展

国外还存在着许多针对少儿编程的竞赛和项目。这些竞赛和项目往往具有趣味性、挑战性和实用性等特点,能够激发孩子们的竞争意识和社会责任感。例如,美国的 Hour of Code 活动、欧洲的 Raspberry Pi 项目挑战赛等,都是为了鼓励孩子们参与编程而设立的。通过参与这些竞赛和项目,孩子们可以锻炼自己的编程技能,培养创新思维和实践能力。

八、政府对编程教育的支持

在国外,政府对少儿编程教育的支持也是推动其发展的重要因素之一。例如,美国、英国等国家已经出台了相关的政策,强调编程教育的重要性,并为其提供资金支持。此外,一些国家还设立了专门的机构来推动少儿编程教育的发展,例如英国的 Code Club Pro 项目就是由政府资助的面向青少年的免费编程俱乐部。无疑,政府的支持为少儿编程提供了稳定的发展环境,推动了其在国内的普及和发展。

第三节　国内少儿编程发展成果介绍

1984 年 2 月 16 日上午,上海微电子技术及其应用汇报展览会正在举行,王颂赞老师带着他的小学员——13 岁的李劲和 11 岁的丛霖等待给国家领导人做计算机演示。邓小平观看两位学员的计算机表演后,说了一句:"计算机的普及要从娃娃做起。"就是因为这句话,王颂赞钉在了少儿计算机教育的岗位上,"一句话,一辈子"。过去几十年里,他不仅教学生,也培训教师,参与编纂各类少儿计算机知识普及教材,填补了我国少儿计算机教育领域的空白。

近年来,少儿编程在国内也得到了越来越多的关注和重视,在政策支持、教育创新、师资力量提升、行业标准建立等多个方面都取得了显著的成果。以下将从编程教育的普及、编程竞赛的推动、政府支持与引导、编程平台的崛起、教育创新实践、师资力量的提升以及行业标准的建立七个方面详细介绍国内少儿编程的发展成果。

一、编程教育的普及

随着信息技术的发展和普及,越来越多的家长和教育机构认识到编程教育的重要性,少儿编程课程逐渐走进人们的生活。由于人工智能的发展和大力引领,家长对少儿编程越来越重视。从幼儿园到小学,编程教育已经成为许多孩子的必修课程。一些城市还将编程纳入中高考,这进一步推动了编程教育的普及。

国内少儿编程市场规模不断扩大,或达百亿。市场对少儿编程培训行业普遍持乐观态度,通常将其对标市场规模为 600 亿元、年增速为 15%—20% 的少儿英语培训市场。幼儿园及中小学的学生是编程教育的核心受教育群体。据教育部统计,2015 年,这三类群体的在校人数约为 1.83 亿人。考虑到统计的中国大陆少儿编程渗透率为 0.96%，以及预计每人每年在编程培训领域消费 6000 元，粗略估计目前国内少儿编程市场规模达 105 亿元。而且每当渗透率提升 1%，市场规模就有望扩大 100 亿。因此，少儿编程发展前景广阔。

二、编程竞赛的推动

编程竞赛是推动少儿编程发展的重要手段之一，旨在培养孩子的逻辑思维和问题解决能力。近年来，各类编程竞赛如雨后春笋般涌现，吸引了众多孩子。这些竞赛不仅锻炼了孩子们的编程技能，还培养了他们的创新能力和团队合作精神。许多优秀的编程少年在竞赛中脱颖而出，成为行业内的佼佼者。

三、政策支持与引导

政府在少儿编程的发展中起着关键的推动作用。近年来，国家出台了一系列政策，强调加强编程教育，培养创新型人才。比如教育部公布了 2022 年义务教育阶段的 16 个课程标准。其中明确提到，把"信息科技"独立设置为新科目，并且将以"数据、算法、网络、信息处理、信息安全、人工智能"为课程主线。各级政府还设立了专项资金，鼓励社会力量参与少儿编程教育，进一步推动少儿编程的发展。

从课程内容来看，各大平台主要围绕"机器人教育"以及"编程教育"来设置，讲授的语言主要有 Python、Scratch、App Inventor 以及 C++。其中，多个平台将全国青少年信息学奥林匹克联赛（NOIP）作为授课的重点之一，这与国内考试升学制度紧密联系在一起。此外，结合 Arduino 等开发的 STEAM 教育智能机器人，是当前国内青少年编程教育的主要教学模式之一。从运营模式来看，越来越多的平台采用线下线上相结合的教学模式——总结线下教学经验，利用线上平台展示教学深度，来吸引家长与学习者。

我们通过梳理国内外青少年编程教育中的典型编程语言以及教育平台，不难发现，国内外该领域的发展势头十分强劲，各具特点。相较而言，国外青少年编程涉及的语言更为多样，存在为学习者提供学习机会的各类非营利组织；同时，还有平台专门关注女性学生群体的编程学习与发展。反观国内，青少年编程教育多集中于编程机器人、信息学奥林匹克竞赛以及图形化编程等，注重小班教学以及利用各类教学方式（游戏化、PDL 等）提供更好的编程学习体验。

四、编程平台的崛起

近年来，青少年编程教育逐渐受到我国教育界的高度重视，社会融资与各类专项资金不断流入编程教育领域。2018年6月亿欧智库发布的《2018中国少儿编程教育行业研究报告》显示,我国青少年编程教育正在向快速发展阶段过渡。表1-1梳理了国内有代表性的青少年编程教育平台。

表1-1 我国有代表性的青少年编程教育平台

平台名称	创立时间	课程内容	适用年龄	运营模式	平台特点
优必选	2012	Jimu系列编程机器人	6—18岁	线上、线下	从人形机器人起步,逐步推出STEM教育智能编程机器人
乐博乐博	2012	UARO机器人/积木机器人/单片机/Python	4—16岁	线上、线下	幼/少儿机器人教育培训,基于PDCA教学法开展编程教育
编程猫	2015	Scratch/Python/数据结构/计算机网络/操作系统等	7—16岁	线上、线下	从兴趣出发,在游戏中发挥创造力,探索学科融合的奥秘
Make Block	2013	Scratch/Python/Arduino	6—18岁	线上、线下	面向学校、家庭的STEAM教育场景和娱乐场景,提供齐全的机器人硬件、编程软件
小码王	2016	Scratch/App Inventor/Java/Python/NOIP	6—16岁	线上、线下	提供体系化整套方案,资深教育顾问助阵,提供沉浸式学习体验
VIPCODE	2017	Scratch/App Inventor/Python/C++/NOIP	6—16岁	线上	利用CODE MOO+CODE LIV双系统提供线上教学体验
西瓜创客	2017	Scratch/Python	7—12岁	线上	编程启蒙与思维训练,在项目中学习协作,发挥创造力

续表1-1

平台名称	创立时间	课程内容	适用年龄	运营模式	平台特点
奇幻工房	2012	乐高/Dash机器人/Python	4—12岁	线下	开设Dash机器人活动中心,使用Wonder Workshop机器人和课程,专业讲师授课
极客晨星	2016	Python/C++/NOIP	6—16岁	线上、线下	强调课程的细致、普及性,夯实基础,循序渐进
妙小程	2017	Scratch/Python/C++/NOIP	6—16岁	线上、线下	通过游戏化教学学习编程,智能学习助手全程跟踪
编玩边学	2014	Scratch/Arduino/Python/NOIP	7—18岁	线上	在线小班教学、进阶式课程、PBL游戏化教学
傲梦编程	2014	Scratch/JavaScript/Python/C++/NOIP	6—18岁	线上	编程及数学逻辑思维开发,具有7种主流编程语言、17个级别的课程进阶体系

从上述平台来看,它们各有亮点和特色。"优必选"通过创意搭建、逻辑编程学习以及亲子、伙伴间的分享,来培养青少年的创造力和跨学科综合运用知识解决问题的能力;"乐博乐博"于2008年自韩国引入我国少儿编程教育领域,采用项目管理中的"PDCA"(情境导入、探索体验、反思学习、总结重构)模式开展教学;"编程猫"以游戏、动画、图形化为主要特色,采用PBL项目式教学,利用AI定制学习规划,目前已有超过200万中小学用户。从适用年龄来看,各大平台都涵盖从学前教育阶段至中学阶段的青少年编程教育内容。

五、教育创新实践

在少儿编程的发展过程中,许多教育机构积极探索创新教育模式,尝试将编程与其他学科相结合,培养孩子们的综合素质。例如:将编程与数学相结合,让孩子们通过编程解决数学问题；将编程与艺术相结合,让孩子们通过编程创作数字艺术作品等。这些创新教育实践为少儿编程的发展注入了新的活力。

STEAM教育的核心在于将科学、技术、工程、艺术和数学融合在一起,培养学生的创新精神、解决问题的能力和团队协作精神。编程教育则是将计算机科学作为一门学科,让学生通过编写代码来学习计算机思维和解决问题的方法。

少儿编程是STEAM教育的最佳实践方式,教育重点并不是让孩子成为程序员,而是学会编程思维。编程思维是计算机科学解决问题的思维方式,通过分析问题最终解决问题,从而提高孩子的问题分析能力、创新能力、沟通表达能力、团队协作能力、逻辑思维能力、受挫能力等未来社会必备的综合素质。

六、师资力量的提升

少儿编程的发展离不开优秀的师资队伍。近年来,越来越多的专业人士投身于少儿编程教育事业,为孩子们提供专业的指导和培训。同时,教育机构和学校也加大了对教师的培训力度,提高教师的编程教学水平,确保孩子们能够获得优质的教育资源。

七、行业标准的建立

近年来,国家发布了《教育信息化"十三五"规划》《新一代人工智能发展规划》《2019年教育信息化和网络安全工作要点》等文件,为行业标准的建立提供了政策指导。中国教育技术协会发布了关于创客教育的智库报告——《教育跨学科发展及其行业兴起》。该报告对少儿编程教育的发展历程、学习内容等进行了全面介绍,为行业标准的制定提供了理论和实践依据。清华大学出版社出版了《计算思维与程序设计》。该书深入探讨了计算思维与编程思维的区别和联系及其在少儿编程教育中的应用,为行业标准的制定提供了理论支撑。

总之,国内少儿编程在政策支持、教育创新、师资力量提升、行业标准建立等多个方面取得了显著的成果。未来,随着技术的不断发展和教育观念的更新,少儿编程将会在培养创新型人才方面发挥更加重要的作用。

第四节 少儿编程与单片机技术的融合

随着时代的进步与科技的发展,单片机技术的实践应用日渐成熟。单片机是计算机技术中的一个分支,被广泛应用于各个领域。单片机技术在电子产品领域的应用,丰富了电子产品的功能,也为智能化电子设备的开发和应用提供了新的出路,实现了智能化电子设备的创新与发展。将单片机技术与少儿编程相结合,对于培养孩子们的逻辑思维、创新能力和团队协作能力具有重要意义。因此,少儿编程与单片机技术的融合成了教育领域的一个热点话题。本文将从少儿编程与单片机的技术联系、单片机与少儿编程的教育价值、少儿编程与单片机技术的融合应用等方面进行探讨,以期为相关教育工作者提供参考。

一、少儿编程与单片机的技术联系

少儿编程教育强调培养青少年的编程思维,包括逻辑思维、算法思维等。单片机作为一种可编程的微型计算机,其编程过程也需要运用类似的思维。通过单片机的学习和实践,青少年可以更加深入地理解编程思维,并将其应用于实践。

首先,两者都需要使用编程语言来实现功能。少儿编程通常会使用Python、JavaScript等相对简单的编程语言,帮助孩子们理解编程的基本概念和逻辑。而单片机编程则主要使用C语言或汇编语言,这些语言更贴近硬件,可以直接控制单片机的各个模块。尽管两者的编程语言不同,但它们的核心编程逻辑是相似的,都涉及变量、循环、条件判断等基本概念。

其次,单片机编程和少儿编程都需要理解编程的基本逻辑,如顺序执行、循环执行和条件执行等。这些逻辑在单片机编程中用于控制单片机的各个模块,实现特定的功能;在少儿编程中,则用于帮助孩子们理解编程的基本概念,找到解决问题的思路。

此外,单片机作为一种可编程的硬件平台,其内部集成了CPU、RAM、ROM、IO端口等基本部件,可以根据程序控制其内部电子器件的工作状态,实现各种功能。这与少儿编程中的项目式学习非常相似。孩子们可以通过编程控制硬件设备,实现一些有趣且实用的功能,从而激发自身的学习兴趣和动力。

二、单片机与少儿编程的教育价值

单片机是一种微型计算机,具有体积小、价格低廉、易于学习等特点,因此在教育领域得到了广泛应用。当今社会,应用单片机的产品已经遍布我们生活的各个领域,如智能仪表、实时工业控制、通信设备、导航系统、家用电器等,都离不开单片机。因此,单片机的学习、开发与应用将造就一批计算机应用与智能化控制领域的工程师和科学家。科技越发达,智能化的东西就越多。学习单片机是社会发展的必然要求,也是电子爱好者和工程师的必修课。学习单片机技术旨在培养孩子们的动手能力、实践能力和创新精神。通过学习单片机技术,孩子们可以了解计算机的工作原理、电子元件的特性和作用等,还可以通过编程控制单片机来实现各种功能。具体说来,单片机技术的教育价值主要体现在以下几个方面:

1. 提高实践能力。学习单片机最重要的就是不断地动手实践。孩子们需要亲自搭建电路、调试程序等,这样才能提高他们的动手实践能力。

2. 拓展知识领域。单片机技术涉及计算机、电子、控制等多个领域的知识。通过学习单片机技术,孩子们可以拓展知识领域,提高综合素质。

3. 培养创新精神。单片机技术的应用非常广泛。孩子们可以通过学习单片机技术来创作自己的创意作品,进而培养创新精神和实践能力。

4. 增强自信心。单片机能够通过编写的程序实现高智能、高效率,以及高可靠性,大大增强了孩子们编写程序的实用性,让孩子们认识到自己在技术方面的能力和价值,从而增强自信心和自尊心。

三、少儿编程与单片机技术的融合应用

将少儿编程与单片机技术进行融合,从计算机原理与结构开始学习,将代码与硬件紧密结合,可以更好地发挥各自的教育价值。具体说来,少儿编程与单片机技术的交融主要体现在以下几个方面:

1. 少儿编程与硬件的结合。在单片机的应用中,少儿编程是必不可少的环节。通过将少儿编程与硬件结合,可以让孩子们更好地理解单片机的工作原理和应用场景。同时,在编写程序的过程中,孩子们还可以逐步掌握各种硬件设备的特性和使用方法。

2. 创造性的综合项目。单片机技术在智能化控制领域运用广泛。"单片机

+控制程序+接口电路+实行机构"这个简单的控制方案就可以低成本地实现智能化。由于单片机具有极高的可靠性、微型性和智能性,我们只需编写不同的程序就可以完成不同的控制作业,用低成本实现极大的可创造性,为孩子们自主设计并制作智能化产品提供了先决条件。这样不仅可以提高孩子们的动手能力和实践能力,还可以激发他们的创新思维和团队协作能力。

3.教育资源的整合。将少儿编程和单片机技术整合到现有的教育资源中,可以形成一种全新的教育模式。例如:可以将少儿编程和单片机技术融入科学课程中,以增强科学教育的趣味性和实用性;可以将少儿编程和单片机技术应用到数学课程中,以帮助孩子们更好地理解数学概念和应用。

4.教师培训与交流。加强少儿编程和单片机技术的教师培训和交流工作,让教师们充分认识到这两项技术在教育中的重要作用和应用前景。通过开展教师培训和交流活动,可以提高教师的专业素养和教育水平,从而更好地为孩子们提供优质的教育服务。

第五节　少儿编程与 3D 打印造型技术的融合

3D 打印是一种快速成型技术,可以通过计算机辅助设计(CAD)软件将虚拟模型转化为实体模型。3D 打印造型技术是一种以数字模型文件为基础,利用可黏合材料如金属粉末、塑料等逐层堆叠制造出三维实体的技术。这种技术可以广泛应用于建筑、食品、航空航天、医疗等领域,为各个领域的发展带来了巨大的机遇和挑战,激发了许多创意。将 3D 打印技术引入儿童教育,通过培养青少年的 3D 打印创新意识以及动手实践能力,有望塑造一批具有创新思维、独立思考能力和出色动手能力的高素质人才。少儿编程与 3D 打印造型技术的融合是一个充满创新和潜力的教育领域。本文将详细介绍这两者之间的联系和交融,以及它们在教育中的应用和前景。

一、少儿编程与 3D 打印造型技术的联系

少儿编程和 3D 打印造型技术是近年来备受关注的教育技术。少儿编程旨在培养孩子的逻辑思维和创造力,而 3D 打印则可以将创意变为现实。这两者的联系体现在以下几个方面:

1.强调创造力。少儿编程和3D打印造型技术都强调孩子的创造力和想象力。编程可以帮助孩子构建虚拟世界,而3D打印造型技术则可以将孩子的创意变成现实中的物品。

2.实践与理论的结合。少儿编程和3D打印造型技术都强调实践与理论的结合。编程需要孩子掌握一定的计算机语言和算法知识,而3D打印则需要孩子了解物体的结构和设计原理。

3.个性化学习。少儿编程和3D打印造型技术都为孩子提供了个性化的学习机会。孩子可以通过编程和3D打印造型技术来表达自己的想法,发挥自己的创意,从而更好地展示自己的个性和才华。

二、少儿编程与3D打印造型技术的价值

少儿编程与3D打印造型技术相融合的新型教育模式具有十分重要的价值。未来,我们可以预见到以下趋势:

1.教育资源整合。随着教育信息化和数字化进程的加快,越来越多的教育资源平台开始整合少儿编程和3D打印造型技术,为孩子提供更加全面的学习体验。

2.跨学科融合。少儿编程和3D打印造型技术将逐渐跨越学科界限,与科学、艺术、数学等多个领域融合,帮助孩子在多元化的学习环境中培养综合素质和能力。

3.个性化学习深化。随着大数据、人工智能等技术的发展,少儿编程和3D打印造型技术将为孩子提供更加个性化的学习体验,根据孩子的特点和需求进行精准的教学和学习指导。

4.创新人才培养。少儿编程和3D打印造型技术的融合将为培养孩子的创新能力和实践能力提供更加有效的途径。这种教育方式有助于培养一批具有创新思维和实践能力的人才,为未来的社会发展和经济建设做贡献。

三、少儿编程与3D打印造型技术的融合应用

少儿编程和3D打印造型技术各有特点,但也存在着密切的联系。在编程教育中,一切的构思设想,依赖于编程语言来实现。少儿编程与3D打印造型技术的融合,可以更好地发挥它们的教育价值。具体来说,少儿编程与3D打印造型技术的融合主要体现在以下几个方面:

1. 编程与制造的结合。在3D打印造型技术的应用中,编程是必不可少的环节。孩子们可以通过编写程序来控制3D打印机,将虚拟模型转化为实体模型。这种结合可以让孩子们更好地理解数字化制造的过程和原理,同时还可以提高他们的编程能力和实践能力。

2. 创新性的综合项目。通过综合运用少儿编程和3D打印造型技术,可以引导孩子们设计一些创新性的综合项目,如智能家居控制系统、机器人等。创新性的综合项目既关注知识的学习,也注重能力的培养和素质的提升,有助于促进孩子的全面发展。

3. 技术竞赛活动。一些涉及少儿编程和3D打印造型技术的竞赛活动,如机器人大赛、智能家居设计大赛等,可以激发孩子们的学习兴趣和热情,还可以提高他们的竞争意识和创新能力。

4. 教育资源的整合。将少儿编程和3D打印造型技术整合到现有的教育资源中,可以形成一种全新的教育模式。例如:可以将少儿编程和3D打印造型技术融入科学课程中,以增强科学教育的趣味性和实用性;可以将少儿编程和3D打印造型技术应用到数学课程中,增强教学的直观性,培养学生的空间想象能力,提高数学教学质量。

第六节 少儿编程与人工智能的融合

早在2017年,国务院就发布了《新一代人工智能发展规划》,明确指出人工智能成为国际竞争的新焦点,应实施全民智能教育项目。少儿编程与人工智能的融合是一种备受关注的新型教育模式,可以为孩子提供更丰富、更有趣的学习体验,同时有助于培养孩子的创新思维和解决问题的能力。

一、少儿编程与人工智能的联系

少儿编程和人工智能都是基于计算机科学和数学的应用领域。它们之间有着密切的联系。少儿编程主要关注计算机语言和算法的学习,帮助孩子理解计算机如何处理信息和解决问题;而人工智能则更加关注计算机智能和机器学习的研究,探索如何让计算机像人一样智能和具有自主思考能力。

少儿编程和人工智能的联系体现在以下几个方面:

1. 算法和数据处理。少儿编程和人工智能都需要掌握基本的算法和数据处理技能。少儿编程可以帮助孩子学习基本的算法和数据结构,而人工智能则更加注重高级的算法和数据处理技术,如机器学习、深度学习等。

2. 逻辑思维。少儿编程和人工智能都强调孩子的逻辑思维能力和解决问题的能力。通过编程,孩子可以学会如何分析问题、设计解决方案和调试程序,这些技能同样适用于人工智能领域。

3. 创新思维。少儿编程和人工智能都鼓励孩子发挥想象力和创新思维。编程可以帮助孩子创作自己的数字作品,而人工智能则可以通过智能设计和机器学习等方式,让孩子体验到科技创新的魅力。

二、少儿编程与人工智能在教育中的价值

少儿编程与人工智能的融合具有广泛的应用价值。随着人工智能技术的快速发展和教育改革的推进,少儿编程和人工智能将在教育领域发挥越来越重要的作用。

1. 教育资源整合。随着教育信息化和数字化进程的加快,越来越多的教育资源和平台开始整合少儿编程和人工智能技术,为孩子提供更加全面和系统的学习体验。

2. 跨学科融合。少儿编程和人工智能将逐渐跨越学科界限,与物理、音乐、数学等多个学科融合。这将帮助孩子在多元化的学习环境中培养综合素质和能力。

3. 深化个性化学习。随着大数据、人工智能等技术的发展,少儿编程和人工智能将为孩子提供更加个性化的学习体验,教师将根据孩子的特点和需求进行精准的教学和学习指导。

4. 创新人才培养。少儿编程和人工智能的融合将为培养孩子的创新能力和实践能力提供更加有效的途径。这种融合可以培养孩子们的编程思维和技能,让他们更好地理解和应用人工智能技术。编程思维是一种逻辑思考方式,可以帮助孩子们分析问题、寻找解决方案和预测结果。编程技能可以让孩子们更好地掌握计算机语言和算法,从而更好地应用人工智能技术。因此,这种教育方式将能够为社会发展和经济建设培养具有编程思维和问题解决能力的创新人才。

三、少儿编程与人工智能融合应用

少儿编程和人工智能,各有优势,各有特点,同时联系密切。二者的融合,能够更好地发挥各自的教育价值。具体来说,少儿编程与人工智能的融合应用主要体现在以下几个方面:

1. 编程与机器学习的结合。在人工智能的应用中,机器学习是一种重要的技术。通过将编程和机器学习结合,可以让孩子们了解如何利用算法和模型来解决问题。例如,孩子们可以使用编程语言和机器学习库来训练模型,并实现自动化分类或预测。

2. 智能硬件的开发。通过将少儿编程和人工智能技术应用到智能硬件的开发中,可以让孩子们了解如何利用技术来实现产品的智能化和自动化。例如,孩子们可以使用编程语言和传感器来控制机器人的行为和动作。

3. 教育资源的整合。将少儿编程和人工智能整合到现有的教育资源中,可以形成一种全新的教育模式。例如:可以将少儿编程和人工智能技术融入科学课程中,以增强科学教育的趣味性和实用性;还可以将少儿编程和人工智能技术应用到数学课程中,改善数学教学体验,提高学生的学习效率;同时,教师也可以根据学生的个性化需求定制学习单元,让学生更好地理解抽象概念。

4. 竞赛活动的推动。学校可以组织一些涉及少儿编程和人工智能技术的竞赛活动,如机器人大赛、智能家居设计大赛等,鼓励孩子们发挥创新精神,尝试新的设计和实现方法。通过实际操作,孩子们可以将理论知识应用到实践中,增强实践能力。在参赛过程中,孩子们也可以了解到行业最新发展成果及动态,弥补自身的不足。

5. 师资力量的培养。学校要加强少儿编程和人工智能领域的师资力量培养,让教师们充分认识到这两种技术在教育中的重要作用和应用前景,从而更好地为孩子们提供优质的教育服务,推动少儿编程与人工智能的融合与发展。

6. 家长的参与和支持。家长要积极参与和支持少儿编程与人工智能的学习和应用,与孩子们一起学习,共同探索编程和人工智能的奥秘,为孩子们提供更多的实践机会和指导。家长可以积极参与孩子们的学习过程,与孩子们一起探索科技世界,为他们的未来发展提供更多的支持和帮助。

7. 对安全问题的关注。在推动少儿编程与人工智能的融合与发展过程中,应关注安全问题,加强安全意识,制定防范措施,确保孩子们在使用新技术时不会受到伤害或者面临危险,为少儿编程与人工智能的融合与发展提供更加安全可靠的环境保障。

第七节　少儿编程存在的问题

近年来,虽然国内少儿编程行业发展稳定,企业规模不断扩大,但少儿编程行业同质竞争现象严重,产品结构单一,产品附加值仍有较大的上升空间。值得注意的是,随着越来越多的外部资本进入国内市场,少儿编程行业的竞争日益激烈,而国内许多中小企业抗风险能力较弱,客户对少儿编程的认知也在发生翻天覆地的变化。少儿编程的产业化将成为未来行业发展的必然趋势。然而,随着少儿编程普及率的提高,该行业也出现了一些问题。本节将主要从教学内容等方面进行详细介绍。

一、编程内容枯燥

少儿编程的教学内容往往以基础语法和算法为主。对于孩子们来说,这些内容有些枯燥。孩子们的注意力容易分散,如果编程课程缺乏趣味性,他们就很难保持专注。因此,如何将编程知识融入有趣的游戏和任务中,是少儿编程教育需要解决的一个重要问题。

一些教育机构通过引入图形化编程、游戏化教学等方法,让孩子们在玩耍中学习编程。例如,孩子们可以使用积木式编程平台,通过拖拽不同的模块来实现不同的功能,这种方式可以让孩子们更容易理解和接受编程的概念。此外,一些教育机构还通过将编程与学科知识相结合的方式,让孩子们在掌握编程技能的同时,巩固其他学科的知识。

二、忽视个体差异

少儿编程的教学过程中,往往存在忽视个体差异的问题。孩子们在年龄、认知能力、兴趣爱好等方面都存在差异,如果采用统一的教学方式,则很难满足每个孩子的需求。因此,教育机构和学校需要根据孩子们的不同特点,制定个性化的教学方案,以提升教学效果。

为了解决这个问题,一些教育机构开始尝试采用分级教学的方式,根据孩子们的年龄和认知能力将他们分为不同的级别,针对不同的级别设计相应的教学内容和方法。此外,有些机构还通过开设兴趣班或选修课的方式,让孩子们根据自己的兴趣选择不同的编程课程。

三、实践机会不足

少儿编程是一门实践性很强的学科,孩子们需要通过大量的实践才能巩固和提升技能。然而,一些教育机构和学校往往只注重理论教学,而忽视了实践环节,导致孩子们缺少实际操作的机会。

因此,教育机构和学校需要为孩子们提供更多的实践机会以解决这个问题。例如:可以通过组织编程比赛、开展项目式学习等方式,让孩子们在实践中锻炼自己的编程技能;可以通过校企合作的方式,让孩子们参与到真实的项目中,从而提高他们的实践能力和创新意识。

四、师资力量不足

师资力量是保证少儿编程教学质量的关键因素之一。然而,目前国内少儿编程领域的师资力量还比较薄弱。许多教师缺乏专业背景和教学经验,导致教学质量难以保证。此外,由于少儿编程是一门新兴学科,一些教师可能还没有掌握有效的教学方法,编程技术水平也不高。

为了解决这个问题,教育机构和学校需要加强对教师的培训,提高他们的专业水平。教育机构和学校可以通过组织教师参加专业培训、开展校际交流等方式来提高教师的教学能力和专业素养,还可以通过引进具有丰富经验和专业背景的人才来加强师资力量。

五、评价体系不完善

评价体系是衡量少儿编程教学质量的重要手段之一。然而,目前国内少儿编程领域的评价体系还不够完善。一些学校和教育机构只是通过简单的考试来评价孩子们的学习成果,这种单一的评价方式很难全面反映孩子们的能力和水平。因此,需要建立完善的评价体系来提高评价的准确性和公正性。

为了解决这个问题,教育机构和学校需要建立多元化的评价体系。比如:通过综合评价孩子们的学习成果、实践能力和创新思维等,来全面了解孩子们的能力和水平;可以通过引入第三方评价机构来提高评价的准确性和公正性。

六、教学对象不同产生的问题

根据皮亚杰的认知发展理论,6—9岁的孩子正处于认知发展的详细运算阶段。他们开始进行简单的逻辑推理和抽象思维。在学习少儿编程时,他们可能会遇到以下问题:

1. 手眼协调和操作能力不足。孩子们在尝试编写代码时,可能会遇到手眼不协调和操作能力不足的问题。例如,对键盘和鼠标的掌握不够熟练,导致输入错误或操作不当。

2. 逻辑思维和问题解决能力欠缺。尽管孩子们在这个年龄段已经开始发展逻辑思维能力,但他们可能还无法完全理解编程所需的复杂逻辑和问题解决技巧。

3. 注意力集中能力较弱。孩子们在6—9这个年龄段,集中注意力的能力可能还不够强,容易受到外界干扰,导致他们在编程学习过程中容易分心。

4. 缺乏耐心和自律性。6—9岁的孩子通常活泼好动,缺乏耐心和自律性。他们可能难以坚持完成长时间的学习任务。

在学习少儿编程的过程中,10—15岁的孩子可能会遇到以下问题:

1. 编程知识和技能储备不足。相对于成人编程学习者,10—15岁的孩子往往缺乏编程知识和技能储备,导致他们在面对一些复杂的编程任务时感到困惑和无从下手。

2. 基础知识薄弱。对于这个年龄段的孩子来说,他们可能才刚开始接触编程的基础知识,如编程语言、算法和数据结构等。因此,他们可能会在理解和应用这些概念时遇到困难。

3. 抽象思维和逻辑推理能力有待提高。孩子们在这个年龄段已经开始培养抽象思维和逻辑推理能力,他们需要进一步提高这些能力,以便更好地理解和解决编程问题。

4. 家长缺乏编程知识背景。家长如果缺乏编程知识,可能无法有效地协助孩子学习编程,甚至无法理解和评估孩子的学习效果。

5. 对编程学习认知不足,兴趣不大。一些孩子可能对编程学习认知不足,对编程不感兴趣,或者认为编程枯燥乏味或与自身无关,导致他们缺乏学习编程的动力和热情。

15—18岁这个年龄段的孩子学习编程时则可能会遇到以下问题:

1. 技能提升速度慢。随着年龄的增长,孩子们提升编程技能的速度可能会逐渐减缓。这主要是因为编程技能的提升需要不断的实践和积累经验,而孩子们在15—18岁这个阶段可能没有足够的时间和经验来达到更高的水平。

2. 学习动力不足。在少儿编程阶段,孩子们的学习动力通常来自兴趣和好奇心。然而,当孩子们进入青少年阶段后,他们可能会更加注重其他方面的生活体验,如社交、娱乐等。这可能会导致他们在编程学习方面动力不足。

3. 时间管理困难。15—18岁的孩子通常需要完成更多的学习任务和课外活动,时间管理成了一个更大的挑战。这也可能会影响到他们的编程学习效果。

4. 缺乏职业规划。由于年龄和经验所限,15—18岁的孩子可能还没有明确自己的职业规划。这可能会导致他们在编程学习方面,缺乏明确的目标和方向。

第八节 少儿编程未来的发展方向

目前,少儿编程教育在全球范围内得到了广泛的关注和认可。许多国家都将少儿编程纳入基础教育体系,并加大了对少儿编程教育的投入。同时,越来越多的家长和教育机构也开始认识到少儿编程的重要性和教育价值。然而,当前少儿编程教育还存在一些问题。首先,教育资源不均衡,导致一些地区的少儿编程教育发展滞后。其次,教学方法和教材单一,使得孩子们的学习体验不够丰富。再次,缺乏专业的师资力量,制约了少儿编程教育的发展。

少儿编程未来的发展方向可以从多个方面进行探讨,包括但不限于以下几个方面。

一、编程教育的普及

少儿编程教育的普及是指通过编程教育,让更多的孩子掌握编程技能,并将其应用于学习和生活中。随着信息技术的快速发展,编程已经成为一项基本技能,而编程教育的普及也成了必然趋势。

少儿编程教育的普及需要学校、家庭、社会的努力和合作。首先,学校可以开设编程课程，让孩子在学校就能够接触到编程，了解编程的基本原理和技能。其次，家长可以鼓励孩子学习编程，提供支持和引导，帮助孩子培养编程思维和技能。再次，社会可以提供更多的编程教育资源和机会，让更多的孩子能够接受优质的编程教育。

少儿编程教育的普及具有重要意义。首先，编程是一项基本技能，学习编程可以帮助孩子更好地适应未来社会发展的要求。其次，编程可以帮助孩子培养创新思维和实践能力，提高解决问题的能力。再次，编程教育的普及可以为国家和民族培养更多的科技创新人才，推动国家和社会的发展。

二、编程与多学科融合

首先，少儿编程与数学的结合将继续深化。编程本质上是一种数学思维和逻辑运算的体现，而数学是编程的核心基础之一。未来，少儿编程教育将更加注重对孩子们数学思维和数学能力的培养，帮助他们在学习编程的过程中更好地理解和应用数学知识。

其次，少儿编程与科学的结合也将更紧密。科学知识是编程学习的重要背景之一。掌握科学知识有助于孩子们更好地理解编程相关的科学原理和应用。未来，少儿编程教育将更加注重对孩子们科学素养的培养，通过编程实践来强化科学意识、科学思维和科学精神。

此外，少儿编程还将与艺术、语文、历史、地理、体育及社会学等学科进行更深入的融合。例如，通过编程来创作音乐、动画和视觉艺术作品，或者通过编程来模拟历史事件、制作有关历史人物的小游戏，或者通过编程来探索地理现象、制作地图等。这种融合将有助于培养孩子们的创新精神和综合素质，提高他们的跨学科能力和创造力。

三、人工智能与编程教育结合

人工智能技术可以为少儿编程教育提供更加智能化和个性化的学习体验。通过人工智能技术，教师可以根据孩子们的学习特点和需求，为他们量身定制学习计划和任务，帮助他们更好地掌握编程知识和技能。同时，人工智能技术还可以为孩子们提供及时的学习反馈和指导，帮助他们更好地解决问题和提高自己的编程能力。

人工智能技术可以为少儿编程教育提供更加真实和具有挑战性的学习场

景。通过模拟真实的情境,孩子们可以在编程中挑战自己,体验到解决问题的乐趣,同时提高创新能力和解决问题的能力。例如,孩子们可以使用人工智能技术来设计自己的智能机器人、智能家居或智能城市等。这些项目不仅需要编程技能,还需要孩子们运用数学、物理和计算机科学等多方面的知识。

人工智能技术可以为少儿编程教育提供更加远大的应用前景。随着时代的不断发展,人工智能技术可以与少儿编程教育相结合,为孩子们提供更加丰富、有趣和具有挑战性的学习体验,为教师的教学带来帮助。例如:可以使用人工智能技术来评估孩子们的编程作品和成果,帮助他们更好地发现自己的优点和不足之处;可以使用人工智能技术来模拟编程比赛或挑战赛,提高孩子们的竞争力和团队合作精神;可以使用人工智能技术来辅助教师进行教学管理和指导,提高教学质量和效果。

四、创客空间和开源文化

少儿编程与创客空间、开源文化紧密相连。创客空间为少儿编程提供了实践和创新的空间,而开源文化则鼓励孩子们共享和交流,培养他们的协作能力和创新思维。

创客空间为少儿编程提供了实践和创新的机会。创客空间通常配备了各种工具和材料,孩子们可以在这里制作和创造自己的项目。这种实践和创新的过程可以帮助孩子们更好地理解和应用编程知识,提高他们的动手能力和创新思维。同时,创客空间也为孩子们提供了与其他喜欢动手、喜欢创造的人交流和分享的平台,进一步激发孩子们的兴趣和热情。

开源文化在少儿编程中扮演着重要的角色。开源文化强调共享、协作和创新,这与少儿编程的精神相契合。在开源文化的指导下,孩子们可以学会如何与其他人合作、如何共享自己的知识和资源……这些能力对于他们的未来职业发展至关重要。同时,开源项目可以为孩子们提供更多的学习机会和资源,帮助他们了解更多的编程知识和技能。

少儿编程与创客空间、开源文化的结合可以为孩子们带来更多的益处。通过实践和创新,孩子们可以提高自己的动手能力和创新思维;通过与其他人的交流和分享,孩子们可以培养自己的团队协作能力和沟通能力;通过参与开源项目,孩子们可以了解更多的编程知识和技能,同时也可以培养自己的开源意识和协作精神。

五、个性化学习和终身学习

少儿编程的个性化学习和终身学习需要制定合理的学习路径规划。学习路径规划包括学习目标设定、学习计划制订、学习进度安排等方面。孩子们需要根据自己的实际情况和学习需求，制定个性化的学习路径规划，确保学习效果的最大化。同时，孩子们还需要根据学习进展情况及时调整学习计划，确保学习计划的顺利进行。

少儿编程的个性化学习和终身学习还需要注重孩子们学习兴趣的培养。学校要通过丰富多样的学习内容和形式，激发孩子们对编程学习的兴趣和热情。例如：通过游戏化学习的方式，让孩子们在轻松愉快的氛围中学习编程知识；通过与其他学科知识的结合，让孩子们在学习编程的过程中感受学科交叉的魅力；通过实践与项目导向的学习方式，让孩子们在实践中不断提高编程能力和创造力。

在学习方面，除了教材和课程等传统学习资源，孩子们还需要充分利用互联网上的开源代码、学习社区、线上论坛等资源。通过整合这些资源，孩子们可以获取更全面、更丰富的学习内容和服务。同时，孩子们还需要从质量和适用性的角度筛选和鉴别学习资源，确保学习效果的有效性。

六、国际化和合作交流

少儿编程教育越来越国际化，各国之间的合作交流也越来越频繁。这种趋势为少儿编程教育提供了更多的机会和资源，同时也拓宽了孩子们的视野。

首先，少儿编程教育的国际化可以实现各国之间的教育资源共享和优势互补。在少儿编程领域，不同的国家有着不同的优势和特点。例如，美国在编程教育和科技方面领先，而中国则在人工智能和大数据领域有着较强的实力。通过国际合作和交流，各国可以相互学习和借鉴，共享资源和经验，进一步提高少儿编程教育的质量和水平。

其次，少儿编程教育的国际化可以帮助孩子们更好地适应未来的职业市场。随着全球化和数字化的发展，跨文化、跨语言和跨领域的合作变得越来越普遍。通过国际化的少儿编程教育，孩子们可以了解不同地域的编程理念、方法和工具，提高自身的综合素质和竞争力。同时，他们也可以更好地适应未来的职业市场,拓宽职业发展路径。

再次,少儿编程教育的国际化还可以促进孩子们的跨文化交流。编程是一种全球性的语言,可以帮助不同国家和地区的孩子建立联系,促进交流。通过合作交流,孩子们可以学会尊重、理解和包容不同的文化、价值观和编程方式,培养全球视野和跨文化交流能力。

七、职业导向和发展前景广阔

少儿编程教育正在全球范围内迅速发展,已经成为孩子们学习和掌握计算机科学的一个重要途径。少儿编程教育不仅可以帮助孩子们提高逻辑思维能力、创造力和问题解决能力,还可以为他们未来的职业生涯奠定基础。

首先,少儿编程教育可以为孩子们提供多样化的职业选择。随着科技的发展,许多行业都需要掌握编程技能的人才。从软件开发、数据分析、人工智能到游戏设计,编程技能已经成为许多岗位的基本要求。通过少儿编程教育,孩子们可以提前掌握这些技能,为未来的职业发展做好准备。

其次,少儿编程教育可以帮助孩子们提高创新能力和解决问题的能力。编程涉及逻辑、算法和数据结构等概念,这些概念可以帮助孩子们更好地理解和解决现实生活中的问题。通过编程,孩子们可以学会如何分析问题,提出解决方案,执行解决方案,最终解决问题。这种能力对他们的学习和生活都有帮助,对他们未来的职业发展也至关重要。

再次,少儿编程教育还可以培养孩子们的团队协作能力和创造力。在编程中,孩子们需要与其他同学合作、交流和分享,这可以帮助他们提高团队协作能力。同时,孩子们在编程中也需要发挥自己的想象力和创造力,这可以激发他们的创新思维能力和艺术创造力。

【参考文献】

[1]马琳,向丹丹,黄镜彬,等.双减政策引导下少儿编程教育的创新模式探究[J].电脑知识与技术,2022,18(17):151-154.

[2]多召军,刘岩松,任永功.编程教育促进儿童计算思维发展的内在机理与教学实践研究[J].电化教育研究,2022(8):101-108.

[3]常咏梅,王雅萍.基于计算思维发展的儿童编程教学模式设计研究[J].中小学电教(教师版),2022(1):63-66.

[4]邓颖敏.幼儿园开展少儿编程教育的可行性研究[J].中国科技期刊数据库·科研,2022(5):156-159.

[5]王朔.编纂少儿编程统编教材势在必行[J].民主,2022(10):27.

[6]童世毅.少儿编程教学现状分析与策略[J].四川教育,2022(12):25.

[7]王琳,耿凤基,李艳.编程学习与儿童认知发展关系的探讨[J].应用心理学,2021,27(3):262-271.

[8]王振强,王胜灵.对少儿编程与信息素养提升实践的一些思考[J].中国信息技术教育,2021(S2):4-9.

[9]刘伟兰.面向计算思维培养的少儿编程项目学习与案例设计研究[J].中国信息技术教育,2021(S2):29-31.

[10]张祖芹.少儿编程教育的教育学思考与实践路径[J].林区教学,2021(11):115-118.

[11]徐瑞成.我国少儿编程类图书出版探析[J].传播力研究,2021(19):97-98,101.

[12]梁卓杰,魏宏奋,方翠婉,等.基于市场下沉背景的少儿编程教育模式探究:以"一程不编"少儿编程教育项目为例[J].教育研究,2021,4(1):166-167.

[13]付成玉,黄威荣.少儿编程教育的实施困境与突围路向[J].教学与管理,2021(18):19-22.

[14]刘秋菁.对利用少儿编程培养学生信息素养和促进学生全面发展的思考[J].中国信息技术教育,2021(S2):90-92.

[15]杨荣.小议少儿编程在校本课程中的意义[C]//2020年"互联网环境下的基础教育改革与创新"研讨会论文集,2020.

[16]陈翠,凌晓俊,郑渊全.儿童编程工具发展历程、特征及对未来教育路向的影响[J].陕西学前师范学院学报,2020,36(9):68-73.

[17]吕灿.浅析认知发展理论下的儿童编程APP交互设计[J].工业设计,2020(2):82-83.

[18]胡普照,刘旭,尹媛,等.浅析少儿编程的发展机遇与挑战[J].新商务周刊,2020(3):189.

[19]张勉.少儿编程教育的现状分析及其对策探讨[J].电脑知识与技术,2020,16(23):105-108.

[20]沈斌,龚文兵.一种少儿编程智能知识库:201910359060.5[P].2019-04-30.

[21]马森.2003版和2017版普通高中信息技术课程标准比较研究[J].教育观察,2019(14):7-9,21.

[22]刘晓燕.少儿编程对少儿发展的作用研究[J].山海经:教育前沿,2019(8):1.

[23]陈一.中国儿童编程教育产业发展研究[J].科技和产业,2018,18(8):14-18.

[24]杨翠芳.论少儿编程学习对儿童未来发展的作用[J].电脑迷,2018(21):92.

[25]戚伟慧.少儿编程的可行性研究与分析[J].电子技术与软件工程,2016(24):253-254.

[26]周钰萍,张文洁,黄思行.关于编程思维如何影响儿童成长发展的研究[J].电脑爱好者(电子刊),2021(3):721,723.

第二章　少儿编程融入信息技术教育的发展历程及基本理论

随着信息技术的飞速发展,少儿编程教育逐渐成为教育领域的热点话题。越来越多的家长和教育者认识到,编程教育不仅可以培养孩子的逻辑思维和创新能力,还可以帮助他们更好地适应未来社会的发展。本章将进一步梳理少儿编程与信息技术的发展历程,明确少儿编程融入信息技术教育的重要意义,并探讨少儿编程融入信息技术的基本理论、融合模式以及原则与方式,为少儿编程教育的推广和应用提供参考。

第一节　少儿编程融入信息技术教育的发展历程

少儿编程起源于西蒙·派珀特发明的 Logo 编程语言,旨在帮助孩子们学习编程。随着计算机技术的不断发展,少儿编程教育逐渐受到关注和推广。特别是在信息技术革命的推动下,各种编程语言和工具不断涌现,为少儿编程融入信息技术教育提供了更多的学习资源和机会。少儿编程的发展与信息技术的发展紧密相连,少儿编程融入信息技术教育经历了多个阶段。

一、少儿编程融入信息技术教育的兴起阶段

少儿编程融入信息技术教育的兴起阶段可以追溯到 20 世纪 60 年代。在这个时期,计算机作为一种新兴技术开始进入人们的视野,儿童编程教育也随之兴起。由于计算机技术成本高,且具有复杂性,儿童编程教育一开始主要是在大学实验室中进行的。当时,计算机还是一种大型机器,孩子们需要戴上鞋套才能进入计算机房。这个时期主要采用基于机器语言的低级编程语言进行教学,具有较高的技术门槛。

Logo 编程语言,是一种非常简单的编程语言。孩子们学习以后可以指挥一

只"小海龟"在屏幕上移动并留下痕迹。这是很多孩子接触到的第一种编程语言,拉开了少儿编程融入信息技术教育的序幕。

其实,西蒙·派珀特发明的 Logo 编程语言是一种过程性语言,旨在教授儿童编程技能。"logo"一词源自希腊语 logos,原意为思想。Logo 编程语言,是 1967 年由麻省理工学院教授西蒙·派珀特指导下的一个研究小组在 LISP 语言基础上,专门为儿童研制开发的。Logo 语言虽然结构简单,却有丰富的表达方式,体现了现代计算机科学的最新概念。Logo 语言的目标是让孩子们通过编程来探索和创造自己的世界。孩子们可以使用 Logo 语言来绘制图形、控制机器人、编写故事等。Logo 语言的灵感来自派珀特教授在 20 世纪 60 年代后期参加在哈佛大学举办的第一届计算机科学大会。在这次会议上,他看到了一台 IBM 704 计算机展示的儿童教育节目。这激发了他开发一种适合儿童学习的编程语言的想法。他认为,应该有一种编程语言让孩子们像使用玩具一样轻松地使用计算机。于是,他和他的研究小组在 LISP 语言的基础上开发了 Logo 编程语言。Logo 语言的设计初衷是让孩子们可以通过简单的命令来控制计算机,从而帮助他们学习编程和解决问题。例如,孩子们可以使用 Logo 语言来绘制一个正方形或者一个圆形。这些命令可以通过简单的英语单词或者图形来表示,让孩子们可以更容易理解和学习。

西蒙·派珀特发明的 Logo 编程语言在当时作为一种专门为儿童设计的编程语言,通过简单的命令和易于理解的语言,让孩子们轻松地掌握计算机编程的基本概念,对少儿编程启蒙和发展起到了推动作用。

二、少儿编程融入信息技术教育的发展阶段

到了 20 世纪 80 年代,个人计算机开始普及,同时也诞生了许多基于图形界面的编程语言,孩子们开始接触到基于图形界面的编程语言,儿童编程教育开始进入普通家庭。如 Basic 等简单实用的编程语言,推动着少儿编程和信息技术教育的发展。

Basic 语言作为一种简单易学的编程语言,曾经是许多学校和家长让孩子学习编程的基础语言。随着计算机技术的不断发展,Basic 语言也在不断更新和改进,以适应不同年龄段的孩子的学习需求。在早期,Basic 语言被用于教授孩子们基本的编程概念和技能,如变量、循环、条件语句等。随着时间的推移,Basic 语言逐渐演变为更加高级的编程语言。如 Visual Basic 和 Visual Basic.NET 等,这些语言为孩子们提供了更加图形化和交互式的编程体验。除了在学校和教育机构中教授 Basic 语言，还有一些编程工具和平台也支持 Basic 语言，如 Scratch 和 Alice 等。这些工具和平台为孩子们提供了更加生动、有趣和富有创造力的编程体验，让他们可以通过拖拽积木块或图形化界面来编写程序，从而更好地激发他们对编程的兴趣和热情。

因此，Basic 语言不仅为孩子们提供了学习编程的基础语言和工具，还激发了他们对编程的兴趣和热情，帮助他们培养了创新思维和解决问题的能力，推动着少儿编程进一步发展。

三、少儿编程融入信息技术教育的推广阶段

20 世纪 90 年代，随着互联网的出现，少儿编程语言进一步发展，少儿编程融入信息技术教育也开始进入一个新的阶段。随着互联网和多媒体技术的发展，家庭计算机逐渐普及，为儿童编程教育提供了更广阔的平台。Java 和 Python 等语言的推出，使得编程学习更加容易和有趣。Java 和 Python 等语言也在少儿编程的发展中扮演着重要的角色。这些语言具有不同的特点和优势，可以帮助孩子们更好地理解和应用编程知识。

Java 语言是一种面向对象的编程语言，具有强大的功能和广泛的应用领域。在少儿编程领域，Java 语言通常被用于开发游戏、应用程序和互动故事等。Java 语言的语法较为严谨，可以帮助孩子们养成良好的编程习惯和代码规范。通过学习 Java 语言，孩子们可以学会如何定义类、创建对象、使用继承和多态等面向对象编程的概念。这些概念对于孩子们的编程能力提升有很大的帮助。在少儿编程中，Java 语言的学习还可以帮助孩子们学习如何使用 API 和库来开发更加复杂的应用程序。例如，孩子们可以使用 Java 的图形用户界面（GUI）库来开发窗口应用程序，或者使用 Java 的网络编程库来开发网络应用程序。

Python 语言则是一种简单易学、功能强大的编程语言，被广泛应用于数据分析、人工智能和 Web 开发等领域。Python 语言的语法简洁易懂，适合孩子们学习。Python 语言的学习可以帮助孩子们掌握基本的编程概念和技能。Python 语言支持面向对象编程和过程式编程两种方式。孩子们可以根据自己的兴趣和需求选择适合自己的编程方式。此外，Python 还提供了丰富的库和工具，如 NumPy、Pandas、Matplotlib 等，可以帮助孩子们快速开发出各种有趣的应用程序和项目。许多教育机构和编程平台都提供了 Python 编程课程，帮助孩子们学习

编程。因此,Python语言也被广泛应用于教育领域,许多学校和教育机构都将其作为教授孩子们编程的首选语言。

四、少儿编程融入信息技术教育的普及阶段

进入21世纪后,少儿编程教育逐渐普及。各种编程语言和工具也变得更加多样化和易用。例如,Scratch等可视化编程工具的出现让孩子们可以通过拖拽积木块的方式进行编程,这大大降低了编程的门槛。Scratch是一种可视化编程工具,通过拖拽的方式让孩子们轻松地学习编程基础知识和技能。它提供了丰富的算法、逻辑、循环和条件语句等编程块,孩子们可以通过组合和排列这些编程块来理解程序的控制流程和逻辑。这种教学方式可以培养孩子们的逻辑思维和问题解决能力,帮助他们更好地理解和掌握计算思维的基本概念和方法。Scratch还可以促进孩子们的团队协作和交流能力。在Scratch社区中,孩子们可以通过分享自己的作品、参与编程挑战和给其他人提供反馈等方式来与人合作和交流。这种合作方式可以培养孩子们的团队合作和沟通能力,帮助他们更好地融入集体和社会。此外,各种在线编程平台和社区也为孩子们提供了很多学习资源和交流机会。

少儿编程在中国的热潮出现在2012年前后。当时国家开始大力推进信息化教育,并将少儿编程视为信息化教育的重要组成部分。在此背景下,一些少儿编程机构逐渐兴起,并迅速发展壮大。2014年,少儿编程开始火爆起来,得到了越来越多家长的关注和认可。一些大城市如北京、上海等,出现了越来越多的少儿编程机构。自此,少儿编程行业蓬勃发展。如今,少儿编程已成为一个备受关注的新兴行业,以Scratch、Python、Java等编程语言为代表的少儿编程教育项目和课程已经成为开展信息化教育的重要渠道之一,深受广大家长和学生的青睐。

随着技术的不断进步,少儿编程教育将继续发展和完善,为孩子们提供更加优质的学习体验。

五、少儿编程融入信息技术教育发展过程中的重要因素

从整体上看,少儿编程的发展历程与信息技术的发展紧密相连,少儿编程在融入信息技术教育发展的过程中也受到了多方面因素的影响,其中包括信息技术革命的影响、各国政策的支持、家长的需求和社会的需求等。

（一）信息技术革命的影响

信息技术革命是工业革命以来人类社会发展的又一个重要的里程碑。在这个阶段，计算机技术得到了飞速发展，并逐渐在各个领域普及。信息技术革命对少儿编程的发展起到了重要的作用。在信息时代，大数据和人工智能渗透到人类生活的方方面面。2016年3月，Alpha Go以4∶1完胜韩国围棋九段选手李世石，引起全世界对人工智能的强烈关注。可以预见，未来世界将由人类、计算机与机器人主导，编码将成为未来世界运行的基本单元，是世界各国培养新兴科技人才必不可少的一环。学习编程语言，即是掌握未来世界的运行规则。

编程教育并不是使每个学习者都成为相关从业者，编程的意义也不在于无止境地编码，而是作为一种基础性知识和一项普适性技能，为学习者培养必要的信息素养。早期的编程教育有助于优化孩子的逻辑思维模式，提升孩子的理解能力，锻炼孩子的空间想象能力，培养孩子的专注力和细心度，提升孩子整理信息、融会贯通的能力，提升孩子的沟通能力和竞争力，为孩子今后的学习和全面发展奠定良好的基础，让孩子更好地适应未来。

随着计算机技术的飞速发展和计算机价格的逐渐下降，越来越多的家庭开始购买电脑，孩子们也有机会接触到计算机和编程知识。这为孩子们学习少儿编程提供了更多的机会，也为少儿编程教育的发展提供了更广阔的空间。

同时，信息技术的发展促进了教育模式的变革。在当代，在线教育和远程教育逐渐兴起，少儿编程教育不再受时间和地点的限制。孩子们可以在任何时间、任何地点学习编程。这使得少儿编程教育更加便捷和高效。同时，信息技术也为少儿编程提供了更多的学习资源和工具。例如各种编程软件、在线课程和编程社区等，这些资源和工具可以帮助孩子们更好地学习编程和交流经验。信息技术革命也带来了更多的应用场景和机会。随着人工智能、物联网、区块链等新兴技术的不断发展，少儿编程可以帮助孩子们更好地适应未来的社会发展。通过学习编程，孩子们可以掌握计算思维和解决问题的能力。这对于他们未来的学习和工作都非常重要。同时，少儿编程还可以培养孩子们的创新意识和实践能力，帮助他们更好地应对未来的挑战和机遇。

（二）各国政策的支持

随着新一代人工智能的发展，各个国家都相继开展了编程教育活动，并且颁布官方文件来支持编程教育的发展。无论是组织的活动还是颁布的文件都旨在培养学生的专注力与逻辑思维、想象力与创造力等多个方面的能力。

2012年,奥巴马提出开展"编程一小时"活动,呼吁美国的学生学习编程。2014年,英国政府在本国学校开展编程课程的实施计划,开始了"编程年(Year of Code)"活动。这项活动不是营利性的,在当时有很大的影响力,参加的学员有很多。2014年10月,欧洲各国进行了"编程周(Code Week)"活动,目的是将编程教育与其他学科进行整合。从"编程年"活动到"编程周"活动,各教育部门将任务、目标细化,全方面响应这一活动。2015年,澳大利亚教育部颁布了相关文件,在文件中提出学生要从五年级开始接受计算机编程,正式学习少儿编程是在七年级。2016年,芬兰在新的教学目录中提出学生从小学一年级开始接受编程教育课程的计划。2017年,新加坡、加拿大强调学习编程的重要性,并将其加入中小学课程中。日本文部科学省在2019年使用了新教科书,在对新教科书的审定结果中指出,将在2020年实现小学阶段编程教育必修化。国外编程教育相关政策与举措见表2-1。

表2-1 国外编程教育相关政策与举措

国别	编程教育政策	具体措施
美国	奥巴马号召"全民学编程",政府计划在10年内普及中小学生编程教育	2016年,美国计算机科学教师协会(CSTA)发布了《中小学计算机科学框架》;2017年9月,美国总统特朗普签署了一份《扩大获得高质量科技教育和计算机科学教育的机会,为找到好工作提供更多途径》的文件,宣布每年向美国中小学的计算机科学教育投入2亿美元
英国	将2014年设立为"Year of Code",规定所有5—16岁的学生必须学习编程	2013年9月,英国将原来的"信息技术(ICT)"改为"计算"(computing),列为英国小学阶段的必修课程,并且规定学生从5岁开始接受编程教育
澳大利亚	2016年,澳大利亚正式将编程列入全国必修课程	澳大利亚将编程教育贯彻到小学至高中的"数字技术"(Digital Technology,DT)课程中,采取各种形式开展编程教育
日本	日本强制将编程加入中小学课程	2018年,日本发布了自2020年起全面实施的新一期学习指导要领。日本文部科学省规定:到2020年,小学必须确保为学生提供计算机编程体验学习机会;到2021年,初中必须提供计算机编程课程内容;到2022年,高中必须提供情报科学习内容

中国少儿编程教育,相对于国外来说,起步比较晚,基础比较弱。教育部发布的《新一代人工智能发展规划》中要求广泛开展人工智能科普活动,在全国范围内的中小学开展人工智能课程教学,普及编程教学,鼓励社会力量参与寓教于乐的编程教育软件、游戏的开发和推广,其目的在于普及编程、人工智能等新兴技术。国家相关文件的出台凸显了人工智能时代少儿编程的重要地位。2017年9月,教育部发布了《中小学综合实践活动课程指导纲要》。文中要求切实加强对综合实践活动课程的精心组织、整体设计和综合实施。2018年1月,教育部颁布了新的中学课程标准,将编程和计算思维列为新课程的必修课,编程作为一门以编程为主的技术课程列入浙江省高考。《教育信息化2.0行动计划》在2018年4月18日发布,提出要将学生信息素养纳入学生综合素质评价。2020年,教育部回应全国人大常委会关于推进和规范计算机编程教学的政策,制定相关专门文件推动和规范编程教育发展,将包括编程教育在内的信息技术内容纳入中小学相关课程,帮助学生掌握信息技术基础知识与技能、增强信息意识、发展计算思维、提高数字化学习与创新能力、树立正确的信息社会价值观和责任感。2021年,中共中央办公厅、国务院办公厅印发《关于进一步减轻义务教育阶段学生作业负担和校外培训负担的意见》,"双减"政策为学生课后学习和发展自己的兴趣提供了时间和空间,将进一步推动编程教育的开展。2022年,《义务教育信息科技课程标准(2022年版)》颁布,"信息科技"正式从"综合实践活动"中独立出来,成为统一开设的必修科目,且在三至八年级单独开课,其他年级融入其他科目开设。信息素养教育在基础教育中的地位越来越重要。

从各国政府部门的政策和文件中可以看到,各国对少儿编程的政策支持力度不断加大,少儿编程与信息技术教育发展前景广阔。这些政策为少儿编程的发展提供了有力的支持和保障,促进了少儿编程教育的普及和发展。同时,各国也为培养孩子们的逻辑思维、创新思维和问题解决能力等提供了更好的环境和条件。

(三)社会发展与进步的需求

随着社会的发展和科技的进步,社会对少儿编程的需求也越来越大。少儿编程不仅可以帮助孩子们掌握计算机技能,还可以培养他们的逻辑思维、创新思维和问题解决能力,对于孩子们未来的发展,乃至提升全民信息素养都具有重要作用。

随着人工智能、大数据等技术的快速发展,社会对于科技人才的需求不断增加,对具有编程技能的人才的需求也越来越大。少儿编程可以为孩子们打下坚实的编程基础,培养他们的科技素养和创新意识,帮助他们更好地适应未来的社会发展。编程需要孩子们具备严谨的逻辑思维和解决问题的能力,而少儿编程正是通过让孩子们编写程序来培养这些能力。通过编写程序,孩子们可以学会如何分析问题、制定解决方案和实施计划。这些能力对于他们未来的学习和工作都非常重要。编程是一种创造性的工作,需要孩子们不断尝试、探索和创新。少儿编程通过让孩子们自由发挥和创造,激发他们的创新思维和创造力,培养他们的创新意识和实践能力。少儿编程同样需要孩子们一起合作、交流和分享。

21世纪以来,信息技术的迅速普及和发展重塑了数字社会,开创了万物互联的全新模式,虚拟和现实之间的界限逐渐模糊,线上和线下的交互打破了地域和语言的壁垒。随之而来的经济、政治、文化大融合,世界各行业的联通共建,带来了多方面的社会效益和经济效益。但隐私泄露、网络诈骗、恶意攻击等,对个人甚至国家安全都造成了严重的影响。在这种背景下,信息素养对于促进信息交流和使用、保护个人信息、维护社会和谐都具有重大意义。良好的信息素养有助于人们在日常生活、工作和学习中提高网络使用效率,准确快捷地获取所需资料,甄别真实有用的信息;遵守国家法律法规,自觉保护个人、他人乃至国家的隐私和安全;合理利用计算机科学技术创造性地解决现实问题。少儿编程教育从早期教育入手,引导学生树立正确的价值观和信息意识,考虑到现实需求及其社会影响,以计算思维创造性地解决实际问题,培养未来社会所需的基本能力。因此,少儿编程教育是提升全民信息素养的重要途径。

总之,随着信息技术革命的深入发展、国家对少儿编程的政策支持和社会需求的不断增加,少儿编程融入信息技术教育方兴未艾,正朝着普及化方向发展。

第二节　少儿编程融入信息技术教育的意义

随着信息时代的发展与社会的变革,少儿编程在融入信息技术教育的路上越走越远,少儿编程的价值与意义重大,在国际与国内都呈现出火热的趋势。这也体现了少儿编程融入信息技术教育的重大价值与意义。

一、少儿编程教育的优势

(一)锻炼逻辑思维能力和问题解决能力

对编程的学习过程就是孩子不断培养逻辑思维,以问题解决为导向梳理编程的思路,提高问题分析及解决能力的过程。在此过程中,孩子在逐步地认识计算机与机器人的运作模式,提升探索能力和设计思维。

逻辑思维能力与问题解决能力是少儿发展的关键能力。而少儿编程可以教会孩子运用逻辑思维去发现问题,并找出解决方案。这种锻炼思维的方式可以使孩子在面对问题时更有条理,更有效地思考。

编程的过程是把一个大而复杂的东西分解为若干个小问题,然后逐个解决。在这个过程中,孩子们需要考虑将代码合理地安排在整个程序中,让程序设法去执行。这个过程对孩子分析事物的逻辑性有极大的帮助。思维能力是学习能力的核心,也是青少年编程教育的重要目标。为了探索 Scratch 是否能够使幼儿在创建多媒体产品的同时,学习编程的概念和技能,李(Lee)针对一名 9 岁的小学生开展了为期六个月的个案研究。研究发现,Scratch 采用的视觉编程方法和基于类比的教学策略,使小学生能够在创建各种多媒体产品的同时,成功学会计算机编程的基本概念和技能。卡扎克夫(Kazakoff)考察了机器人编程对儿童测序能力的影响。实验组的儿童接受了 20 小时的图形化编程课程。实验发现,编程活动对儿童测序能力有显著的影响。

(二)提升想象力、创新力与创造力

编程是一个极为抽象的学科。在学习编程的过程中,孩子能够逐步锻炼化具体为抽象的能力,让程序按照自己的设想运行。通过发挥想象和动手实践,孩子可以通过电脑去表达抽象的事物,慢慢培养用代码来表达自己想法的能力。通过编程,孩子可以尝试采用不同的方法去解决问题。这有助于培养他们

的创新思维和创造力。

编程教育还可以与创客教育等其他教育方式相结合,提供更多发挥创造力的机会。其实学编程,就像学习外语一样。如果说学外语是为了跟外国人沟通,那么学编程就是学习怎么跟电脑沟通。有趣的是,你碰到外国人不会说英文还可以比画,跟电脑比画可不行。这说明孩子在学习过程中,更需要一种化抽象为具体的能力,好让不懂得思考的电脑,也能了解与表达抽象的事物。

(三)增强合作意识和沟通能力

编程往往需要团队合作。孩子们在共同解决问题的过程中,可以提高合作能力和沟通能力。经过科学的教学课程设计,学习编程就像玩闯关游戏一样,同学们可以互相讨论"闯关攻略"。你不会？我教你。我卡关,你帮忙。这样的学习环境不仅可以增强孩子们的互动和合作,也可以增进他们之间的友谊。

在编程学习中,孩子们需要学会与他人合作,有效地利用团队的力量来解决遇到的问题。这种学习经验将帮助他们更好地理解团队合作的重要性,并提高他们的沟通技巧。通过互动和合作,他们可以学会如何更好地理解他人的想法和观点,如何有效地表达自己的想法,以及如何与他人协作完成任务。在团队合作中,孩子们可以相互学习和借鉴彼此的经验和知识,从而更快地掌握编程技能和理解编程思想。同时,他们也可以通过合作解决实际问题,在学习中获得成就感。

(四)培养专注力、耐心和毅力

编程是一种需要高度专注和耐心的活动。孩子们在尝试编写程序时,常常需要反复测试和修改。这使得他们必须学习如何面对挫折,进而培养更好的耐心和更大的毅力。这种学习过程对少儿来说尤其重要,因为他们通常活泼、爱玩,对新鲜事物充满好奇。

为了吸引少儿的注意力,提高他们的学习兴趣,我们可以采取以游戏为主导的教学方式。通过将编程知识融入有趣的游戏中,孩子们可以在玩耍的过程中学习编程的基本概念和技能。这种寓教于乐的方法不仅让孩子们体验到学习的乐趣,还能有效地提高他们的学习效率。然而,编写游戏与玩游戏之间存在着显著的差异。编写游戏需要孩子在游戏设计、代码编写和测试等多个环节付出努力和保持耐心。从无到有地创造一个游戏需要孩子经历一个相对漫长的过程。这无疑会锻炼他们的延迟满足的能力,增强他们的耐心。在这个过程中,孩子将学会如何在面对困难和挫折时坚决不放弃。

二、少儿编程融入信息技术教育的意义

(一)少儿编程融入信息技术教育适应时代发展的要求

随着人工智能、大数据等技术的快速发展,社会对具有编程技能的人才的需求也越来越大。高水平人工智能创新型人才的需求是新时代发展的必然需要。我们生活在一个数字化的时代,计算机科学和编程成了日常生活中不可或缺的一部分。

在数字化时代,信息技术教育需要"从娃娃抓起"。信息技术编程教育不仅仅是为了让孩子学会编程,更重要的是培养孩子的编程思维。这种思维模式可以帮助孩子理解计算机如何处理信息,如何设计和优化算法,从而提高他们的逻辑思考能力和解决问题的能力。孩子们在学习编程的过程中,需要通过实际操作来理解和掌握编程知识,同时还需要与他人合作,共同解决问题,培养团队协作精神。少儿编程教育还可以与其他学科知识,例如数学、物理等相结合,让孩子在掌握编程技能的同时,巩固其他学科的知识,实现学科融合与能力提升。数字化时代背景下的编程教育更加注重培养孩子的创新和创造能力。孩子们可以通过编程来实现自己的创意,从而提高创新意识和实践能力。因此,少儿编程是培养孩子们科技素养和创新意识的重要途径。通过学习编程,孩子们可以了解计算机科学的基本概念和原理,掌握编程的基本技能,激发对科技的兴趣和好奇心。因此,编程教育能够培养符合时代发展要求的高水平人工智能创新型人才,为未来的科技产业发展奠定基础。

(二)少儿编程融入信息技术教育契合家长殷切的期望

从培养孩子的角度来看,少儿编程融入信息技术教育,是一种非常契合家长的期望、能够全方位锻炼和提升孩子各项能力的学习方式。

首先,家长期望孩子提高认知能力。编程可以帮助孩子培养逻辑思维、问题解决能力、创造力和保持耐心。这些技能不仅对编程有用,在日常生活中也可以帮助他们更好地处理问题和做出决策。

其次,家长期望孩子提升信息素养和计算机技能。少儿编程是计算机科学教育的重要组成部分。通过学习编程,孩子们可以了解计算机的工作原理和基本概念,掌握计算机编程的基本技能,提高信息素养和计算机技能。

再次,家长期望孩子提高团队协作和沟通能力。家长希望孩子在学习编程

的过程中,学会与他人合作、交流和分享,提高团队协作能力和沟通能力。这些都能够在编程的过程中得到锻炼。

最后,家长期望孩子快乐地学习。家长希望孩子能够在快乐的氛围中学习,而少儿编程恰恰创设了一个轻松愉快的学习环境,能够充分激发孩子的自主性,让他们在玩中学、在学中玩,享受编程带来的乐趣和成就感。

从孩子的就业前景来看,计算机科学和编程是当今社会最需要的技能之一。随着技术的快速发展,越来越多的职业需要这些技能,如软件开发、数据分析。让孩子从小学习编程,可以为他们未来的职业生涯打下坚实的基础。

(三)少儿编程融入信息技术教育符合儿童身心发展要求

少儿编程是一个注重激发孩子的兴趣和好奇心的项目,能够促进儿童身心发展,在提高孩子的逻辑思维能力与解决问题能力基础上,进一步培养孩子的创新思维和创造力,锻炼孩子的团队协作能力与沟通能力。

每个孩子都有不同的学习方式和兴趣,而现代教育最需要的就是符合儿童身心发展规律的因材施教。少儿编程教育针对每个学生的特点进行个性化教学,以满足不同学生的需求。例如,有些学生可能更喜欢通过实践操作来学习,而另一些学生可能更喜欢通过理论学习来理解编程原理。

编程需要严谨的逻辑思维和解决问题的能力,少儿编程正是通过让孩子们编写程序来培养这些能力。孩子们在编写程序的过程中,需要学会如何分析问题、制定解决方案和实施计划。这有助于提高他们的逻辑思维能力和解决问题的能力。通过学习编程,孩子们可以了解计算机科学的基本概念和原理,掌握编程的基本技能,培养对科技的兴趣和好奇心。

在编程完成一个完整项目的过程中,孩子们需要相互合作、交流和分享。通过合作,孩子们可以学会如何协作、沟通、分享和解决问题。这对于孩子的身心发展极为有益,对于他们未来的社交和发展也非常重要。

综上不难看出,不论是在宏观的时代发展需求、社会对创新型人才的需求方面,还是在家长对孩子的殷切期望和孩子身心发展要求方面,少儿编程都具有很大的优势与作用。而这也正是少儿编程融入信息技术教育的重要意义。

第三节 少儿编程融入信息技术教育的理论基础

少儿编程融入信息技术教育是一项系统的工程,需要坚实的理论基础做支撑。首先,少儿编程本身就是一个理论范畴,需要明确其特点、基础知识和实践需要,还需要进一步应用教育理论进行实践指导。

一、少儿编程的特点

(一)寓教于乐

少儿编程往往将编程教育与游戏、动画等娱乐形式相结合,使孩子们在轻松愉快的氛围中学习编程知识,提高逻辑思维和创新能力。这种寓教于乐的方式可以激发孩子们的学习兴趣和积极性,让他们在快乐的状态中学习,同时也可以培养他们的耐心和毅力。少儿编程寓教于乐的形式有很多种:

1. 编程游戏:通过设计有趣的编程游戏,让孩子们在玩游戏的过程中学习编程知识,提高编程技能。

2. 动画教学:将编程知识融入动画中,让孩子们通过观看动画来学习编程知识,加深对编程知识的理解和记忆。

3. 实践项目:让孩子们通过实践项目来学习编程知识,例如制作一个小游戏、一个动画短片或者一个实用工具等。

4. 互动教学:通过互动教学方式,让孩子们参与到教学过程中,例如通过问答、讨论等方式与老师和同学进行互动,加深对编程知识的理解和掌握。

(二)培养逻辑思维和创新思维

少儿编程是一种通过编程教育来培养儿童逻辑思维和创新思维的教育方式。这种教育方式注重实践和操作,让孩子们在动手操作的过程中学习编程知识,从而培养他们的逻辑思维和创新思维。

少儿编程教育通常以图形化编程为主,通过拖拽积木式模块的编程方式,让孩子们快速掌握编程基础。这种教育方式不仅让孩子们学到了编程知识,更重要的是培养了他们的逻辑思维和创新思维。在编程过程中,孩子们需要不断地尝试、调试和优化程序,从而培养了耐心和毅力。同时,他们还需要不断思考和创新,寻找更好的解决方案,从而培养创新思维和解决问题的能力。

少儿编程教育不仅可以培养儿童的逻辑思维和创新思维,还可以帮助他们更好地适应未来的社会发展。随着人工智能和数字化时代的到来,编程已经成为一项重要的技能,掌握编程技能可以让孩子们在未来更具有竞争力。此外,少儿编程还可以帮助孩子们提高数学成绩和解决问题的能力,从而让他们更加自信,更有成就感。

(三)强调个性化教学和差异化教学

少儿编程教育注重个性化教学和差异化教学,致力于为每个孩子提供个性化的教学方案,充分尊重他们的个性。这意味着,教育方案会考虑到每个孩子的兴趣、特长、学习风格和需求,从而为他们量身定制最合适的编程课程。这种个性化教学方式不仅关注孩子们编程技能的培养,更注重激发他们的创新思维和解决问题的能力。

通过个性化教学,每个孩子都有机会在编程领域发挥自己的天赋和潜力。这种教学方式不仅有助于培养孩子们对编程的兴趣,还能让他们在编程过程中获得成就感和自信心。通过量身定制的课程,孩子们可以更好地理解和掌握编程知识,同时也能更好地应用所学知识来解决实际问题。这种教学方式充分尊重每个孩子的个性,让他们在编程学习中获得更好的发展机会和成长体验。

(四)注重团队合作和沟通能力的培养

少儿编程教育注重培养孩子的团队合作和沟通能力,让他们学会与他人合作、交流和分享。在少儿编程教育中,孩子们需要与同伴共同完成编程任务。这让他们学会了如何与他人合作、协调和沟通。在完成任务的过程中,孩子们需要不断与同伴进行交流,分享自己的想法和思路,同时倾听他人的意见和建议。这种团队合作和沟通能力的培养,不仅有助于提高孩子们的学习效率,更能够帮助他们在未来的学习和工作中更好地适应各种团队环境,发挥自己的潜力。

少儿编程教育不仅仅是一种技能的培养,更是一种思维方式和价值观的塑造。通过团队合作和沟通能力的培养,孩子们能够更好地理解他人的想法和需求,更加尊重他人的意见和感受。这种思维方式和价值观的塑造,对孩子未来的成长和发展至关重要。

(五)与其他学科知识相结合

少儿编程往往是与其他学科知识相结合的综合性课程。例如,通过编程游戏可以帮助孩子们理解数理化知识,提升他们的综合素养。同时,可视化图形编程等教学方式可以帮助孩子们更好地理解抽象的概念和知识。这种跨学科的教学方式可以让孩子更好地理解和掌握知识,提高他们的学习效率。

少儿编程不仅仅是一项技能,更是一种思维方式。通过编程,孩子们可以学会分析问题、解决问题的方法,学会严谨、系统化的思维方式。

二、少儿编程的基础知识

少儿在学习编程的过程中,需要掌握计算机、数学、逻辑思维、数据结构和算法等理论基础。这些知识对编程学习和开发具有重要的支撑作用。

(一)计算机基础知识

学习编程首先需要了解计算机的基本组成,例如中央处理器(CPU)、内存、硬盘等,以及计算机的工作原理。

计算机由硬件和软件两部分组成。硬件包括CPU、存储器和输入输出设备等。CPU是计算机的核心部件,负责控制计算机的各个部分协同工作,执行算术运算和逻辑运算以及控制输入输出工作。存储器分为内存和外存两大类,内存用于存储临时数据,外存用于长期保存数据。输入输出设备如键盘、鼠标、打印机等用于与计算机进行交互。

计算机软件分为系统软件和应用软件两大类。系统软件是计算机的基本软件,负责管理计算机的硬件资源,包括操作系统、语言处理程序、数据库管理系统等。应用软件是为解决特定问题而设计的程序,如办公软件、图像处理软件等。

此外,学习编程还需要了解操作系统、文件系统等基础知识。这些知识将有助于理解编程的概念和原理,并为后续的学习打下基础。

(二)数学基础

编程涉及诸多数学概念和运算,包括但不限于算术运算、代数、几何等。在编写算法过程中,这些数学知识起到了举足轻重的作用。例如,程序员在设计算法时,常常需要运用数学运算来解决实际问题。下面我们将详细介绍编程中涉及的一些数学概念和运算,以及如何在编程实践中运用它们。

首先,我们来了解一下算术运算。在编程中,算术运算是最基本的运算之一。它包括加法、减法、乘法和除法等。算术运算在计算机程序中通常使用内置函数或自定义函数来实现。例如,在Python中,我们可以使用以下代码进行简单的算术运算：

```
result = a + b    #表示 a 和 b 的和
result = a − b    #表示 a 和 b 的差
result = a * b    #表示 a 和 b 的积
result = a/b      #表示 a 和 b 的商
```

接下来，我们来谈谈代数。在编程中，代数主要涉及变量、数据类型、方程和函数等概念。变量是程序中用于存储数据的标识符。数据类型则决定了变量的取值范围和运算方式。例如，在 Python 中，我们可以使用整数、浮点数、字符串和布尔值等数据类型。

方程和函数在编程中也应用很广。方程通常用于求解未知数，如线性方程、二次方程等。函数则是一种将输入值转换为输出值的数学关系。在编程中，我们可以使用内置函数或自定义函数来实现特定的功能。例如，Python 中的平方根函数`sqrt( )`和指数函数`pow( )`等。

再者，我们来看看几何。几何主要涉及点、线、面等基本概念，以及角度、距离等度量。在编程中，几何知识可以用于绘制图形、计算几何图形的属性等。例如，使用 Python 的绘图库 Matplotlib，我们可以轻松地绘制二维图形和三维图形。

除了以上提到的数学概念和运算，编程还涉及其他数学领域，如概率论、线性代数、微积分等。这些知识在编写复杂算法和解决实际问题时都能派上用场。

总之，数学在编程中占据了至关重要的地位。掌握数学知识能够帮助程序员更好地编写算法，解决实际问题，并提高编程效率。因此，在学习和实践编程的过程中，孩子们应当重视数学基础知识的学习，不断提高数学素养，这样才能在编程领域取得更好的成绩。

（三）逻辑思维基础

编程的人需要具有良好的逻辑思维能力，能够分析问题、找出解决方案，并将其转化为代码。这包括理解条件语句、循环和逻辑运算等。逻辑思维清晰的人能够帮助少儿更好地理解和编写程序。

1.条件语句。在编程中,我们经常需要根据不同的条件来执行不同的代码。条件语句就是用来实现这一功能的。例如,如果某个条件成立,那么就执行这段代码;否则,执行另一段代码。掌握条件语句的使用,能够让我们更加灵活地处理程序中的各种情况。

2.循环。在编程中,有很多时候我们需要重复执行一段代码,直到满足某个条件为止。这就需要用到循环。循环有两种主要类型:for 循环和 while 循环。for 循环通常用于在给定范围内重复执行一段代码,而 while 循环则用于在满足某个条件时不断执行代码。熟练掌握循环的使用,可以让我们更有效地处理重复的任务。

3.逻辑运算。逻辑运算也是编程中不可或缺的一部分。逻辑运算主要包括与、或、非等操作。它们可以帮助我们判断程序中的条件是否满足。例如,我们可以使用与运算符(&)来判断两个条件是否同时满足,使用或运算符(‖)来判断至少有一个条件满足,使用非运算符(!)来判断一个条件是否不满足。掌握逻辑运算,能让我们的程序更加灵活和高效。

对于少儿来说,培养清晰的逻辑思维能力尤为重要。因为这不仅可以运用到日常学习和生活中的各个方面,还有助于他们更好地理解和编写程序。少儿编程教育的一个重要目标,就是培养孩子们的逻辑思维能力。通过学习编程,孩子们可以学会如何有条理地思考问题,如何寻找问题的解决方案。

(四)数据结构和算法

数据结构和算法是编程的核心,它们在很大程度上决定了程序的效率和性能,掌握常见的数据结构(如数组、链表、栈、队列、树等)和算法(如搜索、排序、递归等)有助于编写高效的程序。少儿可以通过学习这些知识来提升编程技能和解决问题的能力。

1.数据结构。数据结构是用于存储和组织数据的特定方式,它是实现算法的基础。常见的数据结构包括数组、链表、栈、队列、树等。这些数据结构有各自的特点和适用场景,如数组适合快速查找和排序,链表便于动态扩容,栈和队列常用于函数调用和任务调度等。了解并熟练掌握这些数据结构,可以使我们在编程时变得更加得心应手,提高程序的编写效率。

2.算法。算法是解决问题的步骤,包括搜索、排序、递归等多种方法。学会这些算法,我们可以在编写程序时更加有条理,更加高效地完成任务。例如:排序算法可以帮助我们快速整理数据;搜索算法可以帮助我们在大量的数据中快速找到所需信息;递归算法虽然有时会导致栈溢出,但能帮助我们解决一些复杂的问题,提高代码的可读性和可维护性。

在学习数据结构和算法的过程中,少儿可以不断提升自己的编程技能,培养良好的逻辑思维能力。通过实践,他们可以更好地理解编程的本质,为未来的科技创新打下坚实的基础。同时,数据结构和算法的学习也有助于他们在解决实际问题时找到最佳的解决方案,提高解决问题的效率。

(五)编程语言基础

选择一门编程语言,并学习其基本语法、特性和用法,将为后续的编程实践打下基础。例如,Python、Java 和 C++ 都是常见的编程语言,少儿可以从中选择一门开始学习。

1. Python:Python 是一种易于学习且功能强大的编程语言。它的语法简单明了,初学者能够快速上手。同时,Python 拥有丰富的库和框架,适用于各种领域的编程任务。由于其应用前景广泛,Python 被认为是当今最受欢迎的编程语言之一。

2. Java:Java 是一种面向对象的编程语言,具有跨平台、安全、稳定等特点。它广泛应用于企业级应用、移动应用和 Web 开发等领域。与 Python 相比,Java 的语法更为严谨,适合有一定编程基础的少儿学习。

3. C++:C++ 是一种具有面向对象特性的编程语言。它在计算机科学和软件工程领域应用广泛。C++ 的语言特性较为复杂。对于有一定编程基础的少儿来说,学习 C++ 能够帮助他们更好地理解计算机科学的原理,为今后的深入学习打下基础。

在选择编程语言时,家长和老师应根据学生的实际需求和兴趣进行引导。对于初学者来说,Python 是一个很好的起点。它既能让学生快速掌握基本的编程概念,又能应用于实际项目。随着学生编程能力的提高,家长和老师可以逐渐引导他们学习其他编程语言,如 Java 和 C++ 等。

三、少儿编程的实践基础

少儿编程的实践基础包括学习基本概念、学习编程语言、实践编程、参加编程比赛和活动以及跨学科实践等方面。这些实践基础为孩子们提供了锻炼编程思维和技能的机会,同时也为孩子们未来的学习和职业发展打下了坚实的基础。

(一)学习基本概念

少儿编程的学习者需要掌握一些基本概念,如变量、函数、数组、指针等。这些概念是编程的基础,只有掌握了这些概念,才能够进行后续的学习。这些基本概念不仅在编程中应用广泛,而且对于培养学习者的逻辑思维和解决问题的能力也有重要的影响。

1. 变量。在编程世界里,变量是用来存储数据的容器。它们可以存储各种数据类型,如数字、字符、字符串等。理解变量的重要性在于,孩子们学会了如何在程序中存储和处理数据,就为后续学习算法和数据结构奠定了基础。

2. 函数。函数是编程中的一个重要概念,可以看作是预先编写好的、可重复使用的代码块。掌握函数的使用有助于提高编程效率,让孩子们学会如何模块化代码,实现代码的重用和封装。此外,通过编写和调用函数,孩子们能更好地理解程序的组织和结构,为后续学习面向对象编程打下基础。

3. 数组。数组是一种用于存储多个同类型数据的数据结构。在编程中,利用数组可以方便地管理和操作一组数据。掌握数组的概念,孩子们能够学会如何创建、访问和修改数组元素,进一步提高编程技巧。

4. 指针。指针是编程中的一种高级概念,指向内存中某个位置的地址。了解指针的使用,有助于孩子们理解计算机内存的管理和操作,以及如何在程序中处理动态数据。此外,掌握指针还能让孩子们更好地理解后续学习中的复杂数据结构和算法。

除此之外,还有许多其他基本概念,如队列、循环、条件等,它们在编程中同样具有重要地位。学习这些概念,可以让孩子们建立起完善的编程体系,为未来的深入学习做好准备。

(二)实践编程

学习编程不仅需要学习理论知识,还需要实践。编程是一门实践性很强的技能,只有不断实践,才能发现问题、解决问题,从而不断提高自己。因此,我们要充分利用业余时间,参与各种编程项目,丰富自己的实践经验。实践编程过程中,会遇到各种各样的问题。遇到问题时,不要急于求教,首先要自行尝试解决。解决问题的关键在于分析问题、总结经验。每次解决问题后,都要认真总结,找出问题的关键点,以便下次遇到类似问题时能迅速找到解决方法。

通过编写程序,学习者可以锻炼自己的编程思维和技能。实践编程不仅可以加深学习者对编程理论知识的理解,还可以提高学习者的动手能力和解决问题的能力。

(三)参加编程比赛

编程比赛和活动是提升编程技能、拓宽视野、培养竞争意识以及加强团队合作的重要平台。首先,学习者在准备比赛的过程中,可以有针对性地锻炼自己的编程技能,提高解决问题的能力,以便在实际操作中能更好地掌握编程语言和算法。其次,比赛和活动为学习者提供了一个展示自己才华的舞台,让他们在实际项目中体验到编程的乐趣和成就感。此外,这些比赛和活动还鼓励学习者与其他参赛者交流和分享,促进彼此之间的学习与成长。

值得一提的是,编程比赛和活动通常会设置一些有趣的题目和挑战,旨在激发学习者的创新精神和解决问题的能力。在迎接挑战的过程中,学习者不断突破自己的极限,实现自我提升。同时,学习者也会在比赛和活动中认识到团队协作的重要性,学会在团队中发挥自己的优势,共同完成任务。

(四)跨学科实践

少儿编程可以与其他学科结合,例如数学、物理等。将编程与其他学科相结合,学习者可以更好地理解和应用编程知识。例如,少儿可以通过编写数学程序来巩固自己的数学知识,或者通过编写物理模拟程序来了解物理现象的本质。

1. 数学。数学作为一门基础性、工具性极强的学科,其重要性不言而喻。将编程与数学相结合,能够使孩子们在编程的过程中,更好地理解和运用数学知识。例如,他们可以通过编程来解决复杂的数学问题,或者利用编程建立数学模型,进一步打牢数学功底。这样,孩子们在掌握编程技能的同时,也提升了数学素养,为未来深入学习打下坚实的基础。

2. 物理。物理是一门研究自然现象、揭示自然规律的学科,对于培养孩子们的科学素养和探索精神具有重要意义。通过编写物理模拟程序,孩子们可以更加直观地了解物理现象的本质,从而加深对物理知识的理解。例如,他们可以利用编程建立一个简单的力学模型,进而探讨物体运动的规律。这样的学习方式,既激发了孩子们的学习兴趣,又提高了他们的实践能力。

除此之外,少儿编程还可以与其他学科如化学、生物、地理等相结合,形成更完善的跨学科学习体系。这样一来,孩子们在掌握编程技能的过程中,也能全面了解各个学科的知识点,培养自己的综合素质。

四、少儿编程融入信息技术教育的指导理论

少儿编程融入信息技术教育的指导理论有很多,其中具有代表性的学习理论主要有建构主义学习理论、认知发展理论、人本主义理论和多元智能理论等。这些理论为少儿编程教学提供了重要的指导作用,能够帮助教育者更好地理解和教授编程课程,同时也提醒教育者关注孩子的个体差异和需求,为每个孩子提供合适的学习环境和资源,促进他们的全面发展。

(一)建构主义学习理论

建构主义学习理论认为,学习不是简单的知识传递过程,而是学习者根据自己的经验建构知识的过程。在少儿编程学习中,孩子们可以通过动手实践、自主探索和解决问题来构建自己的知识体系。建构主义学习理论认为,学习是学习者在与环境交互作用的过程中主动地建构内部心理表征的过程。在少儿编程的学习中,应用建构主义学习理论指导实践需要注意以下几个问题。

1.注重学习者主动建构知识

皮亚杰(Piaget)的建构主义理论,源于对儿童认知发展特点的深入研究,主张儿童通过自主建构经验来进行学习。这一理论认为,幼儿在游戏过程中,通过调动自身的感官与操作材料产生互动,从中习得经验。这个过程既是幼儿游戏的过程,也是他们学习的过程。在这个过程中,皮亚杰强调环境与个体之间的交互作用对幼儿认知发展的重要性。

少儿编程的学习过程恰恰体现了皮亚杰建构主义理论的核心观点。在学习编程时,孩子们并非被动地接受知识,而是主动地参与到学习过程中。他们通过与环境的交互,不断尝试从对现实世界的认知中建构自己的心理模型。这种交互作用不仅有助于孩子们获取编程知识和技能,还有助于他们培养解决问题的能力、创新思维以及团队协作精神。

皮亚杰认为,个体在学习过程中不断与环境互动,从而建构起自己的认知结构。这种互动可以分为两个层面:一是幼儿与操作材料之间的互动,二是幼儿与同伴、教师之间的互动。在这两个层面上,幼儿都能够通过自主建构经验来获取知识,发展自己的认知能力。

将这一理论应用于少儿编程领域,孩子们需要在两个层面上展开互动。首先,他们在编程学习中要与编程语言、工具和设备互动,通过实际操作掌握编程的基本概念和技巧。其次,他们需要与同伴、教师互动,共同探讨编程问题,分享学习心得。在这种互动过程中,他们不仅能够获得编程知识和技能,还能够培养自己的沟通能力和团队合作精神。

2. 强调情境与协作学习

建构主义学习理论强调情境与协作在学习中的重要性。少儿编程教育需要强调"做中学"(learning by doing-and-thinking)的教育方法,在具体情境和实际问题中寻求协作。在这个过程中,孩子们可以形成概念和规则意识,并且在学习活动中进行有意识、有意义的思考。

在编程学习的过程中,孩子们常常需要与同伴共同面对挑战,合作解决问题。这个过程不仅有助于提高孩子们的编程技能,还能培养他们的沟通能力和团队协作精神。孩子们在解决实际问题的过程中,将编程知识与实际情境相结合,能够更好地掌握编程技能。

另外,编程学习具有很强的情境性。孩子们在解决实际问题的过程中,能够深入了解编程知识,更好地运用编程语言。通过在具体情境中进行编程实践,孩子们能够将理论知识转化为实际操作,提高编程技能。

3. 注意利用辅助手段和资源

建构主义学习理论认为,学习者应借助其他辅助手段和资源来获取知识。因此,少儿编程的创始人派珀特也强调建构主义的重要性,认为儿童应该在以技术工具为媒介的交互式学习环境中通过积极与环境互动来建构自己的经验及知识体系。这一观点揭示了少儿编程教育的核心理念:借助技术工具,激发学习者的主动性和创造力,让他们在实践中探索和成长。

在编程学习的过程中,孩子们可以通过上网查找相关资料、观看教学视频等途径,获取丰富的编程知识和技能。这种学习方式充分体现了建构主义教育理念,即强调学习者与技术工具的互动、利用资源辅助手段以及自我探索。

此外,编程学习还可以引导孩子们思考人的思维过程,探讨人与技术工具之间的关系。在这个过程中,技术工具成了培养孩子们独立解决问题能力的关键。通过编程实践,孩子们不仅能够掌握一项技能,还能够在解决问题的过程中,锻炼思维能力,培养创新精神。

4.体现知识的主观性和社会性

建构主义学习理论是一种教育心理学理论，强调知识的主观性和社会文化背景的影响。建构主义学习理论认为，知识并非僵化的、被动接受的产物，而是由学习者在社会互动和个体经验的基础上主动建构的。在这种观点下，学习过程不再是简单的信息传递，而是知识建构的过程。

在计算机领域，掌握"强大的思想"意味着学习者需要深入了解核心概念和技能，并能够将这些知识与其他学科相结合，形成跨学科的理解。这种理解不仅能够增强学习者在计算机领域的竞争力，还能够培养其解决问题的能力，使其能够在不同的情境中应用所学知识。

少儿编程的学习过程充分体现了知识的主观性与社会性特点。首先，孩子们的思维模式和认知图式因个人经验和学习背景而有所不同。这意味着，在学习编程的过程中，每个孩子都有自己的独特视角和理解方式。其次，教师和家长对编程知识的理解也会影响孩子们的学习。建构主义学习理论强调知识的主观性和社会文化背景的影响，鼓励学习者主动探索、互动交流，从而建构自己对编程知识的独特理解。在这个过程中，学习者不仅能够提高自己的编程技能，还能够培养跨学科的理解和创新能力。这对于他们未来的学习和成长具有重要意义。

建构主义学习理论认为，学习是学习者主动建构知识的过程，而非被动接受知识的过程。在少儿编程的学习中，建构主义学习理论主要体现在学习者主动参与、实践和探究方面。少儿编程的学习需要孩子们主动参与和探究，通过实践操作来理解和应用编程知识。孩子们可以通过自主探究、解决问题和完成项目等方式，不断构建自己的知识体系和能力结构。建构主义学习理论在少儿编程中的应用有助于提高学习者的学习效果和学习能力，同时也为教师的教育教学提供了有益的启示。

（二）认知心理学理论

少儿编程与认知发展理论有着密切的联系。认知发展理论是指个体在认知领域获取、加工和提取信息的方式和过程，以及这些方式和过程如何随着年龄和发展阶段而变化。认知心理学理论认为，人的认知过程是一个信息加工的过程。在少儿编程的学习中，孩子们需要通过对问题的分析和理解，将问题转化为程序代码的形式进行加工和执行，从而解决问题。因此，在少儿编程中应注意儿童认知发展的重要环节。

1. 强调促进思维发展

少儿编程的学习需要孩子们不断思考和解决问题。这个过程可以拓宽他们的思维,尤其是提高逻辑思维能力。

编程学习中的条件判断、循环、函数等基本概念,是构建复杂程序的基础。孩子们在学习这些概念的过程中,会逐渐掌握分析问题的方法,学会将大问题拆分成小问题,并从中提炼出关键信息。这种能力对于孩子们未来的学习和工作都具有重要意义。同时,在编程实践中,孩子们需要制定解决方案和实施计划,这有助于他们养成有条理的思考习惯。

2. 注意增强空间认知能力

少儿编程中的可视化图形编程和机器人编程等学习内容,可以增强孩子们的空间认知能力。空间认知能力是一项重要的思维能力,对孩子的成长和发展具有深远的影响。

在可视化图形编程中,孩子们通过拖拽和拼接代码块来实现程序的编辑和控制。这种编程方式具有直观、易学的特点,让孩子们在轻松愉快的氛围中掌握编程技能。同时,这个过程也有助于孩子们更好地理解空间关系和物体的结构。因为他们需要将代码块进行组合,以实现程序的预期效果,这无疑对他们的空间想象力提出了较高的要求。通过不断尝试和调整,孩子们的空间认知能力得到了有效的锻炼和提高。

3. 注重培养创新思维

在科技高速发展的时代背景下,培养创新思维已成为教育领域的核心任务。少儿编程的学习需要孩子们不断尝试和创新,通过编程实践来表达自己的想法和创新思维。

少儿编程强调实践操作,鼓励孩子们在尝试与探索中不断成长。在编写程序的过程中,孩子们需要充分发挥想象力,将想法转化为实际的代码。这种实践不仅提高了孩子们的技术能力,更激发了他们的创新思维,让他们在面对问题时能够勇于突破常规,寻找独特的解决方案。

4. 增强认知灵活性

认知灵活性是指个体在处理和整合不同来源和不同特性的信息时所表现出来的适应性和应变能力。少儿编程的学习需要孩子们不断思考、尝试和修正,这个过程需要他们运用不同的思维方式和方法来解决问题。这种训练可以帮助孩子们更好地适应不同的情境和问题,增强他们的认知灵活性。

少儿编程的学习需要孩子们掌握多种技能和知识,包括数学、物理、计算机等。这种跨学科的学习可以帮助孩子们更好地理解和应用不同领域的知识,提高他们的知识整合能力和应用能力。这种能力也可以帮助孩子们更好地应对复杂的问题和情境,提高他们的认知灵活性。

5. 提高自我调节能力

少儿编程学习的核心要素之一是培养孩子们的自我调节能力。在编程的世界里,孩子们需要面对诸如错误修正和程序调试等挑战。这些挑战恰恰能够锻炼他们的自我调节能力。通过这些挑战,孩子们能够学会管理自己的学习行为,从而提高自我调节能力。

自我调节能力是指一个人在面对挑战和困难时,能够调整自己的情绪、思维和行动,以达到预期目标的能力。在少儿编程学习中,这种能力显得尤为重要。因为在学习编程的过程中,孩子们会遇到各种各样的问题,如代码调试、逻辑梳理等。这些问题需要孩子们运用自我调节能力来解决。

那么,如何培养孩子们的自我调节能力呢?以下几点建议或许可以给我们提供一些启示。

(1)培养孩子们面对错误的勇气。在编程学习中,错误是不可避免的。孩子们需要学会正视错误,并从中吸取经验教训。家长和老师在此过程中要给予充分的鼓励和支持,让孩子们认识到,犯错并不可怕,关键是要改正错误。

(2)增强孩子们的耐心和毅力。编程学习需要耐心和毅力。孩子们在面对困难时,很容易产生挫败感。这时,家长和老师要及时关注孩子的情绪变化,引导他们调整心态,坚持不懈地解决问题。

(3)创设合作与交流的氛围。让孩子们在团队合作中解决问题,可以提高他们的沟通与协作能力。同时,孩子们在交流过程中,可以借鉴他人的经验和方法,从而丰富自己的认知和技能。

在少儿编程领域,认知发展理论的应用主要体现在促进思维发展和增强空间认知能力方面。少儿编程的学习需要孩子们不断思考和解决问题,这个过程可以促进他们的思维发展,尤其是逻辑思维能力的发展。通过编程中的条件判断、循环、函数等概念的学习和应用,孩子们可以学会分析问题、制定解决方案和实施计划。同时,编程中的可视化图形编程和机器人编程等学习内容,可以增强孩子们的空间认知能力。

少儿编程与认知发展理论相互促进、相互影响。少儿编程的学习可以促进孩子们的认知发展,而认知发展理论也为少儿编程教学提供了重要的指导作用。

(三)人本主义学习理论

人本主义理论,源于对人性和人类潜能的深刻理解,主张以儿童的全面发展为目标导向。这一理论认为,教育应当关注孩子的个性差异,尊重他们的兴趣和需求,引导他们主动探索和自主学习。人本主义理论强调尊重和关注孩子的兴趣、需求和情感,以孩子的全面发展为目标,旨在培养他们的自主学习能力、创新思维和实践能力。人本主义理论在少儿编程中的应用主要体现在以下几个方面:

1. 尊重孩子的兴趣和需求

兴趣是最好的老师。对于少儿编程学习而言,选择孩子感兴趣的主题和项目至关重要。只有当孩子对所学内容感兴趣,他们才会投入更多的时间和精力去探究和实践。因此,家长和教师应充分了解孩子的兴趣爱好,为他们提供富有吸引力的编程学习内容。

少儿编程的学习应该尊重孩子的兴趣和需求,让他们在学习过程中感受到快乐和满足。选择孩子感兴趣的主题和项目,可以激发他们的学习热情和动力,提升他们的学习效果。

2. 培养孩子的创新思维和实践能力

人本主义理论主张以儿童的全面发展为目标导向,遵循孩子的思维发展规律,注重培养孩子的创新思维和实践能力。少儿编程通过自主探究、解决问题和完成项目,让孩子们在实践中掌握编程知识和技能,提高创新能力。

人本主义理论认为,孩子的思维发展具有阶段性、顺序性和规律性。因此,教育者在培养孩子的过程中,应遵循这些规律,引导他们逐步掌握各种思维方法,培养其创新精神和实践能力。创新思维是一种高度复杂的心智过程,能帮助孩子应对未来的挑战和变化。实践能力则是一种综合素质,能让孩子在实际行动中运用所学知识,为社会创造价值。

3. 关注孩子的情感和社交能力

在传统的认知中,编程被视为一门技术,一门手艺。我们往往忽视了它在孩子情感和社交能力培养方面的作用。事实上，在少儿编程的学习过程中，孩子们的情感和社交能力培养同样至关重要。这不仅有助于孩子们更好地掌握编程技能，还能帮助他们全面发展，成为适应未来社会的人才。少儿编程的学习应该关注孩子们的情感和社交能力，帮助他们建立自信心，培养合作精神和沟通能力。通过与同伴协作、分享经验和互相学习，孩子们可以在情感和社交方面得到全面发展。

孩子们在编程过程中会遇到各种困难和挑战，如何让他们在面对挫折时保持积极的心态，培养出坚韧不拔的精神，是家长和教师需要关注的问题。少儿编程教育应该注重培养孩子们的耐心和毅力，让他们在克服困难中获得成就感和自豪感，从而树立自信心。

社交能力的培养同样不可或缺。编程本质上是一种人际交流，无论是编写代码还是解决问题，都需要孩子们学会与他人合作。在编程学习中，孩子们需要与同伴交流思想、分享经验、互相学习。在这样的互动过程中，孩子们能够学会倾听、沟通、协调和合作，养成良好的团队精神和合作意识。

4. 提供个性化的学习体验

少儿编程教育不能千篇一律，而应该根据每个孩子的特性为他们量身定制，以提供良好的学习体验。个性化学习体验意味着需要为每个孩子规划独特的学习路径。每个孩子都是独一无二的，有着不同的学习速度、兴趣和天赋。通过个性化的学习计划，教师可以确保每个孩子根据自己的节奏学习和成长，而不是被同样的教学进度束缚。

传统的"一刀切"的教学方式已经不能满足现代教育的需求。相反，我们需要提供多样化的学习资源，以满足不同孩子的学习需求。例如，有些孩子可能更喜欢通过游戏来学习编程，而有些孩子则更喜欢实践项目。通过提供适合孩子们的学习资源，我们可以确保每个孩子都能在自己的舒适区中学习，并从中获得最大的收益。

当然，个性化学习体验需要家长和教师紧密合作。家长是孩子最重要的教育伙伴，他们的支持和参与对孩子的成长至关重要。因此，教师需要定期与家长进行沟通，了解孩子的学习进展和需求，共同制订个性化的学习计划。只有这样，我们才能确保每个孩子都能得到最好的学习体验，从而在编程学习的道路上取得成功。

5. 倡导自主学习和终身学习

当今时代是知识爆炸的时代,更是终身学习的时代。根据人本主义教育理论,少儿编程的学习应该倡导自主学习和终身学习,培养孩子自主探究和学习新知识的能力。鼓励孩子自主选择学习内容、制订学习计划和解决问题,可以让他们养成自主学习的习惯,为未来的学习和职业发展打下基础。

人本主义理论强调尊重孩子的兴趣、需求和情感,以孩子的全面发展为目标,培养他们的创新思维和实践能力;同时倡导自主学习和终身学习,关注孩子的情感和社交能力,提供个性化的学习体验。这种理论为少儿编程的教学提供了有益的启示和指导作用。

(四)多元智能理论

多元智能理论也是少儿编程的实践指导理论之一。这一理论由美国当代著名心理学家和教育学家加德纳(Gardner)博士于1983年系统地提出。他认为,智能是一种创造力和解决问题的能力的体现,而智能本身是多元化的,每个人身上都存在多种类型的智能。

多元智能理论认为,少儿编程是涉及儿童多项智能培育的一项综合性学习实践活动,包括语言智能、逻辑智能、空间智能、身体运动智能、人际交往智能、自我认识智能和认识自然智能等。这些智能的培养和发展对于孩子们的全面成长和发展具有重要意义。

1. 语言智能

编程语言和计算思维的培养是少儿编程的核心内容之一。孩子们在编程的过程中,需要使用语言符号来表达自己的想法,并学会与他人进行交流和合作。这有助于培养孩子的语言智能。

2. 逻辑智能

编程的学习需要孩子们掌握逻辑推理和问题解决能力。孩子们在编程时,需要理解程序的结构、流程和算法等概念,并运用这些知识进行逻辑分析和解决问题。这有助于培养孩子的逻辑智能。

3. 空间智能

编程中的可视化图形编程和机器人编程等学习内容,可以培养孩子的空间认知能力和想象力。孩子们在设计和制作可视化图形或机器人时,需要理解空间关系、物体结构等概念,并运用这些知识进行创意设计和制作。

4.身体运动智能

孩子们在编程、操作计算机或机器人时,需要保持手眼协调等身体运动能力。这有助于培养孩子的身体运动智能。

5.人际交往智能

孩子们在团队中分工合作、互相学习、分享经验和解决问题时,需要与他人建立良好的人际关系,并运用人际交往智能进行有效的沟通和合作。

6.自我认识智能

少儿编程的学习需要孩子们具备一定的自我认知能力。他们在编程、调试错误、优化代码时,需要了解自己的学习特点和优势,并能够运用自我认识智能进行自我反思和改进。

7.认识自然智能

少儿编程的学习可以与自然科学知识相结合,培养孩子对自然现象和科学原理的理解和探究能力。孩子们在编程时,可以结合自然科学知识进行探究和实践,例如模拟自然现象、设计科学实验等。

多元智能理论认为每个人都具有多种智能,这些智能在不同的人身上以不同的方式展现出来。在少儿编程领域,多元智能理论的应用主要体现在培养孩子的创新思维和实践能力方面。少儿编程的学习需要孩子们发挥自己的想象力和创造力,通过编程实践来表达自己的想法和创新思维。同时,孩子们还可以通过团队协作、交流和分享等方式,提高自己的社交能力和沟通能力。

(五)PTD框架理论

PTD(positive technological development)框架理论由珀斯(Bers)教授提出,是计算文化和技术发展的自然产物,在认知领域增加了心理和伦理因素,旨在通过技术工具创建学习环境来促进学生积极行为的产生。从理论视角来看,PTD是一种跨学科的方法,融合了计算机、媒介交流、计算机支持的协作学习,以及派珀特提出的建构主义学习理论等领域,并进行深入研究,将其应用于科学发展及青少年发展。PTD框架理论用于指导少儿编程教育也极为合适。

PTD框架包含编程所需要培养的六种积极行为(6C)和六项优秀品质,不仅强调技术工具支持下少儿编程学习的基本内容,也强调少儿个体发展的优秀品质,并阐明了积极行为促进个体优秀品质发展的路径和方式。其中,六种积极行为包括内容创新(content creation)、创造力(creativity)、行为选择(choices of conduct)、沟通（communication）、合作（collaboration）、社区建设（community building）。前三种是计算机科学领域要求学生掌握的能力，后三种是学生社会性发展不可或缺的重要技能。六项优秀品质包含能力（competence）、自信（confidence）、个性（character）、爱心（caring）、联系（connection）、贡献（contribution）。六种积极行为作为少儿编程学习的特定内容与六项优秀品质相对应，通过培养六种积极行为可以促进六项优秀品质的形成：内容创新促进能力发展，创造能力塑造信心，行为选择影响个性形成，沟通培养爱心，合作加强联系，社区建设引导贡献。

  PTD 提供了一个框架去理解技术如何促进学生积极行为的产生，以及这些积极行为是如何推动个人及社会发展的。PTD 框架包括三种组成成分：个体元素（individual assets）、以技术为媒介的技术或活动（technology-mediated behaviors or activities）、实践应用（applied practice）。它们将个体发展所需要的品质与具体能力相联系，同时探索出在少儿编程课堂实践中发展学生相关能力的教学方式，明确了信息时代学生的发展方向以及教师的教学重点。

  图 2-1 为 PTD 框架中 6C 的连接方式以及如何将其在课堂环境中实践的示例。这样的框架使得以计算机科学技术为代表的编程教育可以有效融入课堂教学，例如塔夫茨研究团队开发的"来自世界各地的舞蹈（Dances from Around the World）"课程就是一个突出代表。该课程将音乐、舞蹈及文化完美融入工程和编程领域，让幼儿的多方面能力在教学过程中得到了发展。

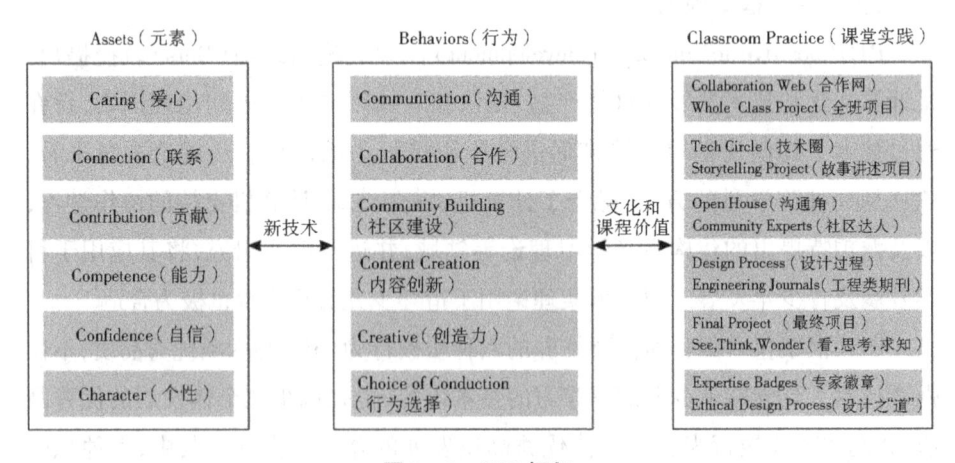

图 2-1 PTD 框架

(六)游戏化教学理论

少儿编程的游戏化教学理论是一种以游戏为媒介,通过游戏化的教学过程。它能够帮助孩子们更好地理解和掌握编程知识,提高他们的学习兴趣和参与度,从而达到更好的学习效果。游戏化教学的理想效果是达到"寓教于乐"的目的,即将游戏设计中的动机机制运用到教学过程中,从而有效地增加课堂的趣味性,激发学生的求知欲。

少儿编程教育的对象主要是3—18岁的孩子。该年龄段的孩子对游戏有着强烈的好奇心。将教学目标融入游戏中,使游戏成为教学手段,可有效地消除孩子的厌学情绪,促进孩子各项能力的发展。少儿编程游戏化教学中的即时反馈编程操作,能够让孩子体验到学习编程的成就感,切实感受到编程的快乐,进而对学习产生兴趣。例如,可以设计具有情节、可进行角色扮演的编程游戏,让孩子在游戏中扮演不同的角色,通过解决问题和完成任务来学习编程知识。我们可以设定游戏目标和奖励机制,激发孩子的学习兴趣和动机,提高他们的学习积极性和主动性,还可以设计具有关卡和挑战性的编程游戏,让孩子在游戏中逐步掌握编程技能和解决问题的能力。通过逐步增加游戏难度和挑战性,可激发孩子的学习动力,促进他们成长和进步。

在少儿编程的游戏化教学过程中,要注意以下几点:

1.将编程知识转化为游戏任务。将编程知识转化为游戏任务,让学生在完成任务的过程中学习和掌握编程知识。例如,可以设计一个编程游戏,让学生在游戏中学习如何编程。

2.利用游戏元素和机制,将游戏元素和机制融入教学过程中,例如积分、排名、奖励等,以增加学生的学习动力和参与度。

3.结合实际生活情境,将编程知识融入实际生活情境,让学生在解决问题的过程中学习和掌握编程知识。例如,可以设计一个模拟超市购物的游戏,让学生在游戏中学习如何通过编程来实现购物功能。

此外,还可以设计具有竞赛和合作性质的编程游戏,让孩子在游戏中比赛和合作,从而培养他们的团队合作和竞争意识,提高他们的学习效果和社交能力。通过设计富有趣味性和挑战性的编程游戏,让孩子乐在其中,同时有效地学习和掌握编程知识和技能,为未来的学习和发展奠定坚实的基础。

(七)STEAM 教育理念

STEAM 的五个英文字母分别表示"science""technology""engineering""arts"和"mathematics"。STEAM 教育本质上是一种融合了科学、技术、工程、艺术和数学多学科的综合性教育。STEAM 教育理念所注重的多学科、跨领域知识的应用学习与创新实践能力的要求与少儿编程教育不谋而合。

编程教育十分强调培养孩子的系统性思维,注重在充分了解实际问题的本质之后,综合分析应用多种学科的知识内容,以编程为工具和载体有效地培养孩子解决实际问题的能力。基于 STEAM 教育理念的少儿编程教育与多个学科交叉,引导学生运用编程思维发现、剖析并解决实际问题。

STEAM 教育理念的核心是跨学科融合和项目式学习。在少儿编程教育中,STEAM 教育理念提倡将编程教育与多个学科领域相互融合,以实际问题为背景,通过项目式学习的方式,引导孩子们运用编程知识解决实际问题。同时,STEAM 教育理念也强调培养孩子们的创新思维和批判性思维,鼓励他们在解决问题的过程中进行创新和探索。在少儿编程教育中,STEAM 教育理念的具体表现包括以下几个方面。

1. 编程教育与科学融合

将编程教育与自然科学、社会科学等学科相互融合,通过编程实践来探究自然现象和社会问题,培养孩子们的科学素养和探究精神。例如:在自然科学中,孩子们可以利用编程技术模拟生态系统,探究生物之间的相互关系;在社会科学中,孩子们可以利用编程技术来分析社会数据,深入了解社会现象。这种融合有助于孩子们建立跨学科的知识体系,提高综合素养。

2. 编程教育与技术融合

将编程教育与技术学科相互融合,可培养孩子们的技术素养和创新能力。例如:通过教授孩子们如何使用编程技术来开发游戏、制作动画等,让他们感受到技术的魅力和应用价值。此外,还可以让孩子们学习人工智能、物联网等前沿技术,激发他们对技术的热爱,为技术创新奠定基础。

3. 编程教育与工程融合

将编程教育与工程学科相互融合,通过项目式学习的方式,让孩子们在解决问题的过程中学习如何进行工程设计和项目管理。例如,可以引导孩子们使用编程知识来设计机器人、自动化设备等,培养他们的工程素养和创新能力。

项目式学习不仅能提高孩子们的实践能力,还能培养他们的团队合作精神和领导力。

4. 编程教育与艺术融合

将编程教育与艺术学科相互融合,通过编程实践来培养孩子们的艺术素养和创造力。例如:可以教授孩子们如何使用编程技术来制作音乐、舞蹈等艺术作品,激发他们的创造力和想象力。此外,还可以让孩子们通过编程创作独特的艺术形式,如数字艺术、交互艺术等,为艺术领域注入新的活力。

5. 编程教育与数学融合

将编程教育与数学学科相互融合,通过编程实践来培养孩子们的数学思维和解决问题的能力。例如:可以引导孩子们使用编程知识来解决各种数学问题,提高他们的数学素养和应用能力。同时,编程教育还能帮助孩子们巩固数学知识,如算法、数据结构等。

编程教育与各学科的深度融合有助于培养孩子们的综合素质,提高他们的创新能力,发挥更大的教育价值。

第四节　少儿编程教育的群体面向与原则

少儿编程融入信息技术教育需要结合其本身的特点,面向不同阶段的少儿群体,在充分掌握少儿群体的特征基础上,进行少儿编程教育的融合与定向。

一、少儿编程教育的群体面向

(一)"少儿"群体界定

少儿指的是少年和儿童,年龄一般为 7—16 周岁。根据《儿童权利公约》中的定义,儿童即"18 岁以下的人"。近年火爆的可视化图形编程工具 Scratch 是为 8—16 岁的孩子设计的,Tynker 是为 6 岁以上的儿童设计的,"编程一小时"项目的课程是为 4 岁以上的孩子设计的,美国的 Wonder Workshop 为 6 岁以上的孩子设计编程游戏,英国的 Code Club 为 9—13 岁孩子提供编程教育,以色列的 Code Monkey 针对 8—16 岁孩子提供编程课程。我国的"编程猫"为 7—16 岁孩子提供教学,"小码王"的课程体系涵盖 6—16 岁孩子,VIPCODE 专注于 6—16 岁少年儿童的编程教育,"编玩边学"针对 7—16 岁的编程学习者提供服务。许多少儿编程行业报告,如艾媒咨询、亿欧、鲸准洞见发布的报告,将少儿编程教育界定在3—18岁或6—18岁。

综上,我们认为少儿编程教育中的"少儿"群体可以界定为3—18岁的儿童和少年。

(二)少儿编程教育的阶段划分

少儿编程教育应根据少年儿童认知规律和心理发展规律来开展。少年儿童在不同的发展阶段有不同的需求,不同的阶段应该安排不同的课程。根据各方的资料,少年儿童学习编程可以划分为以下四个阶段。每一个阶段都可以有相互交叉的编程课程,具体课程根据学生的具体情况而定。不论面向哪个阶段的少年儿童,编程教育都应该坚持循序渐进的原则,形式与内容应尽可能多样,比如创建动画、游戏、网站等。

少儿编程教育学习可以大致划分为以下几个阶段:

1. 第一阶段:幼儿教育阶段——3到6岁

这个阶段应该以编程思维启蒙为主。学龄前的孩子们可以通过绘本、编程读物、编程玩具和积木入手,边玩边学,了解编程思想。美国的立方体公司开发了适合3岁及3岁以上孩子的无屏幕编码。Cubetto是一个友好的木制机器人,它通过冒险和动手游戏来教孩子们学习计算机编程的基础知识。孩子们不需要阅读就能理解编码带来的真正乐趣,世界各地的孩子们可以在屏幕外学习编程的基本知识。这款产品受到了学龄前儿童的广泛好评与喜爱。同时,立方体还免费提供儿童编码初学者指南,帮助孩子们消除对技术的恐惧,教孩子们如何轻松编码。

2. 第二阶段:义务教育小学阶段——7到12岁

这个阶段开始图形化编程、代码编程与软硬件结合的编程教育。7到8岁是孩子们抽象思维能力发展的一个关键期,这个阶段的编程学习以图形化编程最为合适。图形化编程以Scratch为主,Scratch操作简单,易于培养孩子们的兴趣,强化课程体验感知。软硬件结合的编程主要看孩子们的兴趣。掌握了一定程度的软件编程,孩子们就可以开始软硬件结合的编程。公共图书馆可以提供乐高的EV3、Arduino传感器。乐高EV3较为简单,以搭建为主,能够为孩子们学习基本概念如变量、循环、条件判断等逻辑提供帮助。"编程猫"提供了故事化的在线免费学习课程和网页版的在线免费练习平台,有网络的地方都可以使用。Code.org 是一个非营利组织,是学习编程的途径之一,提供免费的资源,缺点是链接速度比较缓慢。目前,家庭参与式学习成为新的发展方向,越来越多的家长愿意花时间陪孩子学习,一起体验编程活动,可以达到更好的互动效果。

3. 第三阶段:义务教育初中阶段——13 到 15 岁

第三阶段进行高级编程语言扩展培养。进入中学后,孩子们可以开始学习高级编程语言。高级编程语言相对于图形化编程语言来说更抽象,不过同样兼具趣味性与实用性。例如 Python、HTML、C 和 C++ 等语言。Python 易学,功能强大,学习资源众多,又是当下智能时代必备的语言。在硬件编程上,C 和 C++ 语言比较大众化。比如,Arduino 编程就是建立在 C 语言基础上的,是基础的 C 语言。任何一种编程语言都可以"零"基础学习,但是先学 Python,对学习 C 语言有较大的帮助,而 C++ 是 C 语言的扩展。

4. 第四阶段:高中教育阶段——16 到 18 岁

该阶段主要进行深入式培养,进入专业编程学习阶段,可以学习一些深层次的内容,进行多元化的编程开发设计。在此阶段,公共图书馆应该为学习者提供更多参与各种赛事的机会,提供相关比赛的基本信息,为孩子们提高自己提供平台。2020—2021 学年,在面向中小学生的全国性竞赛活动名单上,自然科学素养类中编程方面的赛事就占了近一半,比如中国青少年机器人竞赛、全国青少年创意编程与智能设计大赛等全国性赛事。这说明编程教育受重视程度在进一步加深。

二、少儿编程教育的原则

少儿编程教育的原则包括以学生为本原则、情境性创设原则、实践性锻炼原则、跨学科融合性原则、多维度评价原则等。这些原则为少儿编程教育提供了指导思想和方法,帮助教育者更好地设计和实施教学计划,提高孩子们的编程能力和思维水平。

(一)以学生为本原则

在少儿编程教育中,学生应该成为课堂的中心,教师是帮助学生组织、获取和转换信息的协助者,起着促进学生学习、辅助他们解决问题的作用。在教学过程中,老师需要充分调动学生学习的积极性,帮助学生养成自主思考的习惯。

2001 年,教育部开始实施基础教育课程改革,强调教育要关注学生的学习与需求。"一切为了学生,为了一切学生,为了学生的一切。"以学生为本的原则要求少儿编程教育设计充分考虑学生的特点及需求。编程教育资源内容应尽可能丰富,应选择学生熟悉和喜爱的案例。资源设计分梯度,既有针对"学优生"的高难度学习资源,又有针对"学困生"的基础学习资源,帮助学生建立适合自身发展的动机,鼓励学生创造性地独立思考,形成自身的思考习惯。应根据学生的个体差异和兴趣,设计个性化的编程学习计划和任务,并将其融入更多的教育实践中去。例如:对于喜欢音乐的学生,可以引导他们使用编程创作自己的音乐作品;对于喜欢绘画的学生,可以让他们使用编程绘制自己的创意作品。教师可以通过引导学生自主探索、实践和解决问题,培养他们的自主学习能力和终身学习的习惯。例如,提供一些适合学生年龄和能力的编程学习资源,如在线教程、编程社区和开源软件,让学生自主选择和学习。

以学生为本的少儿编程原则强调尊重学生的个性,综合考虑学生的兴趣和能力,设计适合他们的编程学习内容和方式,激发他们的兴趣和动机,培养自主学习、合作交流和创新创造的能力,为他们的未来发展奠定良好的基础。

(二)情境性创设原则

少儿编程的情境性创设原则主要关注在编程学习中融入有趣的、与现实生活相关的情境,以激发孩子们的学习兴趣和创造力。以下是一些具体的方式。

1. 故事化情境:将编程知识融入有趣的故事情节中,让孩子们在听故事、理解故事的过程中学习编程知识。比如,可以给存在问题的小动物乐园设计一个情境,让孩子们用编程帮助小动物们解决问题。这样既增加了学习的趣味性,又可以让孩子们理解编程的实际应用。

2. 模拟现实情境:设计一些与现实生活相关的模拟情境,让孩子们用编程来模拟解决现实问题。比如,设计一个模拟交通系统,让孩子们用编程来控制交通信号灯、车辆等。这样可以让孩子们更加深入地理解编程的实际应用。

3. 游戏化情境:将编程知识融入游戏中,让孩子们在玩游戏的过程中学习编程知识。比如,用编程设计一个小游戏,让孩子们通过编程来控制游戏中的角色、道具等。这样既增强了学习的趣味性,又可以让孩子们应用编程知识。

4. 协作式情境:设计一些需要孩子们协作完成的情境,让孩子们在协作过程中学习编程知识。比如,设计一个需要孩子们协作完成的小项目,让孩子们通过编程来解决问题、完成任务。这样既增强了学习的互动性,又可以让孩子们理解编程的实际应用。

5.问题式情境:设计一些与现实生活相关的问题,让孩子们用编程来解决这些问题。比如,设计一个环境保护问题,让孩子们通过编程来模拟解决环境问题。这样既增强了学习的挑战性,又可以让孩子们理解编程的实际应用。

为了激发学生探索问题的积极性,教师需要设计针对本课堂的学习情境,鼓励学生根据情况提出问题、思考问题并自主解决问题,运用相关知识搭建知识体系,从而解决遇到的问题,深刻掌握学习的知识。在设计情境这一环节中,每个教师都有自己的想法,可以互相分享,将不同的情境结合起来,让学生有不一样的学习体验。这样可以增加学生的知识储备,增强学生的学习能力。

(三)实践性锻炼原则

毋庸置疑,少儿编程教育应该注重实践性,让孩子们通过实践操作来掌握编程知识和技能。教学应该以实践为主线,通过设计丰富多样的实践活动来引导孩子们探究和发现编程的奥秘。

少儿编程注重实践性锻炼,需要孩子们在编程学习中不断尝试、不断实践。实践是促进认知的最好方式。通过编写代码、运行程序,孩子们可以更好地理解编程的基本概念和思维方式,更深入地掌握编程技巧和方法。在编程实践中,以任务为导向的学习方式可以帮助孩子更好地应用所学知识解决实际问题。通过完成具有实际意义的编程任务,孩子们可以锻炼自己的问题解决能力和创新思维,同时也能激发他们的学习兴趣和动力。

当然,在编程实践教学中,一方面应该设计多元化、灵活的实践活动,将线上教学和线下实践相结合,利用各种多媒体资源,为孩子们提供丰富、生动的学习实践体验。另一方面,要为孩子们创造一个开放、互动、和谐的学习环境,鼓励他们积极参与、交流分享,提升他们的主动学习能力和团队协作能力。在实践过程中,要鼓励孩子们发挥想象力和创造力,尝试解决新问题,探索新的编程方法和技巧;同时也要培养他们的自主学习能力,使他们能够主动获取知识、独立思考和解决问题。

(四)跨学科融合性原则

在这个数字时代,少儿编程不再是一项独立存在的技能,它是与众多学科交织在一起的综合性极强的领域。它打通了理论与实践的鸿沟,将数学、科学、语文、艺术等学科知识融入其中,使孩子们在编程过程中,能够将各科知识融会贯通，达到素质全面提升的效果。

当编程与数学相遇，它们便擦出了智慧的火花。孩子们在编写程序的过程中，不断使用变量、循环和条件语句等数学概念，对数学的理解与应用更加得心应手。编程与科学的结合，更是让孩子们能够以更科学、更严谨的态度去探索世界。他们用编程语言模拟物理实验、化学反应，观察实验结果，对科学原理的理解更加深入。

编程与语文、艺术的融合，也让孩子们的综合素质得到了全面的提升。他们通过阅读与编程相关的书籍和文章，提高了阅读理解能力，同时也在编写自己的故事、文章的过程中，锻炼了写作技巧和表达能力。而他们用编程语言创作的动画、音乐和艺术作品，更是让他们在艺术创作的道路上找到了许多灵感。

少儿编程的跨学科融合性原则，不仅让孩子们在编程的过程中收获了知识，更让他们在实践中培养了解决问题的能力。这种教育方式不仅有趣，而且富有成效。

（五）多维度评价原则

少儿编程教育的多维度评价原则，旨在从多个角度全面评估少儿编程教育的质量和效果。这些评价原则不仅关注学生的编程技能，还重视他们的创新能力和问题解决能力，以及学习态度、学习习惯和团队合作等方面的表现。

教师不仅要评价孩子们是否掌握了编程的基本概念、语法和技巧，更应当观察他们是否能够运用所学知识解决实际问题，以及是否具备持续学习的能力。持续关注他们是否能够独立思考、运用所学知识解决实际问题，以及是否具备探索新知识和新问题的精神。与此同时，还需要了解学生的学习态度和学习习惯，观察他们对待学习的态度是否积极，是否能够自主学习并持续改进学习方法，是否形成了良好的学习习惯。团队合作和沟通能力、跨学科知识应用能力也是评价的重要方面。教师要看学生是否能够与他人有效合作，是否能明确表达自己的想法，是否能理解和尊重他人的观点，是否能将所学的编程知识应用到其他学科或实际生活中，是否能理解和运用跨学科的知识来解决实际问题。通过多维度的评价，我们可以全面了解学生的学习情况，帮助他们发挥潜力，提高学习效果。多维度的评价同时也可以为教师提供反馈和建议，帮助他们改进教学方法和提高教学质量。

此外,评价学生的方式也应当多元化,注意形成性评价与终结性评价相结合、量化评价与质性评价相结合。对于课程的总结性评价也不能只局限于教师的评价,而是应该多角度地评价,例如结合学生之间的互评、学生自我评价等。

第五节　少儿编程融入信息技术教育的模式

少儿编程融入信息技术教育的模式多种多样,有独立式编程课程模式、嵌入式编程课程模式、融合式编程课程模式、创新式编程课程模式等。教师可以根据孩子的实际情况和教育需求进行选择和调整。同时,教师也应该不断更新教育理念和方法,以提高孩子们的信息技术素养和创新能力为目标,为他们未来的学习和职业发展打下坚实的基础。

一、少儿编程融入信息技术教育的模式

(一)独立式编程课程模式

这种模式将少儿编程作为一门独立的课程进行设置,通过教授编程知识和技能,培养孩子的计算思维、创新思维和解决复杂问题的能力。这种模式以编程语言和编程工具的学习为主线,适合有一定编程基础的孩子。少儿编程融入信息技术教育的独立式编程课程模式包括以下步骤:

1. 确定教学目标。首先需要确定少儿编程课程的教学目标,比如培养学生对编程的兴趣,帮助学生理解基本概念,提高学生的编程技能和应用能力等。

2. 选择合适的编程语言。根据年龄和认知水平,选择适合的编程语言,例如 Scratch、Python 等。Scratch 适合入门级,Python 则适合年龄稍大的学生。

3. 设计课程内容。根据教学目标和所选的编程语言,设计课程内容,包括课程主题、知识点、实例、练习题等。

4. 实施课程教学。通过线上直播课、AI 录播课和视频录播课等多种形式,开展少儿编程教学。线上直播课可以实现教师与学生的即时互动,AI 录播课可以通过技术手段实现人机互动,视频录播课则可以让学生自主安排学习时间。

5. 评估教学效果。通过考试、作品评价、平时表现等多种方式,对学生的学习效果进行评估。同时,教师也要根据学生的反馈和教学效果,不断优化和调整课程。

当然,在实施少儿编程融入信息技术教育的独立式编程课程模式时,需要有完整的课程编制。在课程设置与实施的过程中还需要注意以下几个方面:(1)课程设置要符合学生的认知水平和兴趣爱好,以趣味性和互动性为原则,让学生在学习中感受到乐趣和成就感;(2)教师在教学中要注重培养学生的逻辑思维能力和解决问题的能力,引导学生主动思考和探索;(3)要注重与其他学科的交叉融合,将编程教育与数学、科学、艺术等学科相结合,培养学生的综合素质和能力;(4)要注重实践和应用,将编程教育与实际生活中的应用场景相结合,让学生学以致用,提高其应用能力和创新精神。

少儿编程融入信息技术教育的独立式编程课程模式需要结合学生的认知水平和兴趣爱好,通过多种形式的教学方式,提高学生的编程技能和应用能力,培养学生的逻辑思维能力和解决问题的能力。

(二)嵌入式编程课程模式

嵌入式编程课程模式是一种将少儿编程知识和技能嵌入其他信息技术课程中的综合性教学模式。这种模式将少儿编程与其他课程内容相结合,形成一种跨学科的视角,旨在将编程与其他学科进行融合。

在这种模式下,编程知识和技能不再是孤立的,而是与其他学科的知识和技能相互渗透、相互促进的。这种综合性的教学模式不仅有利于提高孩子们的信息技术水平,还可以培养他们的创新思维和解决问题的能力。

嵌入式编程课程模式适合有一定信息技术基础的孩子。这些孩子已经掌握了一定的计算机操作和基础编程语言知识,能够在其他学科中运用这些知识和技能,进行更深入的学习和应用。

通过嵌入式编程课程模式,孩子们可以更好地理解和应用其他学科的知识和技能,同时也可以提高自己的信息技术水平和创新能力。这种模式不仅有利于孩子们的学习,而且有利于培养他们的综合能力和未来的职业发展。

(三)融合式编程课程模式

融合式编程课程模式是一种全新的教育模式,旨在将少儿编程与信息技术教育的其他领域深度融合,形成一种综合性的教育模式。这种教育模式以项目式学习为主线,通过解决实际问题或完成实际项目来培养孩子的计算思维、创新思维和解决复杂问题的能力。

在融合式编程课程模式下,孩子们可以深入学习编程和其他信息技术知识,同时能够将所学知识应用到实际项目中。这种学习方式不仅能够帮助孩子们更好地理解信息技术知识,还能有效地提高他们的实践能力。通过解决实际问题或完成实际项目,孩子们可以锻炼自己的创新思维和解决复杂问题的能力,从而提升自身的综合素质。

要实施融合式编程课程模式,就要制订一套完整的教学计划,提供丰富的教学资源。教师需要精心设计项目,并为孩子们提供相关的学习资源。同时,学校也需要配备先进的硬件和软件设备,以确保孩子们顺利完成学习任务。

(四)创新式编程课程模式

这种模式以创新教育为核心,通过引入编程这一创新手段,引导孩子们进行自主探究和创新实践,旨在培养他们的创新思维和实践能力。这种模式注重学生的主体地位,以创新实践为主线,创新实践贯穿整个教学过程。这种模式适合有一定创新意识和创新能力的孩子,为他们提供了一个发挥创新才能的平台。

在创新式编程课程模式下,孩子们可以自由发挥想象力,通过编程实现自己的创意。这种课程模式不仅教授编程技能,更注重培养孩子们的创新思维和实践能力,通过引导学生进行自主探究和创新实践,让他们在实践中不断尝试、总结、反思,从而不断提升他们的创新能力。

此外,这种课程模式还注重培养学生的团队协作能力。在编程过程中,孩子们可以自由组队,共同完成项目。这种合作方式可以让他们学会如何与他人沟通、协商、分工合作,从而培养他们的团队协作能力。

以上四种少儿编程融入信息技术课程的模式,各有特点和优势。教师可以根据孩子的实际情况和需求,选择适合的模式引导孩子学习。同时,这些模式也可以相互结合、相互补充,为孩子们提供更全面和更丰富的编程学习体验。

二、少儿编程教育教学模式

国外少儿编程教育教学模式学习理论和相关实践研究出现的时间较早,现已形成可供国内借鉴的教学模式。这里选取较为典型的三种模式进行介绍:一是多林·尼尔森(Doreen Nelson)提出的"逆向思维学习过程模式";二是克罗德纳(Kolodner)提出的"基于设计的科学探究循环模式";三是福特尤斯(Fortus)和德什密尔(Dershimer)联合设计开发的"科学学习循环模式"。

(一)逆向思维学习过程模式

逆向思维的提出源于美国教育心理学家布鲁姆(Bloom)的教学目标分类。布鲁姆将认知学习分为识记、领会、应用、分析、综合和评价六个层次,并指出大多数的教学和学习是知识记忆和理解事实。多林·尼尔森认为,传统的"顺向"教学始于基本事实,"逆向思维"始于最高级别的推理。他创建了"逆向思维学习过程模式",并在高等教育教学和编程教育互动课堂中推广实施,成效显著。"逆向思维学习过程模式"由 $6\frac{1}{2}$ 个步骤循环过程组成,如图2-2所示。

第1步:需要做什么,即教师确定需要讲述的内容,通常从一个主题、概念或标准出发。如学习"遵守"这个词的概念,在日常生活中,我们可以从"红灯停、绿灯行"的交通规则、"尊老爱幼"的传统美德、"放鞭炮、挂灯笼"的节日习俗、"上课积极举手发言"的班规班训中了解遵守的意思;在社会文化中,学生学

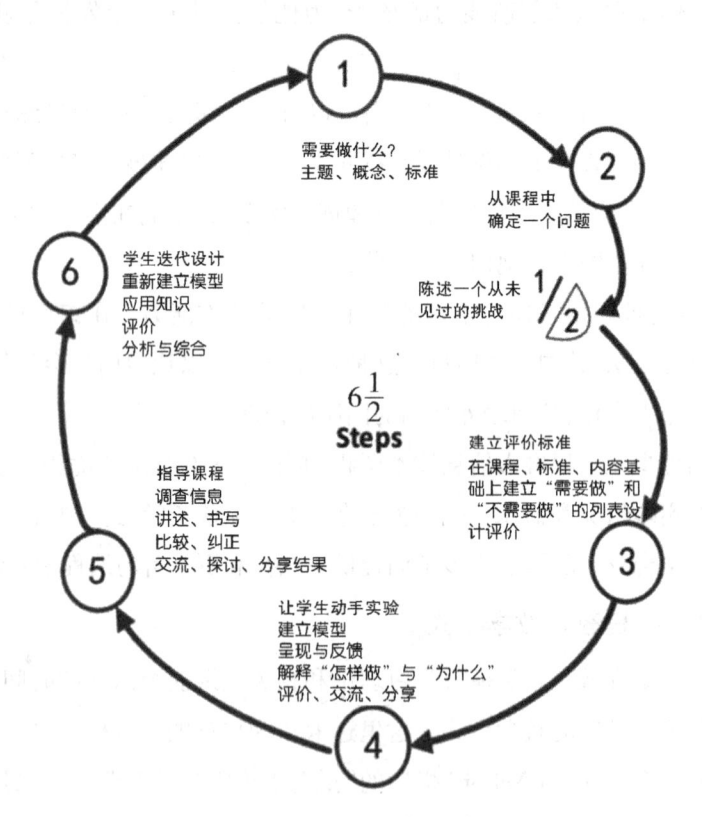

图2-2 逆向思维学习过程模式

习法律法规,做一个遵纪守法的好公民;在科学中,每年都要经历"春夏秋冬"的四季变化,植物遵循着自然生长的规律,动物遵循着"物竞天择"的自然法则。这些都使得学生对"遵守"这个概念有所了解。

第 2 步:从课程中确定一个问题,即老师和学生根据课程内容共同确定一个问题。例如,学生根据课程内容对"遵守"这个概念有所理解时,提出"社会人应该如何遵守法律法规"的问题。这时,教师应该考虑该问题是否符合课程内容、是否在学生学习能力范围内等。

第 $\frac{1}{2}$ 步:陈述一个从未见过的挑战,即老师和同学从确定的问题出发陈述一个从未见过的设计。例如:针对"遵守"这一课程的学习,这个设计可能是未成年人保护法的法律条例应如何完善、如何解决校园欺凌等问题。

第 3 步:建立评价标准。根据课程内容和课程标准,列出"需要做"和"不需要做"的清单。这个清单可作为学生和老师后续学习的指导和评价参照的标准。例如:四年级学生要制定班规时,可以从纪律、卫生方面考虑,不需要考虑学生的家庭条件。在实际的具体情境中,建立评价标准更有利于培养学生解决问题的能力和创新能力。

第 4 步:让学生动手实验。学生可以利用身边的工具建立相应的模型。学生之间相互呈现制作的模型,进行交流分享并给予意见和建议。同时,学生应向其他同学及老师进行相关问题的阐述,如解释模型是如何建立的、这样建立的原因是什么等。

第 5 步:教师指导课程。教师开展课程指导,利用讲授、引导等方式对学生在动手实验阶段出现的问题进行补充。例如:教师讲授学生所不了解的概念、原理等。

第 6 步:学生进行迭代设计。学生结合同学、教师所提供的意见和建议进行反思,应用所学的新知识和以往的经验重新建立模型,再重新进行评估与分享,最终形成解决问题的最优解。

(二)基于设计的科学探究循环模式

佐治亚理工学院的克罗德纳教授小组基于案例推理原理,针对中学生的科学学习提出基于设计的"科学探究循环模式",如图 2-3 所示。

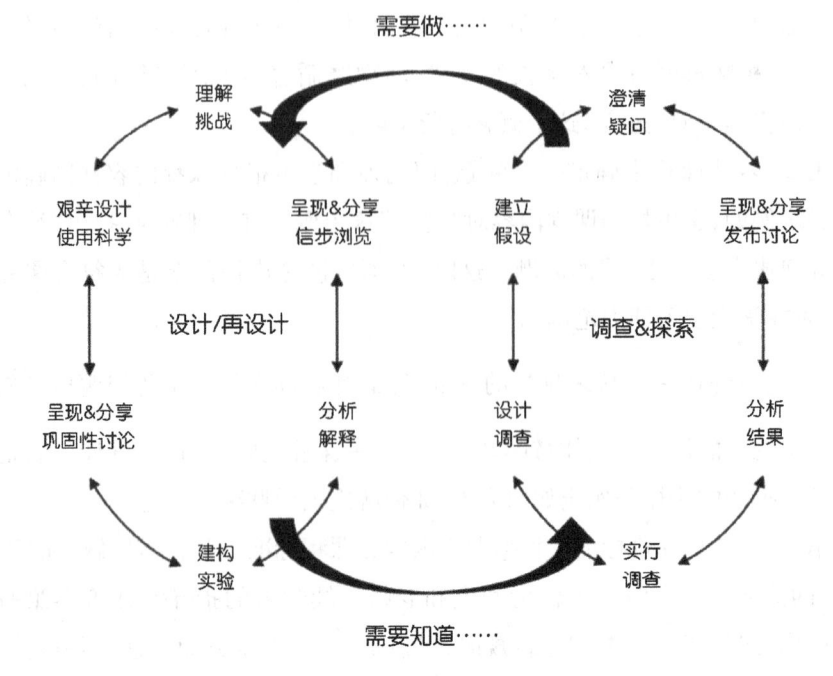

图 2-3 基于设计的科学探究循环模式

"基于设计的科学探究循环模式"主要有三个核心要点：1.模型由"设计/再设计""调查与探索"两个循环圈组成；2.模型的两个循环圈由"需要做"和"需要知道"两个桥梁连接成一个整体；3.模型是一个迭代循环的过程，在两个循环圈中及两个循环圈之间循环往复。"调查与探索"循环圈由建立假设、设计调查、实行调查、分析结果、发布讨论、澄清疑问六个环节组成。"设计/再设计"循环圈由理解挑战、信步浏览、分析解释、建构实验、巩固性讨论、艰辛设计六个环节组成。两个循环圈由"需要做"和"需要知道"两个桥梁连接，实现循环。"需要做"，即学生通过"调查与探索"循环圈获取解决问题的支持条件，如产生问题的缘由、背景，以及涉及的相关概念、原理等。"需要知道"，即学生在进行"设计/再设计"循环圈中的活动时，发现解决问题还需要新的支撑条件，再次进入"调查与探索"圈为寻找新的支撑进行探索。整个设计过程是一个循环往复的过程，直至设计任务顺利结束。"基于设计的科学探究循环模式"的核心是迭代循环，这样循环往复的过程更有利于获取问题的最优解。

(三)科学学习循环模式

福特尤斯教授和德什密尔教授从设计物品的角度出发，联合设计开发了

"科学学习循环模式",如图2-4所示。该模型由识别和定义境脉、背景研究、形成观点、建立作品、反馈五个相互关联的环节组成。整个学习设计活动过程都处于情境之中。学习设计活动是一个迭代循环的过程。图中箭头所指的方向是活动开展的顺序,但五个环节不是非得按部就班地执行,学习者可根据学习设计活动的具体需要跳转到符合情境的环节之中。

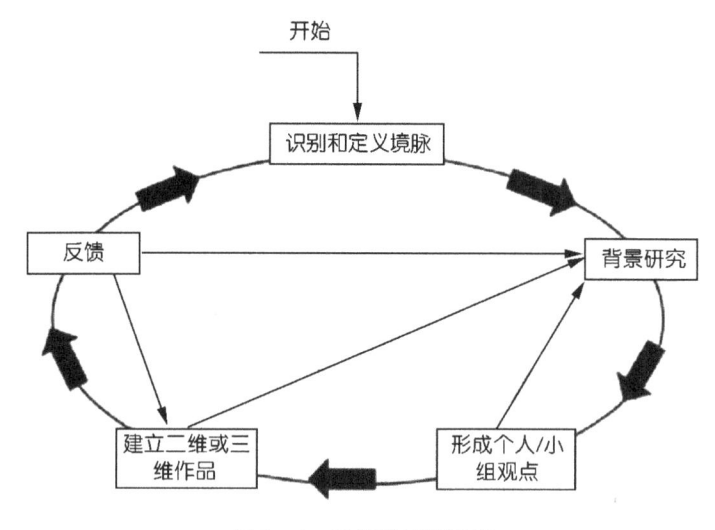

图2-4 科学学习循环模

(四)三种编程教学模式的比较

对目前基本成型的三种典型的编程教学模式即"逆向思维学习过程模式""基于设计的科学探究模式""科学学习循环模式",从它们的观点、优点、缺点三方面进行分析比较,结果如表2-2所示。

表2-2 三种典型编程教学模式比较

模式	提出者	观点	优点	缺点
逆向思维学习过程模式	多林·尼尔森	逆向思维打破传统顺向教学模式,从学习需求出发,以培养学生高阶思维为目标,认为最高级别的推理更有利于学生发展	①以逆向思维的角度进行教学活动。②在教学开始前建立评估标准,以引导后续的学习过程。③指导课程在学习开展的后半部分,提高课程内容的针对性,对教师的实际教学有一定的帮助作用	①对学习分享环节的关注度不够。②各教学环节间的衔接点欠缺

续表 2-2

模式	提出者	观点	优点	缺点
基于设计的科学探究循环模式	克罗德纳	通过设计过程能够快速得到学习反馈,能激发学生的学习动机,提升学生对复杂问题的认知技能	①环节划分细致,给予了学生活动更多的关注。②包含"设计/再设计"和"调查与探索"两个循环部分,两个循环相互嵌套。③鼓励对作品多次改进和分析,强调迭代性	模型的开始与结束不明确,实际教学中应具体指明
科学学习循环模式	福特尤斯、德什密尔	强调设计制品的目的在于使所有的科学课程活动情境化	①课程活动情境化,设计是科学知识和真实世界问题解决的中介。②反馈和物化制品使推理过程具体化和可视化。③学习过程灵活性强,环节之间灵活跳转	过于强调学生的学习活动,对教师的关注较少

通过对比分析可以发现,多林·尼尔森提出的"逆向思维学习过程模式"过于关注教师教学方面,对学生学习过程及其中的分享、交流、讨论环节关注不足,且各教学环节间的衔接点不够准确。福特尤斯和德什密尔联合开发设计的"科学学习循环模式"过于强调学生的学习活动,对教师的关注度较少。克罗德纳提出的"基于设计的科学探究循环模式",教学环节划分细致、衔接合理,给予学生之间、师生之间更多分享、交流、讨论的机会,使学生能快速得到反馈,激发学生的学习动机,增强其团队合作能力。"设计/再设计"和"调查与探索"两个循环圈,在其中及两者之间迭代循环,使学生不断反复利用新旧知识,更有利于学生建构知识和掌握技能,以及更好地促进知识的迁移。

三、对少儿编程融合信息技术教育课程变革的几点建议

在新的时代背景下,信息技术课程变革是必然趋势,而少儿编程教育则为这个变革提供了独特的视角。少儿编程教育不仅教授技术知识,更注重培养孩子的逻辑思维、创新能力和解决问题的能力。我们可以从以下几个方面来推动少儿编程融入信息技术教育课程的具体实践。

(一)学校层面

1.聚焦信息素养,将少儿编程知识与教学情境融合

各级学校对信息技术和编程教育的认知要转变和升华,教师应主动转变思想观念,充分考虑学生的实际现状,优化教学方式,创设能满足学情的教学情境,将少儿编程教育渗透于课程教学中,让学生对编程教育课程产生浓厚的兴趣,从而自主参与到教学活动中,促进编程素养的形成。

2.加大硬件资源投入,积极开展教学创新

中小学校首先要积极争取上级部门的财政支持,通过专项资金的形式采购教学所需的计算机设备,做好计算机设备的维护和保养工作。其次,与社会团体进行合作,探索多元化的资金筹集途径。再次,积极争取当地企业的扶持,争取企业的商业投资或捐赠。此外,编程具有较强的趣味性,教师要根据学生的年龄特点和学情积极开展教学创新,引入新型的教学理念和教学方法,提高课堂效率和质量。

3.加强教师队伍建设,科学规划教学课时

少儿编程教学对教师的能力和素质要求较高。针对当前中小学编程教师资源储备不足的情况,学校可以从招聘、培养和委托三个方面加强编程教师队伍建设:首先,要面向社会进行公开招聘,明确编程教师的岗位要求,建立一支能力强、素质高、教学能力突出的编程教师队伍;其次,对现有的编程教师采取多种方式进行能力培养,为其提供学习编程的空间和机会,以更好地开展编程教学;再次,与校外编程培训机构合作,以缓解编程教师数量不足的问题,提高学校编程教学的质量。

当前,中小学虽然开设了编程课程,但是课时较少,学生无法进行系统的学习。学校要结合学生学情,对编程教学课时进行科学规划。首先,教师要根据课时安排规划教学内容,尽量在有限的课时内完成授课;其次,机房要对学生全面开放,让学生能够利用课余时间到机房练习,解决课时少的问题;再次,设置编程教学考核制度,对考核标准、考核内容以及考核方式进行重新规划,促使学生端正对编程课程的态度。

(二)教学层面

1.灵活选择编程语言,激发少儿的学习热情

根据少儿的年龄和兴趣特点,选择适合的编程语言如 Scratch、Python 等。

这些语言简单易懂,能够激发少儿对编程的兴趣和热情。

2.精心设计课程内容,提升少儿编程技能

根据少儿的认知水平和需求,设计具有针对性和趣味性的课程内容,例如通过编程制作小游戏、动画、音乐等。同时,将编程与其他学科领域相结合,例如数学、物理等,以培养少儿跨学科的意识和解决问题的能力。

3.创新教学模式和方法,培养少儿的自主学习能力

采用多元化的教学模式和方法,如项目式学习、合作学习、探究式学习等,以激发少儿的学习兴趣和创造力。此外,可以通过编程比赛、创意竞赛等活动,让少儿在实践中锻炼自己的编程技能和团队协作能力。

4.加强教师培训和专业发展,提高教学质量。信息技术教师需要具备编程教育和培养学生创新能力的能力,因此可以通过参加专业培训课程、研讨会、学术交流等活动,提高编程教学水平和创新能力。

5.强化家校合作和社区支持,拓宽少儿的视野

学校要加强与家长和社区的合作,让家长了解编程教育的重要性,并鼓励他们参与到孩子的编程学习中来。同时,可以利用社区资源如图书馆、少年宫等为少儿提供更多的编程学习机会和实践空间。

6.建立有效的评估和反馈机制,及时调整教学策略

教师要建立有效的评估和反馈机制,及时了解少儿的学习情况和需求,为他们提供个性化的指导。例如通过作品展示、学习报告、小组讨论等方式,评估少儿的学习成果,并给予反馈指导。

7.整合跨学科知识,培养少儿的综合素质

少儿编程教育不仅可以培养孩子的技术素养,还可以与其他学科知识进行整合,例如科学、文学、艺术等。在编程教学中,教师可以引导孩子将编程知识与其他学科知识相结合,例如利用编程制作音乐、设计艺术作品、模拟科学实验等。这样的教学方式能够培养孩子的综合素质,促进孩子全面发展。

8.关注少儿心理健康,培养良好的学习心态

少儿编程教育应该关注孩子的心理健康,帮助他们在学习中树立正确的价值观和心态。教师可以在教学中注重情感教育,关注孩子的情绪变化和学习状态,及时给予他们帮助和支持。同时,家长也应该关注孩子的心理需求,鼓励他们表达自己的想法和感受,帮助他们养成良好的学习心态。

9. 充分利用现代技术手段,拓宽少儿学习编程的渠道

现代科技手段为少儿编程学习提供了更多的可能性。例如,可以利用在线平台进行远程学习,或者使用虚拟现实技术进行沉浸式学习。这些新的学习方式能够激发孩子的学习兴趣和创造力,同时也能够提高他们的学习效果。

10. 培养少儿创新思维,推动信息技术课程变革

少儿编程教育注重培养孩子的创新思维和解决问题的能力。在信息技术课程变革中,我们应该充分发挥少儿编程教育的优势,引导孩子主动思考、发现问题并尝试解决问题。通过这样的教学方式,我们可以培养出更多的创新型人才,推动信息技术课程变革进入一个新的阶段。

11. 提倡游戏化学习,提高少儿学习的趣味性

将编程教育与游戏化学习相结合,使少儿在轻松有趣的游戏中掌握编程技能。可以通过编写游戏、设计互动场景等方式,激发少儿的学习兴趣和动力。

12. 注重个体差异,为少儿提供个性化的编程学习方案

每个少儿都有自己的特点和优势,因此需要为他们提供个性化的编程学习方案。可以根据少儿的兴趣、能力和学习风格,制订有针对性的教学计划和方法,帮助他们更好地掌握编程技能。

13. 培养少儿的信息安全意识,确保少儿在安全的环境下学习编程

在少儿编程教育的过程中,我们需要培养他们的信息安全意识,教育他们如何保护自己的个人信息和隐私。同时,我们也需要确保少儿在学习过程中使用的软件和设备是安全可靠的。

14. 持续跟踪评价,不断优化编程教育课程和方案

需要对少儿的编程学习持续地跟踪评价,以便及时发现问题并优化课程和方案。可以通过定期组织测评、收集学习反馈等方式,了解少儿的学习进展和需求,从而为他们提供更优质的教学服务。

基于少儿编程教育的信息技术课程变革需要我们从多个方面入手,通过灵活选择编程语言、精心设计课程内容、创新教学模式和方法、加强教师培训和专业发展、强化家校合作和社区支持、建立有效的评估和反馈机制、整合跨学科知识等途径,全面提升少儿的编程技能和创新思维能力。同时,我们还需要注重个体差异,培养少儿的信息安全意识并持续跟踪评价,不断优化编程教育课程和方案。这样才能够为信息技术的快速发展和社会的进步做出更大的贡献。

【参考文献】

[1]李锋,袁雨欣,顾小清.智能时代编程教育如何培养学生的创新能力:基于编程项目活动联通"学编程"与"用编程创新"[J].现代远程教育研究,2023,35(6):11-18.

[2]孙立会."非计算机化"儿童编程教育教学模式的构建与应用[J].现代教育技术,2023,33(2):52-60.

[3]孙悦含,边霞.基于技术具身的儿童编程教育:现状、归因及路径创新[J].电化教育研究,2022,43(12):114-120.

[4]柴阳丽,杜华.低龄儿童人工智能启蒙教育框架和实施途径[J].电化教育研究,2022,43(9):89-97.

[5]多召军,刘岩松,任永功.编程教育促进儿童计算思维发展的内在机理与教学实践研究[J].电化教育研究,2022,43(8):101-108.

[6]王欢.面向问题解决能力培养的小学编程教学研究[D].乌鲁木齐:新疆师范大学,2022.

[7]刘爽.以创造性思维培养为导向的初中编程教学实践研究[D].沈阳:沈阳师范大学,2022.

[8]陈翠,郑渊全.国际儿童早期编程教育争议及发展趋势[J].上海教育科研,2022(1):31-36.

[9]胡金艳,陈羽洁,蒋纪平,等.论计算思维的培养:派珀特思维教育思想的审思[J].当代教育科学,2021(11):38-44.

[10]万烨.政策驱动下的少儿编程教育发展问题研究:以上海小学生编程教学为例[D].上海:华东师范大学,2021.

[11]王琳,耿凤基,李艳.编程学习与儿童认知发展关系的探讨[J].应用心理学,2021,27(3):262-271.

[12]鄂锦慧.基于游戏化理论的小学生编程教育APP设计研究[D].无锡:江南大学,2021.

[13]王国强.公共图书馆开展青少年编程教育研究:以福建省少年儿童图书馆为例[D].福州:福建师范大学,2021.

[14]梁沛君.基于学段+学情的编程课程设计与实践:以德阳市第一小学校为例[D].重庆:西南大学,2021.

[15]高歌.基于Scratch的少儿游戏编程教育课程的策划与实现[D].哈尔滨:哈尔滨师范大学,2021.

[16]高倩.基于图形化编程的儿童创造思维培养研究[D].曲阜:曲阜师范大学,2021.

[17]丁美荣,王同聚.人工智能教学中"知识建构、STEM、创客"三位一体教学模型的设计与应用[J].电化教育研究,2021,42(4):108-114.

[18]吴璇,王宏方.日本小学编程教育融入课程:理念、路径及启示[J].上海教育科研,2021(1):33-37.

[19]李阳.计算思维导向的跨学科儿童编程教育模式研究:基于芬兰儿童编程教育的经验与启示[J].现代教育技术,2020,30(6):19-25.

[20]孙立会,周丹华.基于Scratch的儿童编程教育教学模式的设计与构建:以小学科学为例[J].电化教育研究,2020,41(6):75-82.

[21]陈雅楠.小学编程教学活动的设计与实践研究:以兰州华侨实验学校为例[D].兰州:西北师范大学,2020.

[22]唐露.基于设计型学习的小学编程教学模式研究[D].重庆:西南大学,2020.

[23]张娣.美国少儿编程教育研究:以"编程一小时"项目为个案[D].上海:上海师范大学,2020.

[24]孙立会,周丹华.儿童编程教育溯源与未来路向:人工智能教育先驱派珀特的"齿轮"与"小精灵"[J].现代教育技术,2019,29(10):12-19.

[25]孙丹,李艳.我国青少年编程教育课程标准探讨[J].开放教育研究,2019,25(5):99-109.

[26]孙立会,刘思远,李曼曼.面向人工智能时代儿童编程教育行动路径:基于日本"儿童编程教育发展必要条件"调查报告[J].电化教育研究,2019,40(8):114-120.

[27]孙丹,李艳.国内外青少年编程教育的发展现状、研究热点及启示:兼论智能时代我国编程教育的实施策略[J].远程教育杂志,2019,37(3):47-60.

[28]郭学军,汪传建.少儿编程培训热的教育学审视[J].人民教育,2019(10):62-66.

[29]周舒玲.日本:编程教育成为必修课的步伐正在加快[J].人民教育,2018(23):11.

第三章　信息技术课程标准与教材中的编程内容

少儿编程市场越来越火爆,信息技术课程标准涉及的编程相关内容也越来越多。这主要是因为编程教育在培养孩子们的逻辑思维、创造力、问题解决能力等方面具有显著的优势,而这些能力对孩子们未来的成长和发展至关重要。本章研究信息技术课程标准中的编程相关内容,并对课程标准和教材融入编程方面的内容提出了建议与思考,以使信息技术标准和教材适应现阶段社会和学校的需求。

第一节　信息技术课程标准中的编程内容

随着网络的快速发展,手机、电脑等许多高科技产品的普及,办公软件和各种学习硬件、软件得到广泛的应用。国家也越来越重视信息技术教育的普及,中小学信息技术这门课程已成为必修课程。

信息技术课程标准中的编程技术得到了应有的重视。随着信息时代的到来,编程技能变得越来越重要。它不仅是IT行业的基础技能,也是其他行业的重要工具。因此,中小学信息技术课程中加强编程教育是非常有必要的。

中小学信息技术课程标准中与编程内容相关的部分主要包括以下方面。

一、义务教育、高中教育信息技术课程标准

(一)《基础教育信息技术课程标准(2012版)》

基础教育阶段信息技术课程的总目标是培养和提升学生的信息素养。学生的信息素养表现在:利用信息技术工具获取加工、管理、表达与交流信息的能力;对信息活动的过程、方法、结果进行评价的能力;在熟悉并利用技术条件和环境的基础上发表观点、交流思想、开展合作与解决学习和生活中实际问题的

能力;积极探究技术应用给社会生活带来的变化,遵守相关的伦理道德与法律法规,形成与信息社会相适应的价值观和责任感。

信息素养在课程目标的不同维度均有体现。其中,在知识与技能维度,强调了解或掌握信息技术的基本概念、原理、思想,以及常用工具、手段、技术的基本操作与应用;在过程与方法维度,强调通过具体操作或应用过程,在实际体验中掌握利用信息技术解决实际问题的方法,并逐步养成良好的学习习惯;在情感态度与价值观维度,强调理解信息技术的技术思想,在应用信息技术的具体过程中,形成积极的技术观和价值观,对信息道德、信息伦理、信息文化产生感悟与内化,养成利用信息技术促进学习和改善生活的意识和态度,积极、负责、安全、健康地使用信息技术。

学生信息素养的培养是一个持续提升的过程,在不同学段,学生学习信息技术的内容各不相同,在信息素养的培养水平上各有侧重。其中:小学阶段侧重对基础知识和基本技能的掌握和应用,强调对信息技术和信息文化的体验和感悟,以基础入门为标志,以感悟信息文化为目标;初中阶段侧重对信息技术基本特征的总结能力的培养,注重主动学习信息技术的意识和方法的熏陶,关注与信息素养相关的认知能力、判断能力、想象能力、批判能力的培养,以迁移应用为标志,以顺应信息文化为目标;高中阶段强调领域应用,以多样化的应用技术领域的能力训练为主,既可以强调学生在不同领域方向上的个性化能力塑造,又可以强调某特定领域对其后续发展的重要支持作用,即以个性化能力培养为标志,以内化信息文化为目标。

1. 小学部分

小学阶段设一个"信息技术教育"模块,其中包括"硬件与系统管理""信息加工与表达"和"网络与信息交流"三个专题,其下各有若干单元。其中:"硬件与系统管理"专题是操作和使用计算机的基础,是信息技术课程的入门,是学习后续内容的前提;"信息加工与表达"专题侧重信息的创造过程及利用过程;"网络与信息交流"专题旨在让学生掌握网络生存的基本能力,理解当今社会是网络社会与现实社会交织的社会。

通过本模块的学习,学生应能了解计算机硬件的基本组成,体验文件管理的具体操作,形成负责、安全使用计算机的意识;能够借助各种简单工具编辑多种媒体信息,并根据学习与生活的实际需要,利用各种媒体进行简单的表达,实现有效的交流,在此过程中对多媒体技术及其应用形成初步的认识;初步形成通过网络获取信息的意识,掌握通过网络获取信息的基本方法,能够借助网络进行交流;通过体验网络的基本应用,感悟因特网的魅力,在解决日常生活、学习中的实际问题的过程中体验网络给人们的生活和学习带来的变化。

2. 初中部分

相比小学阶段,初中阶段所设的"信息技术教育"模块在内容广度和深度上均有加强。通过本模块的学习,学生应能了解常见信息技术硬件的分类与构成,掌握常用信息技术软件的使用方法,掌握文件分类管理的思想和方法,在利用信息技术解决问题的过程中感悟技术的一般性和开放性特征;在小学基础上进一步提升信息加工的能力,理解信息加工与表达的一般过程和方法,能够利用信息技术开展协同工作,具备初步的跨工具迁移应用和综合应用的能力,感悟多媒体信息在学习和生活中的重要作用;提高对网络工具使用方法的掌握水平,提高网络信息获取和交流的能力;了解网络技术发展最新进展,掌握网络社交的基本礼仪,学会自我保护。

(二)《义务教育信息科技课程标准(2022年版)》

2022年教育部颁布的《义务教育信息科技课程标准》分别对第一学段(1～2年级)、第二学段(3～4年级)、第三学段(5～6年级)、第四学段(7～9年级)提出了"教材编写建议",对中小学生如何学好信息技术提出了新版课标,明确了编程技术内容。

1. 第一学段(1～2年级)

计算思维学段目标:在教师指导下,体验使用数字设备解决问题的过程。知道信息的多种表示方式。对于给定的简单任务,能识别任务实施的主要步骤,用图符的方式进行表达。在实际应用中,能按照操作流程使用数字设备,并能说出操作步骤。

数字化学习与创新学段目标:在教师指导下,尝试使用数字设备及数字资源开展学习活动,丰富学习手段,改进学习方法。通过对数字设备的合理使用,了解数字设备的使用过程和方法,激发对信息科技的好奇心和学习兴趣,产生对信息科技的求知欲。能利用数字设备,通过文字、图片、音频、视频等方式记录自己在学习与生活中发生的事情,将记录结果分类、保存,需要时进行提取。能创建简单的数字作品。

信息社会责任学段目标:自觉保护个人隐私,能在家长和教师的帮助下确定信息真伪。在浏览他人数字作品时,能友善地发表评论。在分享他人数字作品时标注来源,尊重数字作品所有者的权益。在公共场合文明使用数字设备,自觉维护社会公共秩序。

该阶段可以培养学生主动使用数字设备的兴趣与意识,知道数字设备使用的基本规范,合理安排数字设备的使用时间,养成数字设备使用的好习惯。在体验文字、图符、语音等多种输入方式的表达与交流效果后,他们会有意识地使用数字设备处理文字、图片和声音。在该过程中,学生会知道信息有真实与虚假之分,从而选用更恰当的数字化方式表达个人的见闻和想法,更乐于与他人分享信息。

2. 第二学段(3~4年级)

计算思维学段目标:能根据需要选用合适的数字设备解决问题,并简单地说明理由。能基于对事物的理解,按照一定的规则表达与交流信息。体验信息存储和传输过程中所必需的编码及解码步骤。在简单问题的解决过程中,有意识地把问题划分为多个可解决的小问题,通过解决各个小问题,解决整体问题。依据问题解决的需要,组织与分析数据,用可视化方式呈现数据之间的关系,支撑所形成的观点。

数字化学习与创新学段目标:利用在线平台和数字设备获取学习资源,开展合作学习,认识到在线平台对学习的影响。比较线上线下学习方式的异同。依据学习需要,在教师指导下,有效地管理个人在线学习资源。借助信息科技进行简单的多媒体作品创作、展示、交流,尝试开展数字化创新活动,感受应用信息科技表达观点、创作作品、合作创新、分享传播的优势。

信息社会责任学段目标:认识到数字身份的唯一性与信用价值,增强保护个人隐私的意识,提升自我管理能力,形成在线社会生存的安全观。了解威胁数据安全的因素,能在学习、生活中采用常见的防护措施保护数据。用社会公认的行为规范进行网络交流,遵守相关的法律法规。

该阶段可以帮助学生了解数据的作用与价值,了解数字设备对社会发展和人们生活的影响;帮助学生了解数据编码的作用与意义,理解数据编码是保持信息社会组织与秩序的科学基础;帮助学生在网络应用过程中,合理使用数字身份,知道数字身份对个人日常学习与生活的作用和意义,规范地进行网络信息交流。

3. 第三学段(5~6年级)

计算思维学段目标:通过生活中的实例,了解算法的特征和效率。能用自然语言、流程图等方式描述算法。知道解决同一问题可能会有多种方法,认识到采用不同方法解决同一问题时可能存在时间效率上的差别。对于给定的任务,能将其分解为一系列的实施步骤,使用顺序、分支、循环三种基本控制结构简单描述实施过程,通过编程验证该过程。在问题解决过程中,能将问题分解为可处理的子问题,了解反馈对系统优化的作用。

数字化学习与创新学段目标:通过学习身边的算法,体会算法的特征,有意识地将其应用于数字化学习过程中,适应在线学习环境。能利用在线平台和工具寻找生活中的过程与控制场景。能设计用计算机实现过程与控制的方案,并在实验系统中通过编程等手段加以验证。在学习作品创作过程中,利用恰当的数字设备规划方案、描述创作步骤。在反思与交流过程中,对学习作品进行完善和迭代。

信息社会责任学段目标:了解算法的优势及对知识产权保护的作用,认识到算法对解决生活和学习中的问题的重要性。认识到自主可控技术对保障网络安全和数据安全的重要性。

该阶段包括体验物理世界与数字世界深度融合的环境,使学生感受应用信息科技获取与处理信息的优势,根据学习与生活需要,有意识地选用信息技术工具处理信息;使学生崇尚科学精神、原创精神,具有将创新理念融入自身学习和生活的意识;让学生针对简单问题,确定解决问题的需求和数据源,主动获取、筛选、分析数据,解决问题。

4. 第四学段(7~9年级)

信息意识学段目标:观察、探究、理解互联网对社会各领域的影响。体验互联网交互方式,感受互联网和物联网给人们的学习、生活和工作方式带来的改变。了解人工智能对信息社会发展的作用,具有自主动手解决问题、掌握核心技术的意识。主动学习互联网知识,增强数据安全意识,进行安全防护。

计算思维学段目标:在实践应用中,熟悉网络平台中的技术工具、软件系统的功能与应用。能根据需求,设计和搭建简单的物联系统原型,体验其中数据处理和应用的方法与过程。知道网络中信息编码、传输和呈现的原理。能通过软件与硬件相结合的项目活动采集、分析和呈现数据。通过案例分析,理解人工智能。根据学习与生活需要,合理选用人工智能,比较使用人工智能和不使用人工智能处理同类问题效果的异同。

数字化学习与创新学段目标:根据学习需要,有效搜索所需学习资源,探究信息科技支持学习的新方法、新模式,借助信息科技提高学习质量。在学习过程中,选择恰当的数字设备支持学习,改变学习方式,具备利用信息科技进行自主学习和合作学习的能力。主动利用数字设备开展创新实践活动。根据任务要求,借助在线平台,与合作伙伴协作设计和创作作品。在创新实践活动中,认识到原始创新对国家可持续发展的重要性。

信息社会责任学段目标:应用互联网时,能利用用户标识、密码和身份验证等措施做好安全防护。会使用加密软件对重要信息进行加密,能使用网盘进行信息备份。在物联网应用中,知道数据安全防护的常用方法和策略,保护个人隐私,尊重他人隐私。了解自主可控对国家安全以及互联网和物联网未来发展的重要意义。通过体验人工智能应用场景,了解人工智能带来的伦理与安全挑战,合理地与人工智能开展互动,增强自我判断意识和责任感。遵循信息科技领域的伦理道德规范,明确科技活动中应遵循的价值观念、道德责任和行为准则。

(三)《普通高中信息技术课程标准(2017年版2020年修订)》

这一版的信息技术课程标准提出了坚持立德树人的课程价值观,旨在培养具备信息素养的中国公民。同时,它也强调了培育以学习为中心的教与学关系,以及构建基于学科核心素养的评价体系。在学科核心素养与课程目标部分,课程标准明确提出高中信息技术学科核心素养由信息意识、计算思维、数字化学习与创新、信息社会责任四个核心要素组成。这些核心素养被视为学生在信息时代应具备的关键能力和品质。高中信息技术课程旨在全面提升全体高中学生的信息素养。

课程通过提供技术多样、资源丰富的数字化环境,帮助学生掌握数据、算法、信息系统、信息社会等学科大概念,了解信息系统的基本原理,认识信息系统在人类生产与生活中的重要价值,学会运用计算思维识别与分析问题,抽象建模与设计系统性解决方案,理解信息社会特征,自觉遵循信息社会规范,在数字化学习与创新过程中形成对人与世界的多元理解力,负责、有效地参与到社会共同体中,成为数字化时代的合格中国公民。

在课程结构部分,高中信息技术课程被分为必修课程、选择性必修课程和选修课程三个层次,以确保学生全面而又有深度地学习信息技术知识。在学业质量部分,课程标准规定了学业质量的内涵和水平,以确保学生的学习成果达到预期的标准:

一是学生能够描述数据与信息的特征,知道数据编码的基本方式;掌握数字化学习的方法,能够根据需要选用合适的数字化工具开展学习。了解数据采集、分析和可视化表达的基本方法,能够利用软件工具或平台对数据进行整理、组织、计算与呈现,并能通过技术方法对数据进行保护;在数据分析的基础上,完成分析报告。依据解决问题的需要,设计和表示简单算法;掌握一种程序设计语言的基本知识,利用程序设计语言实现简单算法,解决实际问题。了解人工智能技术,认识人工智能在信息社会中的重要作用。

二是学生能描述信息社会的特征,了解信息技术对社会发展、科技进步以及个人生活与学习的影响。知道信息系统的组成与功能,描述信息系统常用终端设备(计算机、智能手机和平板电脑等)的基本工作原理;知道信息系统与外部世界的连接方式,了解常见的传感与控制机制以及接入方式、带宽等因素对信息系统的影响;理解软件在信息系统中的作用,借助软件工具与平台开发网络应用软件。能构建简单的信息系统,积极利用各种信息系统促进学习与发展。在信息系统应用过程中,能预判可能存在的信息泄露等安全风险,掌握信息系统安全防范的常用技术方法;认识信息系统在社会应用中的优势及局限性,能够自觉遵守相关法律法规与伦理道德规范。

三是学生要知道网络的结构、特征和发展过程,理解物联网的概念,认识与物联网相关的应用。理解影响网络传输质量的基本因素,熟悉 TCP/IP 等协议的功能和作用,描述网络的拓扑结构,掌握使用基本网络命令查询联网状态、配置情况及发现故障的操作。理解网卡、交换机、路由器等网络设备的作用和工作原理,熟知常见的网络服务,能够根据任务特点选择恰当的网络服务,理解创新网络服务的意义,列举日常生活中与物联网相关的设备,描述其工作原理。形成积极、安全使用网络的观念,具备防范网络安全隐患的意识,能判断日常网络使用中不安全问题产生的原因,掌握构建个人安全网络环境的基本方法。

四是学生能够确定学习和生活中的业务数据问题,能提出解决方案,评价其合理性、完整性以及分析方案优化或改进的可能性。能认识有效管理与分析数据对获取有价值信息、形成正确决策的作用与意义,认识数据管理与分析技术对人类社会生活的重要影响;能在特定的信息情境中,根据业务数据问题解决的需要,利用多种途径采集与甄别数据。能按照特定数据管理的需求,使用数据库管理系统建立关系数据库,会选用恰当的策略与方法,对数据进行管理。认识数据备份的重要性,能根据需要及时备份与还原数据,确保数据安全。会采用适当的方法提取数据;能正确选用数据分析方法和工具,分析并解释数据。能根据需要,主动选用数字化工具开展自主或协作学习,创造性地解决问题。

五是学生能描述人工智能的基本特征,会利用开源人工智能应用框架,搭建简单智能系统。了解人工智能的新进展、新应用(如机器学习、自动翻译、人脸识别、自动驾驶等),并能适当运用在学习和生活中。了解人工智能的发展历程,能客观认识智能技术对社会生活的影响。

六是学生初步了解三维设计及相关技术的基础知识,形成三维设计及相关技术在当今社会有重要作用的认识。掌握三维设计中关于建模的基本知识与技能,加深模块化信息处理能力,并逐步延伸到系统化的信息处理能力中。能够利用数字化环境查找学习资源,运用三维设计的思想、方法与技术进行创作与表达。通过学习中的交流和相互评价,理解知识产权对信息社会产生的影响,增强积极参与信息社会建设的意识,树立数字化环境下积极进取的态度。

二、信息技术(科技)课程思想的进化

(一)信息技术(科技)课程标准新定位

1. 课程定位

2022年4月,教育部发布了《义务教育信息科技课程标准(2022年版)》,将"信息技术"调整为"信息科技"。这标志着信息技术课程的全面转型。"信息科技"强调培养学生的核心素养,包括信息意识、计算思维、数字化学习与创新以及信息社会责任。

信息科技课程旨在帮助学生培养科学精神和科技伦理意识,提升自主可控意识,培育社会主义核心价值观,树立总体国家安全观,提升素质与技能。

2. 课程培育理念

(1)反映数字时代正确育人方向

坚持以习近平新时代中国特色社会主义思想为指导,全面贯彻党的教育方

针,落实立德树人根本任务。发挥课程育人功能,帮助全体学生学会数字时代的知识积累与创新方法,引导学生在使用信息科技解决问题的过程中遵守道德规范和科技伦理,培育学生正确的世界观、人生观、价值观,促进学生在数字世界与现实世界中健康成长。

(2)构建逻辑关联的课程结构

以数据、算法、网络、信息处理、信息安全、人工智能为课程逻辑主线,按照义务教育阶段学生的认知发展规律,统筹安排各学段学习内容。小学低年级注重生活体验;小学中高年级初步学习基本概念和基本原理,并体验其应用;初中阶段深化原理认识,探索利用信息科技手段解决问题的过程和方法。

(3)遴选科学原理和实践应用并重的课程内容

面向数字时代经济、社会和文化发展要求,吸纳国内外信息科技的前沿成果,基于数字素养与技能培育要求,遴选课程内容。从信息科技实践应用出发,注重帮助学生理解基本概念和基本原理,引导学生认识信息科技对人类社会的贡献与挑战,提升学生知识迁移能力和学科思维水平,体现"科"与"技"并重。

(4)倡导真实性学习

创新教学方式,以真实问题或项目驱动,引导学生经历原理运用过程、计算思维过程和数字化工具应用过程,建构知识,提升问题解决能力。注重创设真实情境,引入多元化数字资源,提高学生的学习参与度。支持学生在数字化学习环境下进行自我规划、自我管理和自我评价,鼓励"做中学""用中学""创中学",凸显学生的主体性。

(5)强化素养导向的多元评价

注重评价育人,强化素养立意。坚持过程性评价与终结性评价相结合,加强学习结果的评估和应用,服务教育教学质量管理。坚持基本知识考核与实践应用考核相结合,综合运用纸笔测试、上机实践、作品创作等方法,全面考查学生学习状况。坚持自评和他评相结合,增强学生自主学习能力。

(二)信息技术(科技)课程标准发展趋势

《普通高中信息技术课程标准(2017年版)》和《义务教育信息科技课程标准(2022年版)》的相继发布,是基础教育对信息时代的适时回应。

一是信息技术内容更加全面。2022年版的信息科技课程标准内容更加丰富,不仅包括计算机和通信技术的发展历程,还增加了信息技术在各个领域的应用以及发展趋势等内容。这有助于学生更全面地了解信息技术的发展和应用。

二是增加时代背景。新版信息科技课程标准在介绍各个时期的重要技术时,增加了时代背景的介绍,让学生了解这些技术是在怎样的历史背景下产生的。这有助于学生更好地理解信息技术的发展历史。

三是强调应用领域。新版信息科技课程标准更加注重介绍信息技术在各个领域的应用,包括教育、医疗、金融、交通等。这有助于学生了解信息技术的重要性和实用性,激发他们对信息技术的兴趣和热情。

四是增加案例分析。新版信息科技课程标准中增加了许多案例分析,通过具体案例的介绍和分析,让学生更理解信息技术的实际应用和作用。这有助于提高学生的实践能力和解决问题的能力。

五是强调教育价值。新版信息科技课程标准强调信息技术史的教育价值,指出学习信息技术对于培养学生的信息素养和创新能力的重要性。这有助于学生认识到学习信息技术的重要性,提高他们的学习兴趣和积极性。

总的来说,2022年版信息科技课程标准的"编程技术"部分比2017年版更加完善和全面,注重实操训练、应用领域和案例分析等方面的内容,强调教育价值和学习的重要性,有助于学生更好地了解和掌握信息技术的发展历程和应用领域。

三、对信息技术课程标准中编程技术定位的思考

编程技术在课程标准中的定位是一个关键问题,尤其是在数字化时代背景下。以下是笔者对编程技术定位的几点思考:

1.编程技术应培养学生的计算思维和问题解决能力。编程技术教育不仅仅关注代码编写,更重要的是培养学生的计算思维和问题解决能力。这种思维方式可以帮助学生在面对复杂问题时,能够运用逻辑思维和系统化方法来寻找解决方案。

2.编程技术可帮助学生适应数字化时代的需求。在数字化时代,编程能力已成为一种基本技能。将编程纳入课程标准有助于学生更好地适应未来社会和工作的需求,提高他们的数字素养。

3.编程技术注重跨学科应用。编程技术可以与多个学科相结合,如数学、科学、艺术等。通过跨学科的学习,学生能够更好地理解编程在实际生活中的应用,并激发创新能力和创造力。

4.编程技术注重实践和项目导向的学习。通过实际操作和项目实践,学生能够应用理论知识解决实际问题,从而加深对编程技术的理解和应用。

5.编程教师要注意专业发展。编程技术教育需要教师具备相应的专业知识和技能,因此,教师的专业发展显得尤为重要。教师需要不断更新自己的知识和技能,以适应编程技术的教学需求。

综上所述,编程技术在课程标准中的定位应该是培养学生在数字化时代所需的基本技能和思维方式,同时注重跨学科的应用和实践导向的学习。此外,教师的专业发展也是实现这一目标的关键。

第二节 中小学信息技术教材中的编程内容

中小学信息技术教材中的编程内容涵盖了多个重要方面,为学生的编程技能打下了坚实的基础。首先,从编程语言的角度来看,教材中介绍了多种流行的编程语言,如 Python、Java、C++等。这些语言各有特点,适用于不同的应用场景。通过学习这些语言,学生可以了解编程的基本概念、语法和程序结构,掌握编写简单程序的技巧。

教材强调了算法与程序设计的重要性。算法是解决问题的步骤和方法,程序设计则是将算法转化为计算机可执行的过程。在学习过程中,学生需要理解各种算法的思想和原理,如排序、搜索、递归等;同时还要学会分析问题,设计合适的算法,并编写相应的程序代码。

数据结构与算法是编程的核心知识之一。教材中详细介绍了各种数据结构如数组、链表、栈、队列等,以及相关的算法。通过这些内容的学习,学生可以更好地理解程序的底层运作机制,提高程序的效率和性能。

图形化编程是中小学信息技术教材中的另一重要内容。它采用图形化的编程语言和工具,使得编程更加直观、易于理解。学生可以通过拖拽组件和模块来构建程序,无须编写复杂的代码。这部分内容帮助学生跨越了编程的门槛,激发了他们对编程的兴趣。

人工智能与机器学习是当今信息技术领域的热门话题。教材中也涉及了这方面的内容,介绍了人工智能的基本概念、机器学习的原理和方法。通过学习这些内容，学生可以初步了解人工智能和机器学习的应用和发展趋势，为他们提供了更多的可能性。

综上所述，中小学信息技术教材中的编程内容涵盖了编程语言、算法与程序设计、数据结构与算法、图形化编程、人工智能与机器学习等多个方面。这些内容相互关联、相互促进，为学生提供了全面且系统的编程教育。通过学习这些知识，学生不仅可以提高自身的编程技能，还可以培养逻辑思维、问题解决能力和创新能力。这将对他们未来的学习和职业生涯产生积极的影响。

一、对中小学信息技术教材及其中与编程内容有关的章节的分析

（一）小学学段

中国地图出版社出版（以下简称中图版）的信息技术教材五年级第五单元"趣味编程领进门"，介绍了 Scratch 编程的入门知识。其六年级第五单元"新的伙伴机器人"，介绍了机器人编程软件 NXT。

鲁教版的信息技术第四册，给同学们介绍了 Scraino 图形化编程软件的使用方法。

北京出版社出版（以下简称北京版）的信息技术教材主要是让同学们了解程序设计的基本过程、方法和思想，通过 Scratch 软件认识程序设计系统的主要功能，学会用 Scratch 编程软件设计动画、游戏等程序。

（二）初中学段

在粤教版八年级下册的信息技术教材中，第一单元程序设计主要是让同学们初步了解选择结构、循环结构、条件选择结构、嵌套循环结构以及结构化程序设计。而在九年级全一册的教材中，第一单元给孩子们介绍了 Python 程序设计的环境配置方法以及简单的 Python 程序的编写。

北京版信息技术教材第六册第九章主要介绍了智能处理与编程，旨在让学生通过体验、了解人工智能的发展，感受人工智能技术的魅力，了解什么是计算机语言，了解程序设计概念，以及编程求解问题的一般过程、学习程序设计的一般方法，学会编程解决简单问题，提高处理信息的能力。

鲁教版的信息技术初中第四册第二单元的主要目标是让孩子们认识并且掌握程序设计语言——Python，学会通过编程解决一些学习和生活问题，提高计算思维能力。第六册第一单元的主要目标是让学生们了解虚拟机器人的运行环境，让学生学会搭建虚拟机器人，能够用不同的搭建和编程方式完成无人驾

驶任务。第六册第二单元则是为了让学生了解手机 App 的开发流程,掌握 App Inventor 组件设计和逻辑设计的方法,并学会使用 App Inventor 开发一些实用的 App。

人教版九年级信息技术教材介绍了 Visual Basic 编程语言所需的环境,并且教学生怎么编写简单的程序,教学生使用文本框、图片框、定时器、选项按钮、滚动条等控件。第二单元介绍了程序中的结构,并详细介绍顺序结构、双分支结构、多分支结构。

(三)高中学段

人教版教材聚焦学科核心素养,将立德树人作为教材编写的出发点和落脚点,以信息技术学科的核心概念为基本点,利用学生生活和学习中的具体案例、事件、问题等情境,导入相关学习内容,突出信息技术课程在学生成长中的作用,以及在整个基础教育课程体系中的不可替代性。在信息技术所涉及的软、硬件知识教学上,该版教材教学设置紧贴现实场景,并主要以"虚谷号"作为硬件主控,设置了诸多真实的场景、项目案例供学生实践操作演练。

浙教版教材为学生提供了知识学习和实践操作所需的资源。教学案例中所涉及的诸多硬件器材和软件平台,均经过教材编写组多方论证和实践总结。其中,教学设计和学生实践操作部分均以"micro: bit"作为硬件主控、"BXY Python Editor"作为编程软件进行内容设置。

教科版教材在编写过程中秉承立德树人的宗旨,围绕信息技术学科核心素养。教学设计中引入项目式学习方式,给出明确的"学习目标",设置必要的"拓展练习",并设置"拓展知识"内容帮助学生开阔眼界,通过帮助学生解决生活、学习中的问题,引导学生持续探索和实践,深入理解人、信息技术与社会的关系。

二、编程语言

中小学信息技术教材中的编程内容是培养学生计算思维和编程技能的重要途径。编程语言是编程的核心,是人与计算机交流的工具。中小学信息技术教材介绍了常见的编程语言,例如 Python、Java、C++等。这些编程语言具有不同的语法和特性,适用于不同的应用场景。编程语言的学习主要包括基本语法、控制结构、变量和函数的使用。学生可以通过编写简单的代码来理解编程的基本原理和思维方式。同时,教材也会引导学生进行实践,编写一些小程序来锻炼他们的编程逻辑和技能。下面对教材中涉及的编程语言进行详细分析。

（一）编程语言的基本概念和分类

编程语言是一种用于编写计算机程序的符号系统。它是计算机科学的重要组成部分，为程序员提供了表达计算思路和实现计算任务的工具。根据用途和形式，编程语言可分为机器语言、汇编语言、高级语言等。

1. 机器语言

机器语言是一种低级语言，由二进制代码组成，可以直接被计算机硬件识别和执行。它具有执行速度快、占用内存少等优点，但编写和调试难度较大。

2. 汇编语言

汇编语言是一种低级语言，使用具有明确含义的英文缩写单词来表示机器指令。相较于机器语言，汇编语言更易于编写和理解，但仍然与硬件密切相关。

3. 高级语言

高级语言是一种更为抽象的编程语言，使用更接近自然语言的语法和语义来描述程序。高级语言可以跨平台运行，提高了程序的通用性和可维护性。

（二）中小学信息技术教材中涉及的编程语言

编程语言种类繁多，由于中小学生的认知发展水平有所区别，中小学信息技术教材所涉及的编程语言自然也有所差异。因此，中小学信息技术教材所涉及的编程语言一般有以下几种。

1. Python

Python 是一种流行的高级编程语言，具有简单易学、语法简洁、功能强大等特点。教材中介绍了 Python 的基本语法、数据类型、控制结构、函数等知识，并通过实例演示了 Python 在数据分析、人工智能等领域的应用。

2. Java

Java 是一种面向对象的编程语言，具有可移植性和安全性等特点。教材中介绍了 Java 的基本概念、语法和程序结构，以及面向对象编程的概念和方法。通过学习 Java，学生可以了解更多的编程思想和技巧。

3. C++

C++ 是在 C 语言基础上发展起来的一种高级编程语言，具有高效、灵活、可移植性等特点。教材中介绍了 C++ 的基本语法、数据类型、控制结构、函数等知识，并通过实例演示了 C++ 在图形化编程、游戏开发等领域的应用。

4. Scratch

Scratch 是一种基于积木式编程的图形化编程语言,适合中小学生入门学习编程。它通过拖拽积木块的方式组合程序,无须编写复杂的代码,使得编程更加直观和易于理解。教材中通过实例演示了 Scratch 在动画制作、游戏设计等领域的应用。

(三)中小学信息技术教材中编程语言的选取原则

1. 符合学生的认知发展特点

中小学信息技术教材中的编程语言选取原则应符合学生的认知发展特点,从易到难,由浅入深。初学者可以从简单的编程语言入手,逐步提高难度和复杂度。

2. 体现编程思想和算法基础

编程语言只是编程的工具,而编程的核心是思想和算法。因此,教材中除了介绍编程语言的语法和程序结构外,还应重点讲解编程思想和算法基础,帮助学生建立正确的计算思维。

3. 结合实际应用案例

学习编程不仅要掌握基本的语法和算法,还需要了解编程在实际生活中的应用。教材中可增加案例,通过案例分析的方式,将编程语言与实际应用相结合,提高学生学习的兴趣和动力。

4. 支持创客教育和人工智能启蒙教育

随着创客教育和人工智能启蒙教育的普及,中小学信息技术教材中的编程内容也应支持创客教育和人工智能启蒙教育。例如,通过引入图形化编程和人工智能相关内容,帮助学生了解更多的创新技术和前沿科技。

总之,中小学信息技术教材中的编程内容是培养学生计算思维和编程技能的重要途径。通过对编程语言的基本概念和分类进行详细的分析,选取适合学生的编程语言进行讲解和实践操作,可以帮助学生建立正确的计算思维并提高他们的编程技能。同时,可以结合实际应用案例和创客教育等内容,以更好地激发学生的学习兴趣和应用能力。

三、算法与程序设计

中小学信息技术教材中的编程内容是培养学生计算思维和编程技能的重要环节。其中,算法与程序设计是编程的核心,也是学生学习编程的关键部分。

教材通常会介绍一些常见的算法思想和编程范例,如顺序结构、选择结构、循环结构等。学生通过学习这些基本的算法思想,能够分析问题、设计解决方案,并将其转化为能够被计算机执行的程序。教材还会引导学生实现一些简单的算法,如排序算法、查找算法等,来加深他们对算法思想的理解和运用。下面对教材中涉及的算法与程序设计进行详细的分析。

(一)算法与程序设计的概念和关系

1. 算法的概念和特点

算法是一系列解决问题或完成特定任务的明确指令。它具有确定性、有限性、可执行性、输入和输出等基本特点。在编程中,算法是程序的灵魂,决定了程序的效率、复杂度和正确性。

2. 程序设计的概念和基本结构

程序设计是使用一种或多种编程语言将算法转换成计算机可执行的程序的过程。程序的基本结构包括顺序结构、选择结构和循环结构。这些结构可以组合使用,实现更复杂的算法。

3. 算法与程序设计的关系

算法与程序设计相互关联,密不可分。算法是程序的基础,程序设计是将算法转化为程序的桥梁。学习算法与程序设计可以帮助学生理解程序是如何被设计和执行的,同时提高他们的逻辑思维和问题解决能力。

(二)中小学信息技术教材中算法与程序设计的分析

1. 教材中算法与程序设计的内容安排

中小学信息技术教材中,算法与程序设计的内容通常安排在编程语言之后。首先介绍基本的语法和程序结构,然后通过实例演示如何使用编程语言实现各种算法和程序设计。

2. 教材中算法与程序设计的实例分析

教材中通常会提供一些典型例题和案例分析,帮助学生理解算法与程序设计的概念和方法。例如,通过解决"冒泡排序"问题,学生可以了解排序算法的基本思想、程序设计和实现过程。此外,教材还会提供一些实际应用案例,如数学问题、图形问题等,让学生了解算法与程序设计在实际生活中的应用。

3. 教材中算法与程序设计的教学方法

教学方法对于学生学习算法与程序设计至关重要。中小学信息技术教材通常会提供一系列教学建议和指导,包括理论讲解、案例分析、实践操作等环节。通过理论讲解,学生可以了解算法与程序设计的概念和基本原理;通过案例分析,学生可以学习如何将算法转化为程序;通过实践操作,学生可以巩固所学知识和技能。

(三)中小学信息技术教材中算法与程序设计的教育价值

1.培养学生的逻辑思维和问题解决能力

学习算法与程序设计有助于培养学生的逻辑思维和问题解决能力。在解决实际问题时,学生需要分析问题、设计算法、编写程序。在这个过程中,学生需要运用逻辑思维和数学方法进行思考和分析。通过不断练习和实践,学生的逻辑思维能力和问题解决能力将得到提高。

2.培养学生的计算思维和创新意识

计算思维是当前信息技术教育领域的重要概念之一。它是运用计算机科学的基础概念去求解问题、设计系统和理解人类的行为。学习算法与程序设计可以帮助学生建立计算思维,培养创新意识。通过探究不同的问题解决方法,学生可以发现新思路、新方法,从而培养创新意识和创造力。

3.培养学生的合作精神和团队协作能力

学习算法与程序设计需要学生相互合作、共同解决问题。在小组合作中,学生可以学会分工合作、互相学习、交流沟通等技能。这种合作精神和团队协作能力对学生未来的学习和职业生涯都非常重要。

中小学信息技术教材中的编程内容涉及的算法与程序设计是培养学生计算思维和编程技能的核心部分。通过对算法与程序设计的基本概念和关系进行详细分析,可以帮助学生理解程序设计和执行的过程。同时,教材中的内容安排、实例分析和教学方法都有助于培养学生的逻辑思维、问题解决能力、计算思维和创新意识等关键能力。

四、数据结构与算法

中小学信息技术教材中的编程内容不仅涵盖了编程语言、算法与程序设计,还涉及数据结构与算法。中小学信息技术教材通常会引入一些常见的数据结构和算法,如数组、链表、栈、队列、递归等。通过学习这些数据结构和算法,学生可以了解不同数据组织方式的特点和适用场景,并能够选择合适的数据结构和算法来解决实际问题。教材也会引导学生分析算法的时间复杂度和空间复杂度,帮助他们评估算法的效率和优劣。下面对教材中涉及的数据结构与算法进行详细的分析。

(一)数据结构的基本概念和分类

数据结构是计算机存储和组织数据的方式,反映了数据之间的逻辑关系和物理结构。根据数据的不同特性,数据结构可以分为以下几类:

数组:数组是一种线性数据结构,按照顺序存储数据,可以通过索引直接访问任意位置的元素。

链表:链表是一种非线性数据结构,通过指针链接各个节点,可以动态地增加或删除元素。

栈:栈是一种后进先出(LIFO)的数据结构,只允许在栈顶进行插入或删除操作。

队列:队列是一种先进先出(FIFO)的数据结构,只允许在一端插入元素,而在另一端删除元素。

树:树是一种层次结构,由节点和边组成,满足特定的条件。树在信息检索、图形学等领域应用广泛。

图:图是一种由节点和边组成的数据结构,可以表示对象及对象之间的关系。图在社交网络、路径规划等领域应用广泛。

(二)中小学信息技术教材中数据结构的选取原则

1. 符合学生的认知发展特点

中小学信息技术教材中的数据结构选取应符合学生的认知发展特点,从简单到复杂,由浅入深。初学者可以从基本的数组和链表入手,逐步学习更复杂的数据结构。

2. 体现数据结构的基本概念和特性

教材中除了介绍数据结构的定义和分类,还应重点讲解数据结构的基本概念和特性,帮助学生理解不同数据结构的优、缺点和使用场景。

3. 结合实际应用案例

学习数据结构不仅要掌握基本概念和特性,还需要了解数据结构在实际生活中的应用。教材中可以增加案例,通过案例分析的方式,将数据结构与实际应用相结合,激发学生学习的兴趣和动力。

(三)算法的分类

根据算法的特性,可以将算法分为以下几类:

贪心算法:贪心算法在每个决策阶段都选择当前最优的选择,希望通过局部的最优解得到全局的最优解。

分治算法:分治算法将问题划分为若干个子问题,然后分别解决子问题,最后将子问题的解合并为原问题的解。

动态规划:动态规划是一种通过将问题分解为子问题的方式求解问题的方法。它通过记录子问题的解来避免重复计算。

回溯算法:回溯算法是一种通过穷举所有可能解来求解问题的方法。它通常用于解决组合优化问题。

暴力搜索算法:暴力搜索算法是一种枚举所有可能解来求解问题的方法。它的时间复杂度通常很高。

(四)中小学信息技术教材中算法的选取原则

1. 符合学生的认知发展特点

中小学信息技术教材中的算法选取应符合学生的认知发展特点,从简单到复杂,由浅入深。初学者可以从基本的贪心算法和分治算法入手,逐步学习更复杂的算法。

2. 体现算法的基本思想和特性

教材中除了介绍算法的基本概念和分类,还应重点讲解算法的基本思想和特性,帮助学生理解不同算法的优、缺点和使用场景。

五、图形化编程

中小学信息技术教材中的编程内容越来越注重图形化编程。这种编程方式对于培养学生的计算思维和编程技能具有重要意义。中小学信息技术教材会引入一些图形化编程工具,如 Scratch、Blockly 等。这些工具提供了可视化的编程环境,让学生可以通过简单的操作创建交互式的程序。图形化编程可以帮助学生快速理解编程概念、提升编程兴趣,培养创造力和逻辑思维能力。下面对教材中涉及的图形化编程进行详细的分析。

(一)图形化编程的基本概念和特点

图形化编程是一种以图形方式呈现程序逻辑和结构的编程方式,通过拖拽和连接积木块来实现程序的编写。图形化编程具有以下特点:

直观性:图形化编程以图形方式呈现程序逻辑和结构,使得初学者可以更直观地理解程序的意义和执行过程。

易学易用:图形化编程通常采用积木块的方式来实现。用户只需拖拽积木块即可完成程序的编写,操作简单。

培养计算思维:图形化编程强调计算思维的培养,通过可视化程序的结构和逻辑,帮助学生理解计算机如何解决问题,从而培养他们的计算思维。

适合多种编程语言:图形化编程适用于多种编程语言,如 Scratch、Blockly等。这些平台提供了丰富的编程元素和功能,可以帮助学生更好地掌握编程技能。

(二)中小学信息技术教材中图形化编程的内容安排

1. 教材中图形化编程的引入

中小学信息技术教材通常会在初级阶段引入图形化编程的概念和工具,通过简单的案例帮助学生了解图形化编程的基本操作和特点。

2. 教材中图形化编程的实践应用

在引入图形化编程之后,教材会提供一系列的实践应用任务,如动画制作、游戏设计、数据可视化等,让学生通过完成这些任务来巩固所学知识和技能。

3. 教材中图形化编程与其他编程内容的结合

图形化编程并不是孤立的,而是可以与其他编程内容相结合的。例如,在教授 Python 等高级编程语言时,教材中可以引入基于 Python 的图形化编程工具,让学生在学习高级语言的同时掌握图形化编程技能。

(三)中小学信息技术教材中图形化编程的教学方法

1. 案例分析法

通过分析典型的案例,让学生了解图形化编程在实践中的应用和实现方法。同时,通过案例分析可以帮助学生更好地理解程序的结构和逻辑。

2. 任务驱动法

通过布置实践任务,让学生在完成任务的过程中掌握图形化编程的技能和方法。这种方法可以激发学生的学习兴趣和动力,提高他们的实践能力和问题解决能力。

3. 分组合作法

将学生分成小组,让学生以小组的形式进行合作学习和实践,让学生在互相交流、讨论和合作中完成任务,从而提高他们的团队协作能力和集体荣誉感。

4. 评价反馈法

在教学过程中及时进行评价和反馈,让学生了解自己的学习情况和不足之处,从而调整学习策略和方法。通过评价可以激励学生更好地完成学习任务。

(四)中小学信息技术教材中图形化编程的教育价值

1. 培养创新能力和创造力

图形化编程强调学生的主动性和创造性,通过让学生自主设计和实现程序,培养他们的创新能力和创造力。

2. 提高解决问题的能力

图形化编程可以帮助学生提高解决问题的能力,通过分析和解决实际问题,让他们更好地理解和应用所学知识。

3. 增强团队协作能力

通过分组合作法进行教学,可以让学生更好地理解和掌握图形化编程技能和方法,同时增强团队协作能力。

六、人工智能与机器学习

随着人工智能的发展,中小学信息技术教材开始引入人工智能和机器学习的基础知识。教材中介绍了与人工智能相关的概念,如机器学习、神经网络、深度学习等。学生可以通过一些简单的案例学习机器学习的基本原理和应用,如图像识别、语音识别等。这样可以激发学生对人工智能的兴趣,让学生了解人工智能的作用和局限性,为进一步学习和研究人工智能打下基础。这对于学生的未来发展具有重要意义。下面对教材中涉及的人工智能与机器学习内容进行详细的分析。

(一)人工智能与机器学习的基本概念和关系

1. 人工智能的基本概念

人工智能是指通过计算机程序和算法模拟人类的智能行为和思维过程。它包括机器学习、自然语言处理、计算机视觉等多个分支,目标是使计算机具有像人类一样的感知、思考和决策能力。

2. 机器学习的基本概念

机器学习是人工智能的一个分支。它利用算法使计算机系统能够从数据中自动学习模式并进行预测和决策,而不需要进行明确的编程。机器学习技术可以应用于图像识别、语音识别、自然语言处理、推荐系统等多个领域。

3. 人工智能与机器学习的关系

人工智能和机器学习是相互关联的领域。机器学习是实现人工智能的一种重要方法。通过机器学习算法,计算机可以从大量的数据中提取模式并进行预测和决策,从而实现类似人类智能的行为。同时,人工智能的目标也是通过各种算法和技术,实现更加智能化的应用和产品。

(二)中小学信息技术教材中人工智能与机器学习的内容安排

1. 教材中人工智能与机器学习的引入

中小学信息技术教材通常会在中高级阶段引入人工智能与机器学习的概念和基础知识,介绍相关技术和应用场景。

2. 教材中人工智能与机器学习的实践应用

通过实例分析,学生可以了解人工智能和机器学习的实际应用和实现过程。例如,通过图像识别技术实现人脸识别、物体识别等;通过自然语言处理技术实现语音识别、机器翻译等;通过推荐系统实现个性化推荐。

3. 教材中人工智能、机器学习与其他编程内容的结合

中小学信息技术教材可以将人工智能与机器学习内容与其他编程内容相结合,例如,与图形化编程、Python 编程等相结合,让学生在学习其他编程技能的同时了解和应用人工智能与机器学习的相关知识。

(三)中小学信息技术教材中人工智能与机器学习的教学方法

1. 案例分析法

通过分析典型案例,让学生了解人工智能和机器学习在实际生活中的应用和实现方法。同时,通过案例分析可以帮助学生更好地理解相关技术的原理和应用场景。

2. 问题解决法

通过解决实际问题的方式,让学生学习和应用人工智能和机器学习的相关知识。例如,通过解决图像识别中的物体分类问题,让学生了解图像识别技术的原理和应用。

3. 分组合作法

将学生分成小组,让学生以小组的形式进行合作学习和实践,让他们在互相交流、讨论和合作中完成任务,从而提高他们的团队协作能力和集体荣誉感。

同时,通过分组合作,学生可以互相学习和分享相关知识和技能。

4.评价反馈法

在教学过程中及时进行评价和反馈,学生可以了解自己的学习情况和不足之处,从而调整学习策略和方法。同时,通过评价也可以激励学生更好地完成学习任务。

(四)中小学信息技术教材中人工智能与机器学习的教育价值

1.培养创新能力和创造力。人工智能和机器学习技术可以帮助学生提高创新能力和创造力。通过学习和应用相关技术,学生可以设计和实现具有创新性的应用和产品。

2.人工智能和机器学习技术可以帮助学生提高解决问题的能力。在解决实际问题时,学生可以利用相关技术进行数据分析和模式识别等任务,从而找到解决问题的最佳方案。

3.通过编程教育,中小学生基本可以掌握中小学信息技术教材中的编程内容,包括编程语言、算法与程序设计、数据结构与算法、图形化编程、人工智能与机器学习等方面。

七、应用开发和项目实践

中小学信息技术教材中的编程内容不仅涉及基本的编程语言和算法,还注重应用开发和项目实践。通过选择合适的编程语言和开发工具,学生可以实践软件开发的全过程,从需求分析、设计到编码和测试,最终完成一个小型的应用程序。这样的实践可以帮助学生理解实际开发过程中的挑战和解决方案,培养解决实际问题和团队协作的能力。下面对教材中的应用开发和项目实践内容进行详细的分析。

(一)应用开发的基本概念和特点

应用开发是指利用编程语言和相关技术,开发具有特定功能和用途的软件、网站或应用程序的过程。应用开发具有以下特点:

1.目标明确:应用开发的目标通常是解决某个具体问题或实现某个特定功能,具有明确的需求和目标。

2.技术多样性:应用开发涉及的技术和工具多种多样,包括编程语言、开发框架、数据库、UI 设计等。

3.团队合作:应用开发通常需要多人合作完成,包括需求分析、设计、编码、测试等多个环节。

4. 不断迭代：应用开发是一个不断迭代的过程，需要根据用户反馈和需求变化不断优化和改进。

(二)中小学信息技术教材中的应用开发内容安排

1. 教材中应用开发的引入

中小学信息技术教材通常会在中高级阶段引入应用开发的概念和基础知识，介绍相关技术和应用场景。

2. 教材中应用开发的实践应用

通过教材中的实例分析，可以让学生了解应用开发的基本流程和实践经验。例如，通过开发一个简单的网站或应用程序，让学生了解需求分析、设计、编码、测试等环节的具体实现方法。

3. 教材中应用开发与其他编程内容的结合

中小学信息技术教材可以将应用开发内容与其他编程内容相结合，例如与图形化编程、Python 编程等相结合，让学生在学习其他编程技能的同时了解和运用应用开发的相关知识。

(三)中小学信息技术教材中应用开发的教学方法

1. 项目驱动法

通过实施完整的项目，让学生在实践中学习和应用编程语言和算法。项目可以是开发一个简单的网站、应用程序或者解决一个实际问题等。通过项目实践，学生可以更好地理解编程语言和算法的应用场景，提高解决实际问题的能力。

2. 分组合作法

将学生分成小组，让学生以小组的形式进行合作学习和实践，让他们在互相交流、讨论和合作中完成任务，从而提高他们的团队协作能力和集体荣誉感。同时，通过分组合作，学生也可以互相学习和分享相关知识和技能。

3. 教授法

由教师进行讲解和演示，引导学生学习和掌握应用开发的相关知识和技能。教师可以根据学生的实际情况和需求进行有针对性的教学，帮助学生更好地理解和掌握相关知识和技能。

4.评价反馈法

在教学过程中及时进行评价和反馈,可以让学生了解自己的学习情况和不足之处,从而调整学习策略和方法。同时,通过评价可以激励学生更好地完成学习任务。

(四)中小学信息技术教材中应用开发的教育价值

1.提高解决问题的能力

应用开发可以帮助学生提高解决问题的能力。通过学习和实践,学生可以了解如何分析和解决实际问题,从而更好地应对未来的工作和生活。

2.培养创新能力和创造力

应用开发可以帮助学生提高创新能力和创造力。通过学习和实践,学生可以设计和实现具有创新性的应用和产品,从而更好地适应未来的社会发展需求。

3.增强团队协作能力

应用开发通常需要多人合作完成,因此可以帮助学生增强团队协作能力。在团队中,学生可以学会如何与他人合作、沟通协调和管理项目等技能。

总体而言,中小学信息技术教材中的编程内容涵盖了多个方面,从编程语言的基本语法和控制结构开始,逐步引入算法与程序设计、数据结构与算法、图形化编程、人工智能与机器学习等内容。通过系统的编程教育,学生可以培养逻辑思维、问题解决能力和创造力等能力,并为今后的学习和职业发展奠定基础。同时,教材还注重培养学生的信息素养和互联网安全意识,帮助学生更好地适应信息化时代的挑战和机遇。

第三节 中小学信息技术编程竞赛

中小学信息技术编程竞赛是指为中小学生举办的信息技术、计算机编程、人工智能等相关领域的比赛。这些比赛旨在通过编程来提高学生的计算机技能和创造力,并促进他们在 STEM 领域(科学、技术、工程、数学)的学习。这些编程竞赛通常由学校、机构或组织主办,内容包含题目选择、编程设计、测试和评估等环节。参赛者可以通过网站或平台提交作品进行评比。

参加编程竞赛可以帮助学生培养解决问题、创新思维的能力,同时也有助于他们更好地在学术和职业生涯中发展自己的技能。

1. FLL 机器人世锦赛

FLL(FIRST LEGO League)是 1998 年由美国非营利机构 FIRST 和丹麦乐高集团合作主办的针对 4—12 岁孩子的国际性机器人比赛。每届比赛吸引 110 多个国家的 48 万多名孩子,共计 67000 支队伍参加。这一挑战赛能够让孩子们沉浸在教授工程设计过程的挑战中。围绕当前的设计问题,他们将以团队的形式设计出解决方案,培养重要的生活技能,还有可能发现适合自己的职业方向。此项赛事在国内以中央电化教育馆(NCET)为依托,乐高教育与中央电化教育馆签订战略合作备忘录,成为国家级主办方。这意味着优异的赛事成绩可以提供孩子具备科技特长潜能的有力证明。主要赛事有:FLL 幼儿发现科创活动,要求参赛选手为 4—6 岁孩子,4 人一队;乐高教育 FLL 少儿探索科创活动,要求参赛选手为 6—10 岁孩子,4 人一队;FLL 青少年机器人挑战赛,要求参赛选手为 9—16 岁孩子,建议 EV3 三阶以上孩子参加,4—10 人一队。

2. 全国青少年电子信息智能创新大赛

全国青少年电子信息智能创新大赛(以下简称"大赛")是由中国电子学会于 2011 年设立的全国性青少年科普竞赛项目。2019 年,参与入赛的青少年规模首次超过 10 万人次。大赛自 2017 年起连续获得第二十九届、第三十届联合国国际科学与和平周优秀活动奖和特别贡献奖。2019 年,教育部办公厅印发《教育部办公厅关于公布 2019 年度面向中小学生的全国性竞赛活动的通知》,大赛成为全国中小学可参加的正规赛事项目。大赛主要竞赛类别包括电子科技、智能机器人、软件编程三类。大赛先后于北京大学、清华大学、北京航空航天大学、北京科学中心、北京微软大厦、宁波科学探索中心等地举办决赛。赛事安排如下(参考 2022 年):初赛于 4 月 8—10 日举办;复赛于 5 月 28—29 日举办;全国赛于 7—8 月举办。

3. 航模与无人机赛事

航模特长已列入北京多所重点学校科技特长生招生项目。可以说,航模、无人机等高含金量竞赛的获奖成绩可成为进入重点学校的敲门砖。此外,在航模、无人机竞赛项目表现突出的学生,在选择心仪学校时也会有一定的优势。比如,北京航空航天大学实验学校中学部、北京交通大学附属中学发布的《2021

年高中入学科技特长生招生简章》中明确提到航模是招生项目之一。不是会飞航模就能算特长,在国内外大赛获得奖项的人才能算航模特长生。例如,需要在教育部发布的白名单赛事中取得优异成绩,推荐两个白名单赛事:"飞向北京·飞向太空"全国青少年航空航天模型教育竞赛、全国青少年无人机大赛。此外,成为航模特长生需要经历一些步骤:(1)找航模教练,学习如何控制航模;(2)做航模,知道怎么做航模,知道航模坏了怎么修;(3)参加航模比赛。

4. 蓝桥杯

工业和信息化部人才交流中心下属的蓝桥杯全国软件和信息技术专业人才大赛("蓝桥杯")2022年正式进入2022—2025学年面向中小学生的全国性竞赛活动名单。这标志着这个老牌竞赛的含金量和权威性正式得到官方认可。蓝桥杯创始于2010年,已举办14年,由教育部就业指导中心支持,工业和信息化部人才交流中心举办,包括北京大学、清华大学在内的超过1200所院校,累计20余万名学子报名参赛,IBM、百度等知名企业全程参与,使蓝桥杯成为国内始终领跑的人才培养选拔模式并获得行业深度认可的IT类科技竞赛。而不同于其他面向行业人才的大赛,蓝桥杯还设有青少年创意编程组,比赛注重公正性和严肃性,让个人能力出众、逻辑思维清晰和编程创意丰富的小朋友更容易脱颖而出。更重要的是,获奖学员拿到的证书,具有不输于大学生组的权威性和高含金量。

蓝桥杯主要分为初级、中级等。STEAM初级考试的考生为7—10岁学生(U-10,1—4年级),考试包括Scratch、Python、C++、EV3等;STEAM中级考试的考生为11—14岁学生(U-14,5—8年级),考试包括Scratch、Python、C++、EV3等。

5. 全国中小学信息技术创新与实践大赛

全国中小学信息技术创新与实践大赛(以下简称NOC大赛)是在国家教育部门、国家知识产权部门等有关机构的关怀指导下面向广大师生开展的,运用信息技术培养创新思维、提升实践能力、增强知识产权意识的一项活动。中小学NOC大赛由中央电化教育馆指导,中国教育技术协会和中国发明协会主办。高校NOC大赛由中国高等教育学会、中国发明协会和中国教育技术协会主办。不同于企业举办的商业大赛,NOC大赛是由中央电化教育馆等政府机构直接参与指导举行的体制内赛事。2002年于人民大会堂启动以来,NOC大赛已成功举办21届,是全国开展信息技术教育以来,规模和影响最大的中小学信息技术普及活动之一,吸引了全国34个省(自治区、直辖市)以及新加坡等海外地区6万多所学校的师生参加,累计参加人数超过6280万人。

【参考文献】

[1]段青.《基础教育信息技术课程标准(2012版)》义务教育阶段基础模块内容标准解读[J].中国电化教育,2012(10):28-32.

[2]李柏瀚,吴良辉.2022年版义务教育信息科技课程标准解读与教学建议[J].中小学班主任,2022(16):51-55.

[3]中华人民共和国教育部.普通高中信息技术课程标准:2017年版2020年修订[M].北京:人民教育出版社,2020.

[4]李青伦.高中信息技术新课程标准培养核心素养反思[J].世纪之星(高中版),2022(22):103-105.

[5]张剑锋,马宏伟.高中信息技术新教材内容思考与再设计:以浙教版《算法的程序实现》内容为例[J].中国信息技术教育,2020(19):41-43.

[6]苏耀忠,郝新春.普通高中信息技术课程标准实验教材特点及对教学的启示[J].教育理论与实践,2008(20):11-13.

[7]刘野.编程教育中的教学评 体化解析:基于Python编程中的"初识分支结构"教学案例[J].中小学信息技术教育,2021(12):52-54.

[8]梁永辉.Scratch程序设计教学中培养小学生计算思维的研究[J].教育信息技术,2018(7):4.

[9]白琼,陈梦芝,闫志明.小学《信息技术》和《道德与法治》教材中网络健康内容的分析与建议[J].教学与管理,2022(2):4.

[10]李克琳.创客教育视野下高中编程模块教学活动设计与实践研究[D].芜湖:安徽师范大学,2019.

[11]徐跃勇.人工智能与机器学习[J].成功密码,2021(52):11-12.

[12]赵波,段崇江,张杰.信息技术课程标准与学科教学[M].北京:科学出版社,2014.

[13]亚达夫,钱逸舟.如何有效开展编程与计算思维教育:教师教育的视角[J].中国信息技术教育,2020(8):4-8.

[14]张玲.高中信息技术教学中编程模块教学活动设计与实践研究[J].数码设计,2020(4):191.

第四章　中小学信息技术教学素材与案例

新课程标准下的信息技术教育是面向现代化、面向未来的教育。在中小学阶段，它的主要任务是传播信息、普及信息技术、提高学习者的综合素质，核心目标是培养创新精神和实践能力。信息技术是一门综合性、实践性、探索性极强的课程，因此必须坚持以实践为中心，让学生边学边做、边做边悟。锻炼学生技能、发展学生才能的关键是在教学活动中给每个学生提供参与的机会，从而凸显学生的个性，发挥每个学生的聪明才智，以更好地满足学生的求知欲，增强学生的自信心，满足学生成功创新的心理需求。此外，还要关注学生实践的过程，为学生提供更多的参与条件和机会，培养学生求新求异的创新习惯。

第一节　中小学编程教学素材

在信息技术高速发展的当今时代，编程成了一项非常重要的能力和技能。掌握编程能力不仅能够培养逻辑思维、创造力和解决问题的能力，还能更好地适应未来的社会发展。因此，越来越多的家长开始让自己的孩子学习编程。

编程是一门需要逻辑思维和创造力的学科，通过学习编程，儿童可以培养计算思维、创造性思维和解决问题的能力。编程中需要进行逻辑推理、分析问题、找出解决方案等，这些能力对于孩子的成长和学习都非常重要。计算思维是计算机领域的一种思维模式，是当前除理论思维和实验思维外的第三大思维模式。学生如果能够培养计算思维，掌握适应社会发展变化的思维，就能为学习和后续的发展奠定基础。

一、计算思维评价标准

为了更好地培养青少年的计算思维能力，中小学提供了用于教学的多种编程软件，如图形化编程、Python 语言等。常见的计算思维评价标准如表 4-1 所示。该表从抽象和问题解决、并行、逻辑思维、同步、顺序控制、用户交互、数据表示、代码组织和内容九个方面，按基础、发展、掌握、熟练、精通五个深度等级对计算思维进行评估。每个计算思维评价标准的五个深度等级分别对应从1到5的评价分数。

表4-1 计算思维评价标准

计算思维概念	能力等级				
	基础(1分)	发展(2分)	掌握(3分)	熟练(4分)	精通(5分)
抽象和问题解决	脚本数量>1	角色数量>1	指令块定义	使用克隆	递归操作
并行	点击绿旗执行两个代码块	按一个键执行两个代码块；点击一个角色执行两个代码块	改变背景时执行两个代码块	当接收到消息时，执行两个代码块	当收到音频或视频时，执行两个代码块
逻辑思维	if	if…,else	判断条件涉及数学运算	判断条件涉及逻辑操作	条件功能块的嵌套
同步	等待	广播，当收到消息，执行程序	当按一个键，执行程序	当背景切换到……，执行程序	在……之前一直等待
顺序控制	顺序指令块	重复；无限循环	until循环	循环条件涉及逻辑操作	循环中嵌套选择语句
用户交互	绿色旗帜	按键进行交互；点击角色进行交互	询问和用户输入	使用麦克风进行交互	使用摄像头进行交互
数据表示	改变角色属性	使用变量	变量初始化	使用列表	队列操作；栈的使用
代码组织	角色属性初始化	修改角色名；修改背景名；修改造型名	使用注释增加程序清晰度	所有block都有启动语句	不存在空等情况
内容	切换背景	切换造型	侦测的使用	添加声音效果	使用画笔绘画

二、小学编程教学素材

（一）Scratch 编程的计算思维要点分析

图形化的 Scratch 编程是小学阶段受欢迎的编程工具。下面是根据计算思维评价标准来分析小学编程案例的计算思维要点。

1. 电子贺卡制作——祝你生日快乐

小伙伴的生日快到了，为了给小伙伴准备一个生日惊喜，我们需要规划一下。就让 Scratch 来帮我们制作电子贺卡，并模拟生日聚会的效果吧。在 Scratch 中，我们可以实现许多效果，比如背景的变化、播放声音等。下面是每个制作步骤的计算思维要点。

（1）制作生日贺卡的计算思维

计算思维概念	要点
抽象和问题解决	使用脚本
用户交互	按键进行交互
代码组织	修改角色名，修改背景名

（2）走进聚会的计算思维

计算思维概念	要点
同步	等待
顺序控制	顺序指令块
	重复、无限循环和固定次数循环
用户交互	使用绿旗
数据表示	改变角色的属性
内容	切换背景
	切换造型

（3）大家一起聚会的计算思维

计算思维概念	要点
抽象和问题解决	添加多个角色
同步	当按一个键时，执行程序
内容	添加声音效果
	使用画笔绘画

(4)吹蜡烛的计算思维

计算思维概念	要点
并行	点击绿旗,执行两个代码块
顺序控制	until 循环
同步	在……之前一直等待
内容	使用侦测

2.有趣的课堂设计——音乐课

用 Scratch 来帮我们设计制作一个网上互动音乐课堂,课堂有场景的切换,有教学的图片、文字、视频等素材的应用,还有学生互动。"音乐课"设计的计算思维要点如下:

计算思维概念	要点
逻辑思维	if 的使用
代码组织	使用注释增加程序清晰度
同步	当背景切换到……,执行程序

3.三种常见算法

算法(Algorithm)是指解题方案的准确而完整的描述,是一系列解决问题的清晰指令。算法代表着用系统的方法描述解决问题的策略机制。

(1)一个简单的算法。有这样一个数学式子:"$1+2+3+4+5+6+\cdots+N=?$"代表从 1 一直加到 N 的计算结果。如果 $N=5$,那么式子变成了 $1+2+3+4+5=15$。这个结果不用任何算法也可以直接求出来。但是当 N 变得很大时,比如 $N=500$,那么计算的难度就大大增加了。这时我们就可以使用 Scratch 中的循环模块来解决这个问题。计算思维要点如下:

计算思维概念	要点
数据表示	变量初始化

(2)二分搜索与线性搜索的比较。简单线性搜索是从列表的第一项开始,将每一项与要搜索的项进行对比。这里的列表指的是一个能够存储多个量的表格。搜索是指在数组中找到符合条件或者性质的数据,搜索的方式不同,对应的搜索速度也有快有慢。二分搜索是把有序表的中间数与搜索的项比大小,判断搜索的项在哪一半数据内,通过缩小搜索范围的方式加快搜索的速度,相

比于线性搜索,搜索速度更快。计算思维要点如下:

计算思维概念	要点
数据表示	使用列表

(3)辗转相除算法。辗转相除法,又叫欧几里得算法,是一种求两个数的最大公约数的算法,用 Scratch 编程可以完成辗转相除,使读者更好地理解算法,更快速和正确地求出两个数的最大公约数。计算思维要点如下:

计算思维概念	要点
抽象和问题解决	递归操作

(二)其他编程案例

编程形式多种多样。对于小学生来说,各类编程形式都是可以接受的,难度主要在于对算法思想的理解。

1. Python 小乌龟绘图案例

该案例使用了 Python 的 turtle 库(海龟绘图库)来实现一个小乌龟在屏幕上绘制图形。

首先,我们创建了一块画布和一个小乌龟形象。然后,我们设置了小乌龟的速度和颜色。接下来,我们使用循环语句绘制一个正方形和一个五角星。最后,我们通过点击画布来关闭程序。

通过编程实现图形的绘制,可以培养孩子的逻辑思维能力和问题解决能力。孩子们可以根据自己的想法和创意,修改代码中的坐标值和移动步数,来绘制不同的图形。

案例代码如下:

```python
import turtle
# 创建一块画布和一个小乌龟
canvas = turtle.Screen()
t = turtle.Turtle()
# 设置小乌龟的速度和颜色
t.speed(1)
t.color("red")
```

```
# 绘制一个正方形
for _ in range(4):
    t.forward(100)
    t.right(90)
# 绘制一个五角星
t.penup()
t.goto(200, 200)
t.pendown()
end
for _ in range(5):
    t.forward(100)
    t.right(144)
# 关闭画布
canvas.exitonclick()
```

2. 用 Scratch 制作"小猫追蝴蝶"动画

这是一个非常基础的示例,可以根据需要进行扩展,例如添加计分系统、障碍物、背景音乐等。这个案例的目的是让孩子了解基本的编程概念,如事件、循环和条件语句。通过本案例的学习,少儿可以掌握 Scratch 编程工具的基本操作,了解事件、循环、条件语句等编程概念,并培养逻辑思维和解决问题的能力。同时,他们还可以通过创作自己的动画故事来发挥想象力和创造力。

(1)故事背景

在一个美丽的花园里,一只可爱的小猫看到了一只漂亮的蝴蝶,决定追逐蝴蝶。小猫需要跳过障碍物,躲避敌人,最终抓住蝴蝶。

(2)角色设计

在 Scratch 中创建两个角色:小猫和蝴蝶。可以使用 Scratch 内置的角色库,也可以自己绘制角色。

(3)场景设计

创建一个花园的场景,可以添加树木、花草、篱笆等背景元素,使场景更加生动有趣。

(4)程序设计

小猫的移动:使用"方向键"积木块来控制小猫的移动。例如,当按下右键时,小猫向右移动。

蝴蝶的移动:使用"随机位置"积木块让蝴蝶在屏幕上随机移动,增加游戏的难度。

障碍物和敌人:在场景中添加一些障碍物和敌人,如石头、树木、蜜蜂等。当小猫碰到这些障碍物或敌人时,游戏结束。

计分和胜利条件:设置一个计分系统,当小猫成功抓住蝴蝶时,游戏胜利并显示得分。

(5)测试与调试

在 Scratch 中运行程序,观察小猫和蝴蝶的移动是否符合预期。如果有问题,可以调整积木块的顺序或参数,直到程序正常运行。

以下是一个简化版的"小猫追蝴蝶"案例的 Scratch 代码示例:

小猫移动代码:

当 [绿旗] 被点击

设定 [y v] 为 (0) // 初始化 y 方向速度

重复直到 <(y) < [-180] 或 (y) > [180]> // 确保小猫在屏幕范围内

如果 <按下 [上箭头键]> 那么

改变 y 速度 (5)

结束

如果 <按下 [下箭头键]> 那么

改变 y 速度 (-5)

结束

如果 <按下 [右箭头键]> 那么

改变 x 速度 (5)

结束

如果 <按下 [左箭头键]> 那么

改变 x 速度 (-5)

结束

等待（0.1）秒

　　end

蝴蝶移动代码：

　　当［绿旗］被点击

　　重复直到 <（y）<［-180］或（y）>［180］> // 确保蝴蝶在屏幕范围内

　　去 x：（随机选取（-240）到（240））y：（随机选取（-180）到（180））// 随机位置

　　等待（随机选取（1）到（3））秒

　　end

碰撞检测代码：

首先，确保小猫和蝴蝶都开启了"碰撞检测"功能。然后，为小猫添加以下代码：

　　当［绿旗］被点击

　　重复直到 <<（碰到）［蝴蝶］？>> // 如果小猫碰到了蝴蝶

　　说出［我抓到蝴蝶了！］（2）秒 // 小猫说出一句话，表示成功抓到蝴蝶

　　停止所有脚本 // 结束游戏

　　end

3. Python 动物猜谜游戏

这是一个基于动物猜谜的小游戏。案例使用了 Python 的 random 库来随机选择一种动物，并给出了关于该动物的线索，玩家需要根据线索来猜测是哪种动物。代码使用了函数来封装不同的功能，提高了代码的可读性和可维护性；利用字典来存储不同动物的线索，便于程序的扩展和维护。

这个案例通过游戏的形式激发了孩子们的学习兴趣和参与性。孩子们可

以在游戏中学习动物的特征和习性,同时锻炼他们的观察力和推理能力。此外,这个案例还可以引导孩子们了解编程的基本概念和语法,为他们后续的编程学习打下基础。同时,老师还可以根据孩子们的反馈和表现,不断调整游戏的难度和玩法,使其更加符合孩子们的认知水平和兴趣爱好。

代码示例:

```python
import random

def animal_guessing_game():
    animals = ["猫","狗","鸟","兔子","大象"]
    chosen_animal = random.choice(animals)
    clue = get_clue(chosen_animal)
    print(f"线索是:{clue}")
    guess = input("请猜一种动物:")
    if guess == chosen_animal:
        print("恭喜你,猜对了!")
    else:
        print(f"很遗憾,你猜错了.正确答案是:{chosen_animal}")

def get_clue(animal):
    clues = {
    "猫":"它有尖耳朵和细长的尾巴",
    "狗":"它是人类的好朋友,有敏锐的嗅觉",
    "鸟":"它有翅膀,能够飞翔",
    "兔子":"它有长耳朵并喜欢吃胡萝卜",
    "大象":"它是陆地上最大的动物,有长鼻子和大耳朵"
    }
    return clues.get(animal,"未知动物")

animal_guessing_game()
```

三、中学编程教学素材

中学信息技术课程中,计算机编程是一个很重要的板块,比小学信息技术课程中编程所占的比例更大,旨在让中学生学习并掌握计算机编程的基础知识和编程思维的课程内容。通过这部分课程,学生可以了解计算机的基本结构、程序设计的基本概念及常见的编程语言等内容。在学习过程中,学生将学习如何使用编程语言来编写程序,并通过编写简单的程序来实现一些基本功能,如输入输出、算术运算、条件判断、循环控制等。

中学计算机编程的学习对学生的思维能力和创造力有很大的促进作用。它可以帮助学生培养逻辑思维和分析问题的能力,并且可以让学生在实际操作中掌握解决问题的技能。需要注意的是,学习中学计算机编程需要一定的数学基础和逻辑思维能力。此外,编程需要花费大量的时间和精力来不断练习和调试程序,因此学生需要具备持之以恒的毅力和耐心。

总的来说,中学计算机编程是一门既有挑战性又具有实用性的课程。它能够培养学生的计算机技能和思维能力,为学生的未来发展打下坚实的基础。

以下为示范案例:

(一)"猜数字"游戏

这是一个简单的猜数字游戏,程序随机生成一个0—100的整数,玩家需要在规定的次数内猜中这个数字。

1. 案例分析

这个案例使用了Python的random库来随机生成一个整数,玩家需要猜测这个数字。首先,我们定义了要猜测的数字和玩家可以猜测的次数。然后,我们使用for循环来重复猜测过程,直到玩家猜中或者次数用完。在每次猜测后,程序会告诉玩家他猜的数字是大了、小了还是正确的。

这个案例通过编程实现了一个简单的游戏,可以培养孩子的逻辑思维能力和数字感知能力。孩子们可以在玩耍中学习,提高思维敏捷性和决策能力。此外,这个案例还可以引导孩子们理解程序的基本结构和控制流程,为后续的编程学习打下基础。

2. 代码示例:

```
'python 复制代码
import random
```

```
def guess_number():
    number_to_guess = random.randint(0, 100)
    attempts = 5
    for i in range(attempts):
        guess = int(input("猜一个0到100之间的数字："))
        if guess < number_to_guess:
            print("太小了!")
        elif guess > number_to_guess:
            print("太大了!")
        else:
            print(f"恭喜你，你在第{i+1}次就猜中了!")
            return
    print(f"很遗憾，你没有在规定次数内猜中. 正确答案是{number_to_guess}!")

guess_number()
```

(二)数学计算器

这是一个简单的数学计算器,用户可以输入两个数字和运算符,程序会根据用户的选择进行加、减、乘、除运算,并输出结果。

1. 案例分析

这个案例使用了基本的输入输出和条件判断来构建一个简单的数学计算器。首先,通过 input 函数获取用户输入的两个数字和一个运算符。然后,根据用户选择的运算符,使用条件判断语句(if…else)来执行相应的数学运算。最后,使用 print 函数输出结果。

这个案例体现了计算思维中的模块化设计。我们将计算过程封装在一个函数中,这样代码更加清晰和易于维护。同时,条件判断语句的使用也体现了计算思维中的问题分解和逻辑推理。通过这种方式,我们可以根据不同的输入执行不同的操作,构建一个简单的数学计算器。

此外,这个案例还强调了输入验证的重要性。在除法运算中,我们检查除数是否为0,以避免出现0做除数的错误。这有助于培养孩子们对程序安全性和数据验证的重视。

2. 代码示例

```python
'python 复制代码
def calculate():
    num1 = float(input("请输入第一个数字："))
    num2 = float(input("请输入第二个数字："))
    op = input("请选择运算符（+,-,*,/）:")
    if op == "+":
        print(f"{num1} + {num2} = {num1 + num2}")
    elif op == "-":
        print(f"{num1} - {num2} = {num1 - num2}")
    elif op == "*":
        print(f"{num1} * {num2} = {num1 * num2}")
    elif op == "/":
        if num2 != 0:
            print(f"{num1} / {num2} = {num1 / num2}")
        else:
            print("除数不能为0!")
    else:
        print("无效的运算符!")

calculate()
```

（三）太空射击游戏

本案例适合13—16岁的中学生,目标是设计实现一个太空射击小游戏,帮助学生了解基本的编程和游戏开发概念。案例中需要使用Python编程语言和pygame库。

1. 案例分析

(1) 游戏背景

玩家控制一艘太空飞船,在屏幕上射击移动的敌人。每击中一个敌人,玩家得分增加。游戏持续一定时间后结束,并显示最终得分。

(2) 角色设计

太空飞船:固定在屏幕底部中央,可以左右移动和射击。

敌人:从屏幕顶部随机出现,向下移动。

(3) 游戏设计

初始化:设置屏幕大小,加载图像资源。

玩家控制:通过键盘的方向键控制飞船左右移动,按空格键进行射击。

敌人行为:敌人从屏幕顶部随机出现,并以固定速度向下移动。

计分系统:每击中一个敌人,玩家的分数增加。

游戏结束条件:游戏持续一定时间后结束,并显示最终得分。

2. 代码示例

```python
'python 复制代码
import pygame
import sys
import random

# 初始化 pygame 和设置屏幕大小
pygame.init()
screen = pygame.display.set_mode((800, 600))
pygame.display.set_caption("太空射击游戏")

# 加载图像资源
player_image = pygame.image.load("player.png")  # 太空飞船图像
enemy_image = pygame.image.load("enemy.png")    # 敌人图像

# 设置颜色、字体等
WHITE = (255, 255, 255)
```

```python
font = pygame.font.Font(None, 36)

# 定义玩家和敌人的类
class Player(pygame.sprite.Sprite):
    def __init__(self):
        super().__init__()
        self.image = player_image
        self.rect = self.image.get_rect(center=(400, 550))
        self.speed = 5
    def update(self, keys):
        if keys[pygame.K_LEFT]:
            self.rect.x -= self.speed
        if keys[pygame.K_RIGHT]:
            self.rect.x += self.speed
        self.rect.clamp_ip(screen.get_rect())  # 确保玩家在屏幕范围内


class Enemy(pygame.sprite.Sprite):
    def __init__(self):
        super().__init__()
        self.image = enemy_image
        self.rect = self.image.get_rect(center=(random.randint(50, 750), -30))
        self.speed = random.randint(1, 3)
    def update(self):
        self.rect.y += self.speed
        if self.rect.top > 600:  # 敌人移出屏幕时删除敌人对象
            self.kill()


# 创建精灵组和玩家对象
all_sprites = pygame.sprite.Group()
```

player = Player()
all_sprites.add(player)
enemies = pygame.sprite.Group() # 存储敌人的精灵组
all_sprites.add(enemies) # 将敌人组添加到总精灵组中,方便统一渲染和更新操作。
score = 0 # 计分变量,初始化为 0 分。
clock = pygame.time.Clock() # 创建时钟对象,用于控制游戏循环的帧率。
game_over = False # 游戏结束标志,初始化为 False(未结束)。
game_time = 60 # 游戏持续时间(秒)。
current_time = 0 # 当前游戏时间(秒)。每秒递增 1。当达到游戏持续时间时,游戏结束。

while not game_over: # 主游戏循环,直到游戏结束。每秒递增当前游戏时间 1 秒。当达到游戏持续时间时,设置游戏结束标志为 True,然后退出循环。当玩家与敌人发生碰撞时,分数增加 10 分,并删除碰撞的敌人对象。同时创建新的敌人对象以保持游戏的进行。玩家使用方向键左右移动飞船,按空格键发射子弹(此功能未实现)。在游戏循环中,通过 pygame 的事件处理机制来检测玩家的按键操作,并更新玩家的位置。最后,渲染游戏画面,更新屏幕显示,控制帧率。当游戏结束时,显示最终得分并退出程序。主程序结束。

(四)密码验证程序

本案例适合 9—16 岁的中学生,目的是设计密码验证程序,帮助学生了解基本的密码验证的原理,以及相关的编程开发方法。

1. 案例分析

本案例是利用选择结构做出判断,制作一个密码验证程序。该案例中涉及"变量""赋值符号""等号"等知识,以及纯英文的"if…else"语句,使得学生理解程序更加困难。所以,教师不妨先向学生描述并分析这个问题,并给他们 7—8 分钟的时间,用图形化编程的形式,将这个程序编写出来,以帮助他们理解该程序的功能和效果,然后再引导学生尝试读懂、编写这个 Python 程序

（如图4-1）。这样就形成了学生先学习理解该程序的功能,再根据功能去领悟学习 Python 代码含义的学习方法。当然,有的教师会教学生借助流程图分析程序。流程图是非常好的方法,但是有一定的劣势:①流程图很难让学生动手参与实践;②流程图和程序代码呈"弱关联"状态。也就是说,学生理解了流程图以后,把流程图映射到代码中,是个比较麻烦的过程。

而利用图形化程序编写（如图4-2）就相对直观,因为这相当于将程序直接翻译成了汉语,学生通过模块中的"如果""那么",就很容易明白"if""else"的含义。而且,这里的缩进和积木块的颜色区分,也能产生一种直观的映射。对于这种复杂度的程序,学生在小学阶段的图形化编程学习中早已理解和掌握,因此,借助图形化程序编写,能够很好地将学生在小学信息技术课程中学到的知识和技能与初中的程序代码关联起来,起到衔接和辅助的作用。

2. 代码示例

```
#!/usr/bin/python3

p=input ("请输入密码:")
if p=="x1y23z":
    print("欢迎您!")
else:
    print("密码错误")
```

图4-1 密码验证程序的 Python 代码　　图4-2 密码验证程序的图形化程序代码

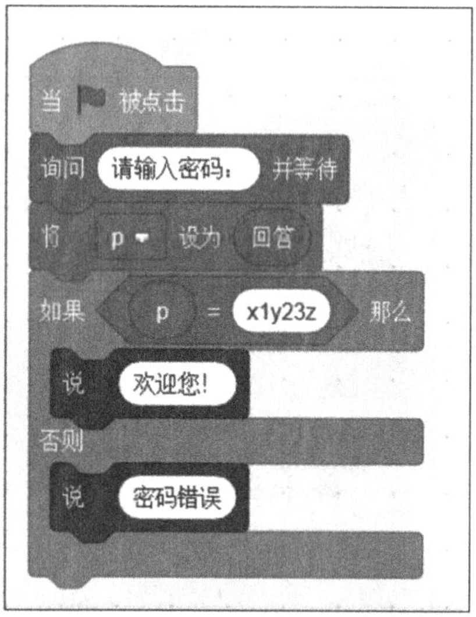

（五）拍7游戏

本案例适合9—16岁的中学生,目的是设计密码验证程序,帮助学生了解"拍7游戏"的算法思想,帮助学生了解基本的编程和游戏开发概念。

1. 案例分析

本案例采用的是枚举法,即找出明7和暗7。如图4-3所示,程序用计数循环,把100以内的所有整数列举出来,再用 if 语句逐个进行判断,把符合明7条件或者暗7条件的输出,不符合的略过。这就涉及"in"和"%"取余运算,且有三层缩进。

为了让学生更为直观地了解枚举法,教师仍然可以通过图形化编程的形式(如图4-4),辅助学生深入地理解如何利用枚举法找到所有的拍7数,同时对核心的条件表达式语句(<"7 in str(i) or i%7 ==0">)有一个直观的认识。

2.代码示例

```
#!/usr/bin/env python3
n=100
for i in range(1,n+1):
    if "7" in str(i) or i%7==0:
        print("找到的拍手数:",i)
```

图4-3 密码验证程序的图形化程序代码

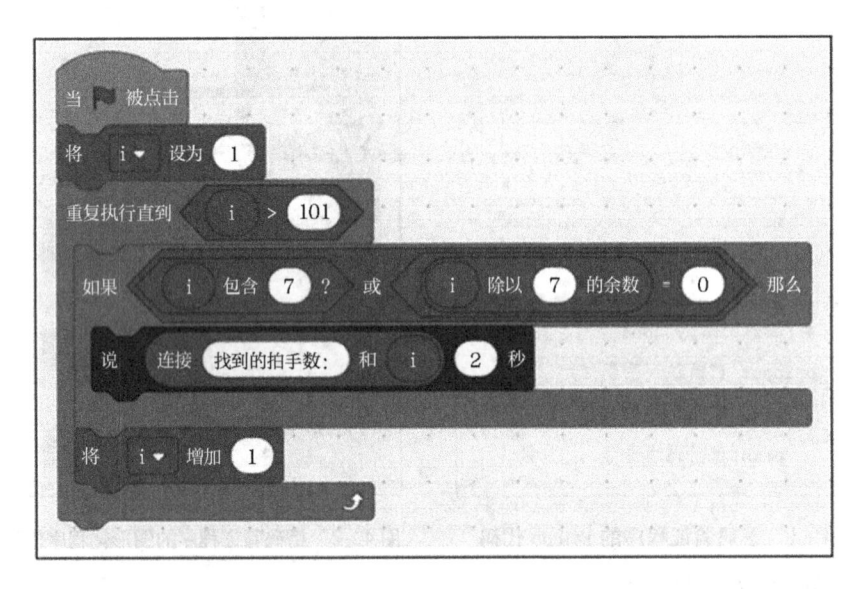

图4-4 拍7游戏程序的图形化程序代码

第二节　基于少儿编程的中小学信息技术教学案例

信息技术教学案例是指利用信息技术手段和方法,针对具体的教学内容或教学目标,设计并实施的教学实践活动。这些案例通常包括教学内容、教学目标、教学方法、教学资源、教学过程、教学评估等方面的描述和分析,旨在展示如何有效地将信息技术应用于教学中,提升教学效果和学习体验。

信息技术教学案例可以是针对某一门课程的整体教学设计,也可以是针对某一具体教学单元或课时的设计。这些案例通常结合具体的教学实践情境,强调实际应用和操作,注重培养学生的信息素养和信息技术应用能力。

通过信息技术教学案例的设计和实施,教师可以更好地理解和掌握信息技术在教学中的应用方法和技巧,提升教学效果和学习体验。同时,这些案例也可以为其他教师提供借鉴和参考,促进信息技术在教学中的普及和应用。

本节内容以当前信息技术课堂以及校外培训机构的主要编程形式进行分类,以展示不同的教学案例。

一、Python 语言编程教案

Python 是一款非常友好并且易于孩子学习的语言,近年来越来越受各国教育部门的重视。孩子学习 Python 语言,需要用到标点、分号等特殊字符,对孩子的编程能力要求和逻辑思维能力要求较高。Python 语言对提高孩子的观察能力、分析能力、解决问题能力是十分有效的。在提升孩子综合素质能力的同时,Python 语言也会陪伴着孩子一起"长大"。

以下为示范案例:

【教案案例 4-1】 Python 语言编程——海龟绘图

本教案适合初次接触编程的小学生。可用于课堂教学:教师可以在课堂上详细解释 Python 编程的基础知识和海龟绘图库的使用方法,然后引导学生完成一些简单的绘图任务。可用于上机教学:学生可以在计算机上实际操作,通过编写代码来控制海龟的移动和绘图,直观地看到编程的效果。这种方式能够加深学生对编程概念的理解。可用于课外活动或夏令营:可以组织一些与海龟绘图相关的编程活动,如"创意海龟绘图大赛",让学生自由发挥想象力,创作出独特的海龟绘图作品。可用于比赛训练:对于有兴趣进一步深入学习编程的小学生,教师可以组织一些编程比赛,其中包括海龟绘图的任务,以提高他们的编程技能和创造力。

示范教案:

一、教学目标

1. 知识目标:让学生掌握 Python 语言的基本语法和命令。

2. 能力目标:培养学生独立思考、解决问题的能力。

3. 情感目标:通过海龟绘图的过程,引导学生感受编程的乐趣,培养学生的编程思维。

二、教学内容

1. Python 语言的基本语法。

2. 海龟绘图库的基本命令。

3. 编程思维的培养。

三、教学难点与重点

1. 重点:Python 语言的基本语法和海龟绘图库的基本命令。

2. 难点:编程思维的培养。

四、教具和多媒体资源

1. 计算机及 Python 开发环境。

2. 投影仪及教学 PPT。

3. 教学视频及案例。

五、教学方法

1. 激活学生的前知:通过展示一些简单的图形,引导学生思考如何用海龟绘图实现。

2. 教学策略:采用案例教学法和任务驱动法,通过案例示范让学生理解命令、使用命令,随后通过案例确定普通任务,生成进阶任务,在任务驱动中鼓励学生模仿创作,遇到难点自主学习、协作学习,逐步拓宽解决问题的思路。

3. 学生活动:让学生自己动手编写程序,实现海龟绘图。

六、教学过程

1. 导入:播放纪录片《海龟:奇妙之旅》中小海龟从沙滩躲避海鸟、毒蛇等进入大海的片段,引出 Python 世界里也有一只小海龟。它必须绘制不同的图形,不停地闯关,才能逐渐强大起来,最后遨游于 Python 世界里,从而引出本课学习的内容——海龟绘图。

2. 讲授新课:首先介绍 Python 语言的基本语法,然后通过案例示范让学生理解海龟绘图的基本命令,随后通过案例确定普通任务,生成进阶任务。在任务驱动中鼓励学生模仿创作,遇到难点自主学习、协作学习,逐步拓宽解决问题的思路。

3. 巩固练习:让学生自己动手编写程序,实现海龟绘图。

4. 归纳小结:回顾 Python 语言的基本语法和海龟绘图库的基本命令,总结编程思维的培养方法。

七、评价与反馈

1. 设计评价策略:通过观察学生的编程过程,了解学生对 Python 语言和海龟绘图库的掌握情况;通过检查学生编写的程序,了解学生的编程思维和解决问题的能力。

2. 为学生提供反馈:根据评价结果,为学生提供反馈和建议,帮助他们了解自己的学习状况,指导他们如何改进自己的编程技能。

3. 评价指标点:注重兴趣激发——通过有趣的海龟绘图案例来激发学生对编程的兴趣,让他们在玩乐中学习。循序渐进——根据学生的实际情况和学习能力,逐步引入更复杂的编程概念,避免一开始就让学生感到困难重重。及时反馈——在编程过程中,教师要及时给予学生反馈和指导,帮助他们解决遇到的问题,增强他们的学习信心。鼓励创造——鼓励学生发挥想象力,创作出独特的海龟绘图作品,并展示给其他同学看,增强他们的成就感。

八、作业布置与辅导

1. 布置作业:让学生在家里练习编写程序,实现海龟绘图。

2. 辅导:对学生在作业中遇到的问题,进行耐心解答和指导。

【教案案例 4-2】Python 语言入门教学

本教案适合小学与初中学生课堂教学,Python 在少儿编程的教学体系中起着承上启下的作用:承上就是对低龄学生学习 Scratch 的继承,启下就是作为以后学习 C 语言或者 C++的一个基础。我们的目标就是了解 Python 语言的基本概念和特点,掌握 Python 语言的基本语法和编程结构,能够编写简单的 Python

程序,实现基本的功能,培养学生的逻辑思维和创造力。

示范教案：

一、教学目标

培养学生学习 Python 的能力,培养学生的独立学习能力、创新能力和逻辑思维能力。构建小学信息技术课堂,激活学生的编程思维,培养学生的设计能力。

二、学情分析

教师让学生在模仿的过程中,理解程序的逻辑性,试着绘出程序的流程图,掌握基本的操作方法和设计思维。学生通过模仿这一过程,有了一定的基础。这时教师让学生自己独立研究或团队合作研究制作,学生就能自主创作出 Python 代码。这一阶段教师给学生搭建了交流展示的平台,学生相互学习,乐此不疲。

三、教学内容

1. 了解程序设计语言的发展历史。

2. 理解 Python 语言的特点及其重要性。

3. 掌握 Python 语言 Hello 程序的编写方法。

4. 掌握 Python 语言开发的运行环境的配置。

四、教学重点和难点

1. 数据结构和算法

学习 Python 编程需要掌握数据结构和算法知识。这些概念可能会让初学者困惑,因为它们是编程中最基本的概念。数据结构和算法能够让计算机处理大量数据和信息,以及优化算法。

2. 函数和方法

函数和方法是 Python 编程中的两个关键概念。函数可以简化代码,减少代码量和复杂度;方法则是类中定义的函数。在掌握函数和方法之前,学习任何编程语言都不可能成功。

3. 文件操作

在 Python 编程中,文件操作是必不可少的。文件操作包括读取文件、写入文件、追加文件等。初学者可能会发现这些概念有些抽象,需要花费大量时间去理解。

4.异常处理

异常处理在 Python 编程中也是一个重要的概念。当程序出现错误或异常时,Python 会自动抛出一个异常提示。学会如何捕获和处理异常是成为一名优秀的 Python 开发人员的关键之一。

5.模块和库

Python 拥有庞大的模块和库生态系统。这些模块和库可以帮助 Python 开发人员快速构建各种应用程序。初学者需要了解模块和库的基本概念和使用方法,才能更好地利用 Python 编程的优势。

总体来说,Python 编程的难点主要集中在编程基础知识上,而且很多初学者都感觉基础知识比较难以理解。但只要花费足够多的时间和精力,学习和掌握 Python 编程的核心概念,就能够熟练编程。

五、教学步骤

1.安装 Python

在开始学习 Python 之前,需要先安装 Python 解释器。可以从 Python 官网下载安装包,根据操作系统选择对应的版本。安装完成后,可以在命令行中输入 Python 命令,进入 Python 交互式环境。

2.变量和数据类型

在 Python 中,可以使用变量来存储数据。变量名可以是任意字符串,但不能以数字开头。Python 支持多种数据类型,包括整数、浮点数、字符串、布尔值等。

整数:可以进行加、减、乘、除等基本运算。

浮点数:可以表示小数,但在计算时可能存在精度问题。

字符串:用单引号或双引号括起来的一段文本,可以进行拼接、切片等操作。

布尔值:只有 True 和 False 两种取值,可以进行逻辑运算。

3.控制流程

在编写程序时,需要根据不同的条件执行不同的代码块。Python 提供了 if 语句和循环语句来实现控制流程。

if 语句:根据条件判断是否执行某段代码。

while 循环:在条件满足的情况下重复执行某段代码。

for 循环：遍历一个序列，依次执行某段代码。

4. 函数和模块

函数是一段可重复使用的代码块，可以接受参数与返回值。Python 提供了很多内置函数，也可以自定义函数。模块是一组相关的函数和变量的集合，可以通过 import 语句导入使用。

内置函数：例如 print、len、range 等。

自定义函数：可以根据需要编写自己的函。

模块：例如 math、random 等。

5. 文件操作

在 Python 中，可以通过文件操作来读写文件，可以使用 open 函数打开文件，使用 read、write 等方法进行读写操作。

打开文件：使用 open 函数打开文件，可以指定文件名、打开模式等参数。

读取文件：使用 read 方法读取文件内容。

写入文件：使用 write 方法向文件中写入内容。

关闭文件：使用 close 方法关闭文件。

六、GUI 编程

Python 可以用于编写图形用户界面（GUI）程序。可以使用 Tkinter 等库来创建窗口、按钮、文本框等控件。

创建窗口：使用 Tkinter 库创建窗口。

添加控件：例如按钮、文本框等。

事件处理：为控件添加事件处理函数。

七、教学反思

Python 是一种易学易用的编程语言，适合儿童入门学习。本文介绍了 Python 的基础知识和编程技巧，包括安装 Python、变量和数据类型、控制流程、函数和模块、文件操作、GUI 编程等。

通过本案例的教学实践，教师可以发现学生的学习积极性和参与度都得到了提高。同时，学生在完成任务的过程中也能够更好地理解编程知识和掌握编程技能，提高设计能力。但是，在教学过程中也存在着一些问题，例如有些学生可能会因为任务难度较大而产生挫败感，教师需要针对不同学生的情况给予个性化的辅导和支持。此外，教师也需要不断更新和优化教学内容和方法，以适应学生在不同阶段的学习需求和能力水平。综上所述,运用 Python 培养学生编程思维的案例,需要结合学生的情况和教学目标来设计教学内容和方法。同时,在教学过程中也需要注重学生的参与度和反馈情况,及时调整教学策略。

【教案案例4-3】 用 Python 编写一个简单的计算器程序

本教案适合多个学段,从初中到大学阶段的学生都可以从中受益。可用于课堂教学:适用于介绍 Python 编程基础、条件语句、循环及基本的界面设计(如果涉及 GUI)。可用于上机教学:学生可以在计算机上直接编写和运行程序,加深对 Python 语法和程序结构的理解。可用于课外活动或夏令营:可以组织学生进行团队编程活动,共同开发一个更复杂的计算器,并分享各自的经验和技巧。可用于比赛训练:对于参加编程比赛的学生,编写计算器可以作为训练内容之一,以提高他们的编程技巧和解决问题的能力。

示范教案:

一、教学目标

让学生能够使用 Python 编写一个简单的计算器程序,实现基本的算术运算。

二、教学内容

1. Python 语言的基本语法和编程结构。

2. 运算符的使用方法。

3. 如何从用户输入中获取数据并进行计算。

三、教学步骤

1. 导入新课,介绍 Python 语言的基本概念和特点,激发学生对编程的兴趣。

2. 讲解 Python 语言的基本语法和编程结构,包括变量、数据类型、条件语句、循环语句等。重点讲解运算符的使用方法,包括加法、减法、乘法、除法等。

3. 引导学生编写一个简单的 Python 程序,实现基本的计算器功能。让学生了解如何从用户输入中获取数据并进行计算。提示学生考虑输入的合法性和计算的准确性。

4. 让学生展示自己编写的程序,并讲解程序的思路和实现方法。引导学生发现程序中的问题并加以改进,培养学生的问题解决能力。

【教案案例4-4】用编程绘制一个迷宫

本教案适合初中到高中阶段的学生,因为这个案例需要一定的编程基础和逻辑思维能力。迷宫生成算法和求解算法可以帮助学生理解图论、递归、回溯等计算机科学中的核心概念。可用于课堂教学:适合介绍迷宫生成算法和简单的迷宫求解算法。教师可以通过讲解和演示来展示编程实现过程,并引导学生理解相关概念。可用于上机教学:学生可以在计算机上编写代码,实现迷宫生成和求解。通过实际操作,学生能够加深对算法的理解,并锻炼编程能力。可用于课外活动或夏令营:可以组织编程俱乐部或兴趣小组,让学生在课外时间自主探索迷宫生成算法和求解算法,并与其他同学分享交流。可用于比赛训练:对于参加编程比赛的学生,迷宫生成和求解可以作为比赛项目之一,以检验学生的编程和算法设计能力。

示范教案:

一、教学目标

1. 让学生掌握基本的 Python 编程语言和常用的 Python 库。

2. 通过绘制一个迷宫,让学生掌握基本的图形绘制和操作步骤。

3. 培养学生的逻辑思维能力和创新思维能力。

二、教学内容和步骤

1. 导入(5分钟)

首先,播放一段关于迷宫的短视频,吸引学生的注意力。然后,介绍本课的主题——通过编程绘制一个迷宫。

2. 学习基本命令(10分钟)

介绍 Python 编程语言的基本语法和常用的 Python 库,如海龟绘图库。通过案例示范,让学生理解并掌握这些基本命令。

3. 实践绘图(15分钟)

让学生使用 Python 的海龟绘图库绘制一个迷宫。教师可以通过案例示范,引导学生逐步完成绘制过程,并鼓励学生尝试使用不同的命令组合创作作品。

4. 进阶任务(5分钟)

在基本任务的基础上,完成进阶任务,如添加障碍物、设置路径等。学生可以通过小组协作,共同完成任务。

5. 分享与评价(5分钟)

让学生展示自己的作品,分享创作思路和操作过程。教师和同学进行评价,提出建议和意见。同时,教师要引导学生思考如何改进自己的作品。

三、教学方法

本案例采用案例教学法和任务驱动法。通过案例示范让学生理解命令、使用命令,随后通过案例确定普通任务,生成进阶任务。在任务驱动中鼓励学生模仿创作,遇到难点自主学习、协作学习,逐步拓宽解决问题的思路。同时,还可以采用小组合作的方式,鼓励学生互相交流,合作完成任务。

四、教学评估

通过学生的作品、操作过程和分享表现进行评价。评价内容包括学生对Python编程语言的掌握程度、对迷宫绘制的完成度、逻辑思维能力和创新思维能力等。同时,还可以对学生在小组中的表现和合作精神进行评价。

【教案案例4-5】使用Python编程中的"初识分支结构"

此教案适合初中和高中阶段的学生,可用于课堂教学,也可用于上机教学、课外活动、夏令营等课外实践活动或比赛训练。通过此案例,学生可以掌握编程技术,提高实践能力和创新能力,培养团队协作能力和沟通能力。

示范教案:

一、案例描述

1. 教学目标

知识与技能:学会通过"如果……那么……否则"描述生活中的实例;学会使用"if…else"语句完成分支结构;能够将分支结构应用于一些实际问题的处理中。

过程与方法:通过"如果……那么……否则"描述生活中的实例,提升学生对事件描述的能力;通过分支结构的程序编写,提高学生将问题转化为程序的建模能力。

情感、态度与价值观:在分支结构的使用过程中,让学生直观地理解程序设计的多种情况,感受程序的魅力。

2. 教学重点与难点

教学重点:学会使用"if…else"语句完成分支结构。

教学难点:能够将分支结构应用于一些实际问题的处理中。

3. 教学过程

以五子棋比赛导入教学,让学生总结五子棋的玩法。经讨论,教师进行总结:如果有一方五子连线,那么游戏结束,连线一方获胜,否则游戏继续,从而引出"如果……那么……否则"句式。编程来源于实际生活,自然也有这样的结构,随之引出本节所学主题——"初识分支结构"。

课程伊始,让学生分小组讨论并完成导学案的第一部分(如图4-5),使用"如果……那么……否则"描述生活中的实例。学生自主发挥,完成任务,参与度非常高。随后,教师引出分支结构的简单示例——导学案中的示例代码。学生能够根据导学案左边的示例代码,补充右边的空白,学习分支结构的写法,找到分支结构中应注意的细节。接下来,教师发挥主导作用,通过讲授法为学生梳理分支结构的使用形式。教师再以图4-5导学案第三大题为例,让学生填写程序的空白部分,让学生慢慢熟练编程,从而打造40分钟的高效课堂。

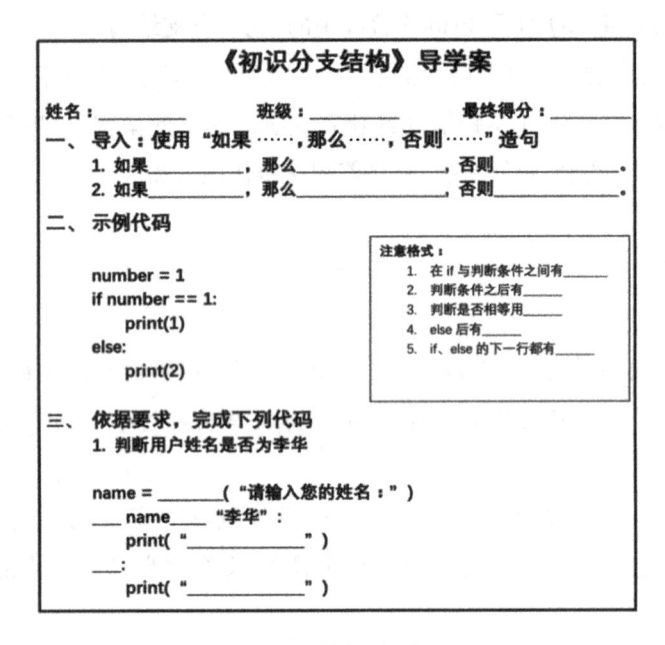

图4-5 导学案(部分)展示

课程最后,完成课程小结。教师布置相应的分支结构练习题,让学生加以练习。

【教案案例 4-6】 基于知识图谱的 Python 教学案例

本教案适合高中阶段的学生,可用于课堂教学,因为它可以作为信息技术课程的一部分,让学生在课堂上学习和实践 Python 编程技能;可用于上机教学,让学生在计算机上直接操作 Python 软件进行编程实践;还可以作为课外活动、夏令营或比赛训练的内容,以丰富学生的学习体验。

示范教案:

一、教学目标

1. 认识条件语句。

2. 使用复杂的分支条件语句实现程序的多分支走向。

3. 认识 while 循环语句的使用方法,掌握循环退出的使用。

4. 掌握 for 循环语句的使用,并比较 for 循环与 while 循环语句的差异。

5. 掌握循环语句在使用中的注意事项。

6. 掌握循环嵌套的规则。

7. 掌握异常情况的处理。

二、教材分析

教材多以文字的形式呈现,内容较为复杂,其中涉及的专业术语和概念较多。

三、学情分析

在本节课之前,学生已经掌握 Python 运行环境、数据类型、表达式等基础知识,了解 Python 编程的简单条件语句和程序的复杂条件语句及 while 循环语句,有一定的数学逻辑基础,具备编写简单程序的基础。

四、教学内容

1. 简单条件语句。

2. 复杂条件语句。

3. while 循环语句。

4. while 循环的退出。

5. for 循环语句。

6. 循环注意事项。

7. 循环的嵌套。

8. 异常处理。

9.实践项目:验证哥德巴赫猜想。

五、教学重点与难点

教学重点:理解 for 循环语句的执行过程。

教学难点:正确使用 for 循环编写程序。

六、教学步骤

1.通过存钱问题引入新课内容——for 循环。

2.引导学生通过 Python 知识图谱查看本节课的学习任务,明确本节课的学习框架。

3.讲解 Python 语句的特点和用法。

4.给学生展示自己所编写的程序,并对程序进行分析。

5.用程序解决生活中的一些实际问题,便于学生理解。

6.让学生尝试编写程序并对学生所编写的程序进行评价和完善。

七、教学评价

1.考查学生对课程内容的掌握程度与学生的学习状态。

2.通过实践了解学生对 Python 的学习兴趣。

八、教学反思

1.总结本次教学的优劣之处。

2.询问学生对本次教学的感受,并接受学生的反馈。

3.结合学生的学习情况进一步调整教学计划。

二、Scratch 编程教案

Scratch 是一款由麻省理工学院(MIT)开发的简易图形化编程工具,主要面向全球青少年开放。它是一种可制作游戏、动画的编程工具,简单易用,具有可视化的特性,非常适合少儿编程。Scratch 的编程方式类似于搭积木,简单易懂,便于孩子学习编程。Scratch 可以强化孩子的逻辑思维能力,培养孩子的专注力、细心和耐心程度,增强孩子的抽象思考能力和解决问题的能力,使孩子学会团队合作和共同学习。以下为示范案例。

【教案案例 4-7】Scratch 语言入门教学

Scratch 语言入门教学案例适合小学阶段的学生,既可用于课堂教学,也可用于上机教学、夏令营等课外实践活动或比赛训练。通过此教案,学生可以掌握编程技术,提高实践能力和创新能力,培养团队协作和沟通能力。

示范教案:

一、教学背景

本案例适用于小学信息技术课程,使用 Scratch 编程软件进行基础编程教学。通过本案例,学生将了解 Scratch 的基本界面、组件和命令,学会使用 Scratch 进行简单的动画和游戏制作,培养逻辑思维和创造力。

二、教学目标

1. 掌握 Scratch 的基本界面和组件。

2. 理解并掌握 Scratch 的基本命令和逻辑结构。

3. 学会使用 Scratch 进行简单的动画和游戏制作。

4. 培养学生的逻辑思维能力和创造力。

三、教学内容与步骤

1. Scratch 基本界面和组件介绍

(1)介绍 Scratch 的启动界面和基本操作界面。

(2)介绍 Scratch 的各个组件(角色、背景、声音、画笔等)。

(3)通过简单的操作让学生了解 Scratch 的基本操作方式。

2. Scratch 基本命令和逻辑结构介绍

(1)介绍 Scratch 的基本命令(拖拽、点击、输入等)。

(2)介绍 Scratch 的逻辑结构(顺序、选择、循环等)。

(3)通过案例演示让学生了解 Scratch 的基本命令和逻辑结构。

3. Scratch 动画和游戏制作实践

(1)引导学生自主设计动画或游戏场景。

(2)指导学生使用 Scratch 的组件和命令实现自己的设计。

(3)通过实践让学生掌握 Scratch 的应用方法和技巧。

4. 拓展与提升

(1)介绍 Scratch 的更多特性和应用场景。

(2)引导学生尝试使用其他编程语言进行编程实践。

(3)鼓励学生发挥创造力,将所学知识应用到实际问题中。

四、教学方法与手段

1.采用案例教学法和任务驱动法进行教学。

2.通过演示和讲解案例,让学生理解并掌握 Scratch 的基本界面、组件、命令和逻辑结构。

3.通过实践任务,鼓励学生自主探究和协作学习,培养逻辑思维能力和创造力。

4.采用多媒体教学设备进行演示和讲解,同时提供相关的学习资料和编程环境,方便学生进行自主学习和实践。

五、教学评价与反馈

1.通过学生的实践作品进行评价,包括作品的创意、技术实现和美观度等方面。

2.及时给予学生反馈和指导,针对学生在学习过程中遇到的问题和困难进行解答和帮助。

3.通过小组讨论和展示,鼓励学生互相评价和学习交流,提高其团队协作能力和自我展示能力。

【教案案例 4-8】Scratch 编程——青蛙过河

此案例可以用于课堂教学,可以作为信息技术课程的一部分,让小学生在课堂上学习和实践编程技能。此案例可以用于上机教学,让学生在计算机上直接操作 Scratch 软件进行编程实践,还可以作为夏令营等课外实践活动或比赛训练的内容,以丰富学生的学习体验。

示范教案:

一、教学内容分析

《青蛙过河》是小学五年级信息技术上册第 4 课的内容。本册的学习重点是了解身边的算法,学会用编码描述秩序、用数据讲故事。本节课的重点是了解 Scratch 舞台及 X、Y 坐标的概念,初步学会与坐标相关的控件和旋转控件的使用方法。学生通过分析、编写、优化完成一个完整的动画作品。本节课的"重复执行"是对上一课的复习,而坐标和旋转控件是为下一课做准备,所以本课内容有着承上启下的作用。

二、学情分析

本课的教学对象是五年级学生。经过前面三节课的学习,学生了解了角色、造型、背景等基础概念,掌握了简单的运动脚本,但还处于 Scratch 编程的入门阶段。因此,在教学过程中,教学任务要明确,操作细节要强调。由于五年级学生已经具有一定的学习和探究能力,教师可以引导学生自主发现、探究,去熟悉和使用 Scratch 软件,分析程序,从而实现对程序的编写。

三、教学目标

1. 了解 Scratch 中舞台的大小以及坐标轴的概念,能用坐标说出角色的具体位置。

2. 知道与坐标相关的控件,并合理使用与坐标相关的控件。

3. 通过设计制作游戏,引导学生分析、思考、制作,提升学生的问题解决能力。

4. 通过具体的教学活动培养学生勇于实践、勇于探究的精神,让学生在活动中体验成功与喜悦的情感,从而增加对 Scratch 的学习兴趣。

四、教学重点与难点

1. 重点:了解 Scratch 中舞台的大小以及坐标轴的概念,能用坐标说出角色的具体位置。

2. 难点:合理使用与坐标相关的控件。

五、教学过程

1. 情境导入,分析脉络

通过视频讲述故事情境:小青蛙迷路了,不知道回家的路,请同学们帮助它回家。教师带领学生共同分析故事的脉络,通过三个问题(1. 青蛙如何过河? 2. 青蛙过河过程中移动了几次? 3. 青蛙过河之后做了什么?)来分析程序,引导学生思考完整的故事脉络。

2. 设计意图

创设情境,激发兴趣。对青蛙过河这个故事进行设定,为后面续写故事情节、发散思维做铺垫。程序分析是以提问的方式来进行的,三个问题呈现了青蛙过河的整个脉络,引导学生去思考、去发现。

3. 认识坐标,精准定位

教师通过提问——如何描述小青蛙的具体位置,来引出平面直角坐标系的概念,并结合 Scratch 舞台和故事背景来讲解坐标概念,然后设置青蛙的坐标和动作。

坐标讲解过程中,可以先从四年级数学《确定位置》这一课入手,让学生产生知识迁移。但这个过程中不能过分强调数学概念,只是让学生知道有 X、Y 坐标即可,然后回到荷花池场景中。通过发现和分析青蛙的五个位置坐标,让学生自主发现坐标轴的概念:x 轴从左往右为正向,y 轴从下往上为正向,教师再做总结。在讲解坐标的时候,教师要引导学生去发现通过角色区的 x 和 y 可以查看坐标,还有与坐标相关的控件显示的也是角色当前的坐标等细节。

设计意图:坐标讲解无须太数学化,只需要学生理解 x、y 坐标的概念,知道如何使用与坐标相关的控件即可。所以本部分以学生自主发现、探究为主,教师适时引导、发问、总结,让学生认识坐标轴及探索相关规律。

4. 程序设计,青蛙过河

任务一:导入荷花池背景,添加青蛙的角色。

任务二:设定小青蛙的初始位置,并探索如何让青蛙跳到第一个荷叶上。

任务三:继续编写脚本,让小青蛙回到河对岸的家,并翻个跟头。(优化青蛙过河的动作)

5. 优化完善,续写故事

拓展探究:续写青蛙过河。

续写提示:添加角色,丰富故事情节,切换场景,等等。

设计意图:这是一个分层任务,完成基础任务的学生可以续写故事,未完成的可以继续优化故事。

6. 展示评价,学生为主

学生提交作品至易加学院,教师通过易加学院的学习平台进行展示评价。

六、教学反思

1. 教学效果:学生在课堂上均能完成学习任务,几乎全部学生都能完成基础任务,拓展任务有 2/3 的学生可以完成,但作品的创新性不够。

2. 未能发挥学生的主动性。坐标讲解应该结合故事背景和 Scratch 舞台来进行,但我讲得过于数学化,也没有引导学生自主发现问题、探索问题。这也是导致学生作品创新性不够的重要原因。

3. 教学环节未能准确把握时间。在展示评价环节,我没有留足够的时间给学生展示和互评,导致课堂不完整。以后在教学设计中,我要学习科学把握教材,精心设计教学环节,细致到把握好每一分钟的内容。

【教案案例4-9】 Scratch编程——小猫翻跟头

此教案适合小学阶段的学生,既可用于课堂教学,也可用于上机教学,因为Scratch编程语言直观、易学,能够帮助学生建立基本的编程概念,并通过实际项目培养学生的计算思维和创造力。此外,该教案也可以作为夏令营等课外实践活动和比赛训练的内容,以丰富学生的学习体验。

示范教案:

一、教材分析

"小猫翻跟头"主要学习"旋转角度指令及变量"的使用,灵活运用相关脚本完成任务。本课根据学生的实际情况,设置基础任务、提高任务、拓展任务三大类,由易到难、由浅入深,逐步帮助学生掌握旋转角度指令、变量等的使用技巧,同时让学生获得成功的体验。

二、学情分析

六年级学生已经基本掌握了Scratch的界面、添加背景、给角色添加脚本等内容,并能够根据要求完成一些简单的小游戏创作,具备较强的自学能力和思维能力,且学生对实际操作活动有着浓厚的兴趣。因此,在学习过程中,教师应鼓励学生自己观察、动手操作,学会合作和交流。师生共同归纳总结,体验学习的快乐。

三、教学目标

1. 让学生学会让角色旋转指定角度,学会改变角色的颜色,设置控制键,理解变量的含义并学会使用变量,注重培养学生初步运用变量进行可视化编程的能力。

2. 通过范例观察、自学、微视频、操作实践,归纳和掌握操作方法,理解变量的含义,培养学生的概括能力和操作能力,让学生学会灵活运用旋转指令和变量等设计新颖的作品。

3. 鼓励学生敢于想象、大胆创新,提高学生对信息技术的学习兴趣,使学生获得成功的体验。

四、教学重点与难点

1. 重点:旋转角度指令及变量的使用方法。

2.难点:结合学习和生活实际,灵活运用旋转角度指令及变量,培养学生的可视化编程思维。

五、设计思路与教学方法

根据学生的实际情况,借助教材、微课等资源,以学生的自主探究、合作交流为主,以教师点拨为辅,教师充当组织者、合作者、引导者。本课灵活运用了范例教学法、任务驱动法、自主探究法、分层教学法等多种教学方法,引导学生突破教学重点与难点,提升学生的计算思维能力。

教学流程为:导入—提出任务—自学教材—突破难点—分层练习—总结评价。

六、教学过程

本案例的教学过程具体见表4-2。

表4-2 教学过程

教学阶段	教师活动	学生活动	设计意图
活动1:欣赏作品,导入问题	教师出示作品并提问:小猫是怎样运动变化的? 板书课题:小猫翻跟头	学生:按一定的角度旋转,改变颜色	以问题的形式导入新课,有利于启发学生思考,激活思维,同时也为引出学习任务做铺垫
活动2:借助课件,提出任务	教师:这节课的主要任务有哪些?教师出示课件	学生结合课件提出任务	借助课件提出任务,直观又清晰,且有条理,为学习新课奠定了基础
活动3:自学尝试,掌握基础	1.布置基础任务。自学书本第41至43页,完成设置猫咪翻跟头、变色、按下空格才翻跟头三个任务。 2.教师巡视指导,发现问题及时指正。 3.展示个别学生的作品	学生自学:先完成的同学可以指导其他同学。 一位学生到教师计算机上操作并讲解	培养学生的自主学习能力,教师仅做适当的点拨和引导,突出"以学生为主体,以教师为主导"的教学理念

续表 4-2

教学阶段	教师活动	学生活动	设计意图
活动 4：巧用微课，突破难点	1. 请同学们带着问题观看课前备好的微视频，开展自主探究活动。 2. 引导学生小组讨论关键问题：什么是变量？如何使用变量？教师板书。记录变化的东西。 3. 教师操作演示：咦！同学们发现什么变化吗？引导学生理解变量与子模块的内容	1. 自学微视频，开展自主探究活动。 2. 小组讨论。 3. 学生更改角度，反复调试程序，加深对变量初始化及其意义的理解	让学生带着问题去学习微视频，培养学生自主探究学习的能力。抓住关键问题展开讨论，并让学生反复调试程序，培养学生的编程思维
活动 5：巩固提高，振翅高飞	在突破了教学难点的前提下，设计更高层次的练习，采取比赛的形式，并对不同层次的学生提出不同的要求： 1. 提高任务：请在刚才的作品中添加其他角色，设置翻跟头效果（播放音乐）。 2. 拓展任务：(1) 尝试让角色不停地翻跟头，并完善作品，让作品生动美观。教师先让学生欣赏其他班的作品，再进行创意比拼。 3. 提升任务：自拟一个主题，运用本课所学的知识和操作，换背景，添加多个角色，创作一个有趣的动画（播放音乐）	学生完成其中一个巩固练习	设计层次性的练习，关注学生的差异性。抓住学生的心理特点，采取比一比的方式，提高学生的练习效率，让学生巩固新知
活动 6：多元评价，总结升华	1. 展示学生的作品，请学生谈谈创作感受，教师适当点评、表扬。 2. 学生自评。 3. 引导学生总结全课	学生结合板书，谈谈学习收获和体会	合理采取教师评价、学生自评、实作评价等多种评价方式，以实现评价主体多元化、评价内容多元化，使教学评价落到实处

七、教学反思

1. 思得

从教学方法来看,本课灵活、有效地采用了范例教学法、任务驱动法、自主探究法、微视频应用等多种教学方法,充分调动了学生学习的积极性和主动性,很好地突破了教学重点与难点。从教学内容来看,教师设置了不同层次的练习,满足了不同层次学生的学习需要,让学生充分体验学习成功的快乐。从教学评价方式来看,本课采用了教师评价、学生自评、实作评价等多种评价方式,落实好多元评价理念,做到以评促教促学。从教学思想来看,本课主要突出"以学生为主体,以教师为主导,以兴趣为主线"的教学思想。

2. 思失

纵观本节课,整体教学效果较好,但还存在教学指令不够清晰、对信息技术核心素养关注不多等问题,需要进一步思考。

3. 思改

在以后的信息技术教学中,一方面要注意融入信息技术核心素养方面的内容,从而全面提升学生的动手实践能力、创新能力及思维能力;另一方面要加强对 Scratch 编程教学的研究,从思维导图、与创客融合、微课应用等方面探索行之有效的教学策略,全面发展学生的核心素养,提升学生的综合素质。

【教案案例 4-10】 基于计算思维培养的 Scratch 编程教学案例——《垃圾分类——变量的使用》

该案例适合小学和初中阶段的学生,特别是信息技术、艺术和语言等课程。此教案既适合课堂教学,也适合上机教学,因为 Scratch 编程语言直观、易学,能够帮助学生建立基本的编程概念,让学生通过实际项目培养计算思维。

整个教学过程划分为四个阶段:情境导入,提出问题;问题驱动,探究新知;创作提升,分享交流;评价分享,总结归纳。计算思维被融入各环节中。在课堂上,教师负责指导,引导学生分析任务实例,将游戏转化为问题,再将大问题分解为小问题,层层递进引导解决问题;借助流程图,帮助学生理解和细化算法,引导学生在逐步调试的过程中不断完善程序,寻求问题的最佳解决方案,体验思维过程,提升计算思维能力。整体教学模式框架见图 4-6。

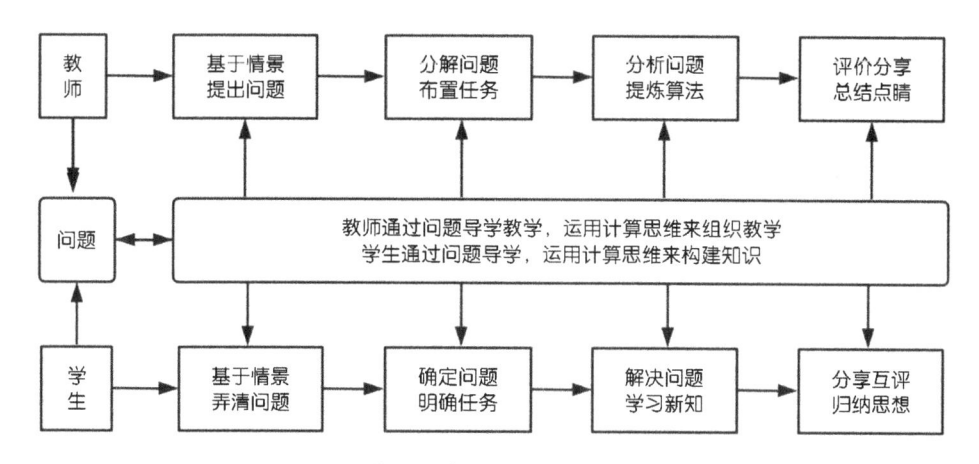

图 4-6 基于计算思维的问题导学教学模式

示范教案：

一、情境导入，提出问题

教师播放视频《不进行垃圾分类会怎样》，以"垃圾分类"为主题导入教学内容，激发学生的学习兴趣。教师引导学生发现问题，从而引出课题。

二、问题驱动，探究新知

本课主题设计以"问题"为导向，层层递进，引导学生学会思考问题、分析问题、探究新知。围绕四个不同层次的问题，学生通过自主尝试、合作交流等形式，学习角色控制和变量的使用方法。

问题一：编写"垃圾"初始化脚本。添加"垃圾"角色，设置"垃圾"的初始位置，实现单击"垃圾"，"垃圾"自动跟随鼠标移动的效果。该内容难度较低，学生可以通过教材或微课自主学习掌握"鼠标跟随"控制指令的方法。

问题二：编写扔"垃圾"脚本。设置"报纸"角色，碰到可回收垃圾桶时做出相应的判断。学生需明确问题要求，自主学习、实践并综合运用之前几节课所学的指令，难度略有增加。

问题三：统计正确扔"垃圾"的次数。实现功能：如果成功回收"报纸"角色，则统计数量增加 1 分；如果误点"废电池"，则提示"我是不可回收垃圾"并减少 1 分。学生先自主学习感受"变量"的功能，再聆听教师的重点讲解，进一步理解"变量"的含义和作用，然后通过教师引导，学生掌握运行调试程序，并发现问题，寻找最佳解决方案，体会运行调试的程序设计和计算思维，突破本课"用鼠标控制角色"和"变量的使用"这两个重点与难点知识。

问题四：添加更多角色。仿照前面的"报纸"和"废电池"角色，继续添加更多"垃圾"角色并完成脚本的编写。巩固所学知识与技能，引导学生举一反三，加深对本节课重点知识的掌握。

三、创作提升，分享交流

借助学法指导、学案引导以及多元评价方式启迪学生智慧，在自主学习、同伴互助、师生互动中进行学习。让学生在自主操作的过程中内化新知、学以致用，使其感受成功的喜悦。

四、评价分享，总结归纳

任务完成后，学生不仅要总结所获得的知识和技能，还要学会对问题解决的过程进行总结，学会运用计算思维解决问题。评价和总结可以增强学习效果，促进学生总结反思、梳理知识、归纳要点，实现知识和思维方式的迁移应用。这也是计算思维的重要组成部分。

三、Arduino 编程教案

Arduino 平台已崭露头角，为电子制作和项目开发带来了前所未有的便捷，成为电子爱好者和初学者的热门选择。其独特的优势使得它与传统的可编程电路板截然不同。

Arduino 平台的最大亮点之一是它无须通过专门的硬件（如传统的编程器）来加载新代码到电路板上。相反，用户仅需使用一根 USB 电缆就能轻松地将计算机与 Arduino 板连接起来，实现代码的上传和调试。这一特性极大地简化了编程过程，即便是没有太多电子专业知识的人也能快速上手。

其次，Arduino IDE（集成开发环境）的易用性也是其广受欢迎的原因之一。该 IDE 基于 C++ 编程语言的一个简化版本，允许用户以更直观、更简洁的方式编写代码。这种简化的语法结构不仅降低了编程的门槛，还使得学习过程更加轻松愉快。即使是没有编程经验的用户也能在 Arduino IDE 的指导下逐步掌握编程技巧。

Arduino 平台还将微控制器的复杂功能封装成更易于使用的模块。这种标准化设计使得不同型号的 Arduino 板在外观和功能上保持一致性，为用户提供了更大的灵活性和可扩展性。用户可以根据自己的需要选择合适的 Arduino

板,轻松搭建各种电子项目,而无须担心兼容性和接口问题。

综上所述,Arduino 平台通过便捷的编程方式、易学的编程语言和标准化的设计,为电子爱好者提供了一个理想的平台。它不仅能够满足初学者对电子制作的探索需求,还能为专业人士提供强大的功能和灵活性。随着 Arduino 社区的不断壮大和资源的日益丰富,相信未来会有更多的创新项目在 Arduino 平台上诞生。

以下为示范案例:

【教案案例 4-11】 Arduino 语言入门教学

本教案适合小学和初中阶段的学生,特别是在信息技术、电子学和物理等课程中。此教案更适合上机教学,因为学生需要亲自动手进行编程和硬件搭建,以实现 Arduino 控制各种电子设备的功能。为了有效地开展此教案,学校需要配备一定数量的计算机,并安装 Arduino IDE 编程软件;同时,还需要准备一些硬件材料,包括 Arduino 开发板、传感器、LED 灯、电阻、面包板等。

示范教案:

一、教学目标

1. 了解 Arduino 语言的基本概念和特点。
2. 掌握 Arduino 语言的基本语法和编程结构。
3. 能够编写简单的 Arduino 程序,实现基本的功能。

二、教学内容

1. Arduino 语言的基本概念和特点。
2. Arduino 语言的基本语法和编程结构。
3. 编写简单的 Arduino 程序,实现基本的功能。

三、教学步骤

1. 导入新课,介绍 Arduino 语言的基本概念和特点,激发学生对编程的兴趣。

2. 讲解 Arduino 语言的基本语法和编程结构,包括变量、条件语句、循环语句等。

3. 引导学生编写一个简单的 Arduino 程序,实现基本的功能,例如控制 LED 灯的亮灭等。

4. 让学生展示自己编写的程序,并讲解程序的思路和实现方法。

5.教师对学生的作品进行点评和总结,进一步巩固学生对 Arduino 语言的掌握。

四、教学评价

1.观察学生在课堂上的表现,包括参与度、专注度等。

2.检查学生编写的程序,看是否能够实现基本的功能。

3.通过小组讨论、问卷调查等方式,了解学生对 Arduino 语言的兴趣和学习效果。

五、教学反思

1.总结本次教学的优点和不足之处。

2.分析学生的反馈情况,了解他们对 Arduino 语言的需求和兴趣。

3.针对学生的实际情况,制订下一步的教学计划。

【教案案例 4-12】滑动的超级玛丽

本教案适合小学和初中阶段的学生,特别是信息技术、艺术和语言等课程。此教案更适合上机教学,因为学生需要运用 Scratch 进行界面设计,并动手进行编程和硬件搭建,以实现 Arduino 控制各种电子设备的功能。

示范教案:

一、教学目标

以《滑动的超级玛丽》课堂教学为例,培养学生的独立学习能力、创新能力和逻辑思维能力。构建 Scratch 条件下的小学信息技术课堂,激活学生的编程思维,培养学生的设计能力。

二、学情分析

教师让学生在模仿的过程中,理解程序的逻辑性,试着绘出程序的流程图,掌握基本的操作方法和设计思维。学生通过模仿这一过程,有了一定的基础。这时教师可以给学生更多的时间,让学生独立研究或团队合作研究制作"运动中的玛丽"。这一阶段教师给学生搭建了交流展示的平台,学生相互学习、乐此不疲。

三、教学内容

1.认识与测试滑动电位传感器(课件演示)。

2.学会正确连接 Arduino 板的端口。

3. 添加角色和自主创作。

四、教学重点与难点

连接滑动电位传感器与 Arduino 板,在 S4A(Scratch 修改版)中添加角色,读取电位传感器的数值。

五、教学步骤

1. 导入课堂:老师在课前用 Scratch 制作一个用键盘控制的小游戏——玛丽接蘑菇,让大家一起玩,并提出问题:该游戏用什么来控制玛丽的移动? 之后,教师引导学生解决四个问题:硬件的连接、角色的选择与添加、角色的移动与控制、角色的相遇与判断。

2. 引入任务:利用滑动电位传感器来制作一个可以控制玛丽移动的 Scratch 游戏。

3. 设计阶段组内交流:让学生自己动手编写程序,教师可以提供一些学习资源,如教程、在线帮助等。

4. 作品展示:让学生展示自己的作品,分享创作思路和操作过程。

5. 经验分享:教师和同学对作品进行评价,提出建议和意见。教师引导学生思考失败的原因以及如何改进自己的作品。

6. 再设计:未完成的同学根据分享得到的经验分析失败的原因,继续改善并尽量顺利完成任务;已完成的同学可以在基本任务的基础上,完成进阶任务,如添加障碍物、设置路径等。学生可以小组协作的形式共同完成任务。

六、教学评价

通过学生的作品、操作过程和分享表现进行评价。评价内容包括学生对 Scratch 的掌握程度、对利用滑动电位传感器制作控制玛丽移动的 Scratch 游戏的完成度、逻辑思维能力和创新思维能力等。同时,教师还可以根据学生在小组中的表现和合作精神进行评价。

七、教学反思

通过本案例的教学实践,教师可以发现学生的学习积极性和参与度都得到了提高。同时,学生在完成任务的过程中也能够更好地理解和掌握编程的技能,提升设计能力。但是,在教学过程中也存在着一些问题,例如有些学生可能会因为任务难度较大而产生挫败感。教师需要针对不同的学生提供个性化的辅导和支持。此外,教师也需要不断更新和优化教学内容和方法,以适应不同阶段的学生的学习需求和能力水平。综上所述,基于 Scratch 激活学生的编程思维案例,需要结合学生的情况和教学目标来设计教学内容和方法;同时在教学过程中也需要注意学生的参与度和反馈情况,及时调整教学策略。

【教案案例 4-13】 LED 闪烁器

在本教案中,我们将学习如何使用 Arduino 控制一个 LED 灯的闪烁。这将帮助孩子们了解 Arduino 的基本功能,同时也能够激发他们对编程和电子制作的兴趣。

示范教案:

一、教学材料

Arduino 主板、杜邦线、220 欧姆电阻、LED 灯、电脑。

二、教学步骤

1. 连接电路

将 Arduino 主板连接到电脑上,确保它能够正常工作。将电阻的一端连接到 Arduino 主板的数字引脚 13 上,另一端连接到 LED 正极的长脚上。将 LED 负极的短脚连接到 Arduino 主板的 GND 引脚上。

2. 编写程序

打开 Arduino IDE(集成开发环境)软件,并在电脑上安装好。在 IDE 中,首先选择正确的 Arduino 主板和端口。

编写代码:

```
Copy code
void setup() {
    pinMode(13, OUTPUT); // 设置引脚13 为输出
}


void loop() {
    digitalWrite(13, HIGH); // 将引脚13 设置为高电平,点亮 LED 灯
    delay(1000); // 延迟1 秒
    digitalWrite(13, LOW); // 将引脚13 设置为低电平,熄灭 LED 灯
    digitalWrite(13, LOW); // 将引脚13 设置为低电平,熄灭 LED 灯
```

digitalWrite(13，LOW); // 将引脚 13 设置为低电平,熄灭 LED 灯

3. 上传程序

将 Arduino 主板连接到电脑上,并确保选择了正确的主板和端口;单击 IDE 的"上传"按钮,将程序上传到 Arduino 主板上。

4. 测试

程序上传后,你将看到 LED 灯开始闪烁;等待几秒钟,你会看到 LED 灯每隔 1 秒亮一次,然后熄灭一次。这证明你已经成功控制了 LED 灯的闪烁。

5. 编程步骤总结

连接电路:将电路正确地连接到 Arduino 主板上,确保连接可靠。

打开 Arduino IDE:在电脑上打开 Arduino IDE 软件。

选择主板和端口:在 IDE 中选择正确的 Arduino 主板和端口。

编写程序:使用 Arduino 的编程语言编写程序,确保程序语法正确。

上传程序:将编写好的程序上传到 Arduino 主板上。

测试:观察电路是否按照预期工作。如果有问题,可以检查电路连接情况或程序代码,并进行修复。

三、教学总结

通过完成这个案例,孩子们可以了解如何使用 Arduino 控制一个简单的电路,同时学习基本的编程概念。他们可以通过修改代码来改变 LED 灯的闪烁频率,或者尝试控制其他物理设备,如蜂鸣器、舵机。

这个案例只是 Arduino 编程的入门示例,学生可以通过完成更多的案例和项目来进一步提高编程和电子制作技能。Arduino 社区资源丰富,有很多免费的教程和项目可供学习和探索。希望这个案例能够激发孩子们对编程和电子制作的兴趣,并开始他们的创造之旅。

四、乐高编程教案

乐高编程是一种简单的编程语言,适合低龄少儿学习。在乐高编程课中,学生通过拼搭积木制作机器人的外形,然后通过编程实现机器人的一些简单操作功能。在乐高编程中,少儿不需要编写复杂的代码,只需要将操作界面上的指令操作程序拖到操作主页面上,然后再设置指令参数,就可以成功操作机器人。乐高编程课主要分为 WeDo2.0、EV3 和 Spike Prime 等阶段,逐渐提高难度

和功能。学习乐高编程可以锻炼少儿的动手能力、逻辑思维能力、空间思维想象能力、创造力和团队合作能力等。

【教案案例 4-14】乐高语言入门教学

本教学案例适合小学阶段的学生,特别是信息技术、科学和数学等课程。此教案更适合上机教学,因为它要求学生动手编程和搭建,以实现乐高机器人的基本功能。为了有效地开展此教案,学校需要配备一定数量的计算机,并安装乐高编程软件,如乐高 Mindstorms NXT 或 EV3 软件;同时,还需要乐高机器人套装,包括控制器、传感器和马达等。

示范教案:

一、教学目标

1. 了解乐高编程语言的基本概念和特点。

2. 掌握乐高编程语言的基本语法和编程结构。

3. 能够使用乐高编程语言编写简单的程序,实现基本的功能。

4. 培养学生的逻辑思维和创造力。

二、教学内容

1. 乐高编程语言的基本概念和特点。

2. 乐高编程语言的基本语法和编程结构。

3. 使用乐高编程语言编写简单的程序,实现基本的功能。

三、教学步骤

1. 导入新课,介绍乐高编程语言的基本概念和特点,激发学生对编程的兴趣。

2. 讲解乐高编程语言的基本语法和编程结构,包括变量、数据类型、条件语句、循环语句等。结合乐高积木的搭建和编程实例进行讲解。

3. 引导学生使用乐高编程语言编写一个简单的程序,实现基本的功能,例如控制机器人行走、灯光闪烁等。让学生亲自动手进行搭建和编程,培养学生的实践能力和创造力。

4. 让学生展示自己编写的程序,并讲解程序的思路和实现方法。引导学生互相交流和学习,分享彼此的经验和想法。

5. 通过小组讨论、案例分析等方式,让学生了解乐高编程语言在生活中的应用,培养学生的逻辑思维和创造力。

6.教师对学生的作品进行点评和总结,进一步巩固学生对乐高编程语言的掌握,同时引导学生发现程序中的问题并加以改进,培养学生的问题解决能力。

四、教学评价

1.观察学生在课堂上的表现,包括参与度、专注度等。

2.检查学生编写的程序,看是否能够实现基本的功能。

3.通过小组讨论、案例分析等方式,了解学生对乐高编程语言的兴趣和学习效果。

五、教学反思

1.总结本次教学的优点和不足之处。

2.分析学生的反馈情况,了解他们对乐高编程语言的需求和兴趣。

3.针对学生的实际情况,制订下一步的教学计划。

【教案案例 4-15】乐高编程初级教学

本教学案例适合小学和初中阶段的学生,特别是信息技术、科学和数学等课程。此教案既适合课堂教学,也适合上机教学,因为它要求学生动手进行编程和搭建,以实现各种乐高机器人的功能。为了有效地开展此教案,学校需要配备一定数量的计算机,并安装乐高编程软件,如乐高 Mindstorms NXT 或 EV3 软件;同时,还需要乐高机器人套装,包括控制器、传感器和马达等。

示范教案:

一、教学目标

研究结合国内外 STEM 素养的相关政策文件,从 STEM 知识技能层面到核心素养层面构建 STEM 课程目标,重点突出 STEM 素养在编程教学实践中的导向作用,为课程内容设计确定方向。由于大概念教学强调在情境中不断给学生提供运用知识与技能解决问题的机会,并在问题解决过程中加深对大概念的理解,因此 STEM 课程目标整合了知识技能、学科素养和跨学科素养三个维度,通过提炼每个单元的本质问题,提出单元大概念和次级单元目标,从而形成 STEM 教学目标的完整结构框架。

二、教学内容

在教学内容的大致框架中每一个单元主题都包含了基础任务、进阶任务和创新任务。三个主题循序渐进,学生在基础任务中理解和认识了机器人的基本元件和基本编程模块后,再通过进阶任务巩固基础知识。学生在不同的任务情境中也可以迁移之前所学的知识点,最后在创造性任务中灵活设计项目方案,了解作品搭建背后的原理和社会价值。其中三个主题间的核心知识关系如表4-3所示。

表4-3 核心知识关系

项目名称	项目主题	教学内容
基础项目	尺蠖 扫地机器人 智能轮椅	1. 通过搭建具有往复运动特征的动物,了解如何使用电机、主机、基础传感器等元件。 2. 通过惰齿轮学习齿轮传动,学习使用触碰传感器、超声波传感器,学会循环模块、移动转向模块、时间控制模块的使用
进阶项目	蜗杆小车 打鼓机器人 智能晾衣架	1. 通过小车的运行方式理解蜗轮、蜗杆、平行四边形、连杆等机械结构。 2. 设计导轮引导方向,学会用多组锥齿改变齿轮方向,学会触碰传感器的使用和避障、清障编程的方式。 3. 了解生活中的智能场景以及晾衣架的工作原理
创新项目	巡线小车 体操机器人 智能跑步机	1. 设计完成小车的指定任务,并进行一定的创意改造。 2. 学会使用平衡装置搭建机械臂,学会颜色传感器的使用,学会数据运算模块及摆动巡线编程原理。 3. 了解汽车的巡航系统及智能刹车原理。 4. 了解沿指定轨迹行走的机械应用场景

三、教学步骤

1. 导入新课,介绍乐高的基本概念和特点,激发学生对乐高编程的兴趣。

2. 每个教学项目均采用思维导图的形式让学生绘制概念之间、概念与案例之间、本质问题与大概念之间的关系,理解单元组织的结构,从而形成大概念的思维方式。

在进行大概念教学设计时,要保持两种单元设计的思维,即"望远镜思维"和"放大镜思维"。所谓"望远镜思维",就是从宏观到微观的设计思维,通过向外扩展的方式理解学科与单元之间的关联、单元与单元之间的关联、单元与现实世界之间的关联。

四、教学评价

1.观察学生在课堂上的表现,包括参与度、专注度等。

2.检查学生编写的程序,看是否能够实现基本的功能。

3.通过小组讨论、案例分析等方式,了解学生对乐高编程的兴趣和学习效果。

五、教学反思

1.总结本次教学的优点和不足之处。

2.分析学生的反馈情况,了解他们对乐高编程的需求和兴趣。

3.针对学生的实际情况,制订下一步的教学计划。

教师对学生的作品进行点评和总结,让学生进一步巩固乐高编程知识和技能。

课程实施过程中遇到的困难及解决方式如下:

教师A:学生通过大概念不断进行知识拓展,可以形成更好的认知思维,但归纳大概念的难度更大,因此进行教学设计时需要投入更多的精力。在实践过程中,不能保证每一次教学设计都达到较高的水平,这是实践中较为遗憾的一点。

教师B:学生在实际动手过程中会因为难以理解跨学科知识,而在作品搭建过程中出现问题,进而产生畏难情绪,对课程的兴趣逐渐下降。在实际教学中发现这一问题之后,我在每个教学环节后都针对学生理解起来有难度的知识点加入合适的案例,通过情境创设和动手实践让学生明白搭建原理。如有必要,再通过与主题相关的课外知识拓展让学生产生探究心理,设置合适的过渡环节。但实际上这样会花费很多时间在知识讲授上,因此后期我让学生以小组为单位进行合作,让小组成员在相互交流的过程中交流问题的解决办法,教师对小组成员理解困难的知识点进行讲解和扩充。这样学生既能理解知识点,又能够在完成任务的过程中获得成就感。

教师C:机器人编程课主要包含搭建与编程两个主要方面。学生如果对作品中涉及的知识无法理解或理解不透彻,往往搭建不出作品。作品逻辑不够清晰往往会影响到编程过程。因此,创建一个贴近学生生活的真实情境,激发学生对项目任务的兴趣,对于整堂课的开展非常重要。

教师D:此次教学实践过程中需要记录学生在课堂上的各种表现,填写评估量表,还需要对能够体现学生思维结构变化的概念导图进行量化评价,相较以往的教学实践,需要收集更多数据。教学过程往往会因为讲解过程和记录学生表现相互冲突,因此需要助教协助进行,新手教师可能无法胜任课程教学工作。另外,大概念下的 STEM 课程难度较高,学生需要动手搭建作品,自主探究的内容较多。因此,部分学生存在积极性较差、纪律性差的问题。

【教案案例 4-16】 使用乐高编程语言控制机器人走迷宫

本教学案例适合小学和初中阶段的学生,特别是信息技术、科学和数学等课程。此教案更适合上机教学,因为它要求学生动手编程和搭建,以实现乐高机器人在迷宫中自主导航。为了有效地开展此教案,学校需要配备一定数量的计算机,并安装乐高编程软件,如乐高 Mindstorms NXT 或 EV3 软件;同时,还需要乐高机器人套装,包括控制器、传感器和马达等。

示范教案:

一、教学目标

1. 掌握乐高编程语言的基本语法和控制结构。
2. 学会使用乐高编程语言编写简单的程序,实现机器人的基本控制。
3. 通过走迷宫项目,培养孩子的问题解决能力和创意思维。

二、教学内容

1. 乐高编程语言的基本语法和控制结构。
2 乐高机器人的基本控制方法。
3. 如何使用乐高编程语言实现机器人走迷宫。

三、教学步骤

导入:展示一个简单的乐高机器人样品,让孩子了解机器人的基本结构和控制方法。

讲解:讲解乐高编程语言的基本语法和控制结构,以及如何使用它们来控制机器人。

实践:让孩子动手编写程序,控制机器人走迷宫。可以先从简单的迷宫开始,逐渐增加难度。

讨论:让孩子分享自己的程序和思路,互相学习和帮助。也可以让他们设计自己的迷宫,提高他们的创意思维能力。

总结:总结本节课的重点和难点,并对学生的学习成果进行展示和评价。

四、教学方法

讲解法:通过讲解乐高编程语言的基本语法和控制结构,让孩子系统地学习乐高编程的基础知识和方法。

实践法:让孩子动手编写程序,以此来加深孩子对乐高编程的理解。

讨论法:通过分组讨论,让孩子互相学习和帮助,提高他们的合作能力和沟通能力。

项目法:通过走迷宫项目,引导孩子将所学知识应用到实际问题中,培养他们的问题解决能力和创意思维。

五、教学评估

孩子的编程成果:了解孩子的程序逻辑、代码质量、问题解决能力等。

孩子的课堂表现:了解孩子的参与度、注意力、合作能力等。

孩子的迷宫设计能力:了解孩子设计的迷宫的复杂度和创意程度。

孩子的问题解决能力:了解孩子在解决迷宫问题时的思路和方法。

六、教学设计的注意事项

1.考虑到孩子的认知能力和兴趣特点,教学内容应该简单易懂,同时注重趣味性。

2.通过走迷宫项目,引导孩子主动思考和探索,培养他们的问题解决能力和创意思维。

3.在教学过程中,注重与孩子的互动和交流,鼓励他们提问和发表自己的观点。

4.教学评估应该以鼓励和肯定为主,同时也要指出孩子的不足之处,帮助他们进一步提高。

【教案案例 4-17】乐高小车避障程序

本教学案例适合小学和初中阶段的学生,特别是信息技术、科学和数学等课程。此教案更适合上机教学,因为它要求学生动手编程和搭建作品,以实现乐高小车的避障功能。为了有效地开展此教案,学校需要配备一定数量的计算机,并安装乐高编程软件,如乐高 Mindstorms NXT 或 EV3 软件;同时,还需要乐高机器人套装,包括控制器、传感器和马达等。

示范教案:

一、编程目标

通过编写程序,使乐高小车能够自动避开障碍物。

二、所需材料

乐高机器人套装、障碍物(例如书本或积木)。

三、步骤

1.组建乐高小车:根据乐高机器人套装中的说明书,组建一辆小车。确保小车上安装了红外线传感器和马达。

2.设置小车线路:在一个封闭的区域内,设定小车的起点和终点,并在中间放置障碍物。

3.编写程序:使用乐高编程软件(如乐高 Mindstorms EV3 软件)编写程序,使小车能够检测到障碍物并绕开它。以下是一个简单的示例程序。

当红外线传感器检测到障碍物时:

  左马达后退一段距离

  右马达右转一定角度

  左马达前进一段距离

否则:

  左马达前进一段距离

  右马达前进一段距离

该程序的逻辑是,当红外线传感器检测到障碍物时,小车会后退一段距离,然后右转一定角度,最后前进一段距离以绕开障碍物。如果没有检测到障碍物,小车将直接前进一段距离。

4.上传程序到小车:使用 USB 数据线连接乐高小车和电脑,将编写好的程序上传到小车。

5.测试小车:将小车放在起点,并按下启动按钮,观察小车是否能够自动避开障碍物,到达终点。

注意事项:在编写程序时,应根据实际情况调整马达的运动距离和角度,以确保小车能够正确地避开障碍物。

五、WeDo 编程教案

WeDo 编程模块是一款专为儿童设计的编程教育工具。其独特之处在于可视化的编程界面。这种界面设计极大地降低了编程的门槛,使得儿童无须编写复杂的代码,只需通过拖拽和连接图块的方式,就能够轻松学习编程。这种直观且易于理解的操作方式,不仅让儿童能够快速掌握编程的基本概念,还能够激发他们的学习兴趣和动力。

与此同时,WeDo 编程模块与乐高积木构建模块的无缝结合,将编程与实际的物理构建完美地融合在一起。儿童在编程的过程中,可以亲手搭建各种有趣的模型,然后通过编程控制这些模型的运动。这种将编程与物理构建相结合的学习方式,不仅让儿童亲身体验到编程的实际效果,还能够培养他们的空间思维能力和动手能力。

此外,WeDo 编程模块还提供了一系列富有趣味性和教育性的故事情境。这些情境通常以解决问题为核心,引导儿童在解决问题的过程中学习和掌握编程技能。通过这种寓教于乐的学习方式,儿童不仅能够在轻松愉快的氛围中学习编程,还能够培养创新思维和解决问题的能力。

最后,WeDo 编程模块还注重培养儿童的团队合作能力。在编程过程中,儿童需要与其他成员密切合作,共同完成任务和解决问题。这种团队合作的经历不仅有助于培养儿童的沟通协作能力,还能够让他们更好地理解团队合作的重要性。

综上所述,WeDo 编程模块不仅是一款优秀的编程教育工具,更是一个能够全面培养儿童综合素质和能力的学习平台。通过这个模块的学习,儿童不仅能够掌握基本的编程概念,还能够培养创新思维、团队合作能力和解决问题的能力。

以下为示范案例。

【教案案例 4 – 18】 WeDo 编程语言入门教学

本教学案例适合小学阶段的学生,特别是信息技术、科学和数学等课程。此教案更适合上机教学,因为它要求学生动手编程和搭建作品,以实现各种简单的项目。为了有效地开展此教案,学校需要配备一定数量的计算机,并安装 WeDo 编程软件,同时还需要 WeDo 编程套装,包括控制器、传感器和马达等。

示范教案:

一、教学目标

1.了解 WeDo 编程语言的基本概念和特点。

2.掌握 WeDo 编程语言的基本语法和编程结构。

3.能够使用 WeDo 编程语言编写简单的程序,实现基本的功能。

4.培养学生的逻辑思维和创造力。

二、教学内容

1.WeDo 编程语言的基本概念和特点。

2.WeDo 编程语言的基本语法和编程结构。

3.使用 WeDo 编程语言编写简单的程序,实现基本的功能。

三、教学步骤

1.导入新课,介绍 WeDo 编程语言的基本概念和特点,激发学生对编程的兴趣。通过展示一些使用 WeDo 编程语言编写的有趣程序,例如小游戏或动画,让学生了解 WeDo 编程语言的魅力。

2.讲解 WeDo 编程语言的基本语法和编程结构,包括变量、数据类型、条件语句、循环语句等。结合具体的 WeDo 编程实例进行讲解,例如编写一个简单的动画或游戏。

3.引导学生使用 WeDo 编程语言编写一个简单的程序,实现基本的功能,例如制作一个简单的动画或游戏。让学生动手编程和实践,培养学生的实践能力和创造力。

4.让学生展示自己编写的程序,并讲解程序的思路和实现方法。引导学生互相交流和学习,分享彼此的经验和想法。表扬表现优秀的学生,展示优秀的作品。

5.通过小组讨论、案例分析等方式,让学生了解 WeDo 编程语言在生活中的应用,培养学生的逻辑思维和创造力。引导学生思考如何将所学的知识应用到实际生活中。

四、教学评价

1.观察学生在课堂上的表现,包括参与度、专注度等。

2.检查学生编写的程序,看是否能够实现基本的功能。

3.通过小组讨论、案例分析等方式,了解学生对 WeDo 编程语言的兴趣和学习效果。让学生提出自己的想法和建议,以便更好地改进教学方法、提高教学质量。

五、教学反思

1. 总结本次教学的优点和不足之处。

2. 分析学生的反馈情况,了解他们对 WeDo 编程语言的需求和兴趣。

3. 针对学生的实际情况,制订下一步的教学计划。结合学生的建议和意见,不断改进教学方法、提高教学质量。

【教案案例 4-19】使用 WeDo 编程语言制作一个动画故事

本教学案例适合小学阶段的学生,特别是信息技术、艺术和语言等课程。此教案更适合上机教学,因为它要求学生动手编程和搭建作品,以实现动画故事的制作。学校需要配备一定数量的计算机,并安装 WeDo 编程软件,同时还需要 WeDo 编程套装,包括控制器、传感器和马达等。

示范教案:

一、教学目标

让学生使用 WeDo 编程语言制作一个简单的动画故事,例如小兔子跳跳跳。通过这个案例让学生掌握 WeDo 编程语言的基本语法和编程结构,并培养学生的实践能力和创造力。

二、教学内容

1. WeDo 编程语言的基本语法和编程结构。

2. 如何使用 WeDo 编程语言制作动画故事的各个场景。

3. 如何编写动画故事的控制程序。

三、教学步骤

1. 导入新课,介绍 WeDo 编程语言的基本概念和特点,并展示一些有趣的动画故事,例如小兔子跳跳跳,让学生了解本次教学的任务是制作一个简单的动画故事。

2. 讲解 WeDo 编程语言的基本语法和编程结构,包括变量、数据类型、条件语句、循环语句等。重点讲解如何使用 WeDo 编程语言制作动画故事的各个场景,例如场景切换、角色动作、背景等,以及如何编写动画故事的控制程序,如故事情节的发展、角色动作的交互等。

【教案案例 4-20】 WeDo 编程案例——帮助学生设计和建造一个能够自动分拣糖果的机器

本教学案例适合小学阶段的学生,特别是信息技术、科学和数学等课程。此教案更适合上机教学,因为它要求学生动手编程和搭建作品,以实现简单的项目。为了有效地开展此教案,学校需要配备一定数量的计算机,并安装 WeDo 编程软件,同时还需要 WeDo 编程套装,包括控制器、传感器和马达等。

示范教案:

一、案例背景

学生被分成小组,以小组的形式完成这个项目。每个小组将获得一套 WeDo 教育编程套件,其中包括 WeDo 软件、编程元素和乐高零件。学生需要合作设计和建造一个能够自动分拣糖果的机器。

二、项目目标

1. 学生了解并掌握 WeDo 编程软件的基本操作。

2. 学生能够运用逻辑思维和创造力设计和建造一个能够自动分拣糖果的机器。

3. 学生能够编写程序,使机器按照指定的规则分拣糖果。

三、项目步骤

第一步:了解 WeDo 编程软件和乐高零件

学生首先要了解 WeDo 编程软件的界面和基本功能,以及乐高零件的种类和功能。老师可以组织学生观看教学视频或进行简单的实操练习,让学生熟悉软件和零件。

第二步:团队合作设计和建造机器

学生分组合作设计和建造能够自动分拣糖果的机器。他们需要讨论并确定机器的外观和结构以及需要使用的乐高零件。在设计和建造过程中,学生应该鼓励彼此的创造力和想象力,并共同解决遇到的问题。

第三步:编写程序

学生使用 WeDo 编程软件编写程序,使机器能够按照指定的规则分拣糖果。编程的规则可以根据学生的年级和能力水平进行调整。例如:分拣不同颜色的糖果,或者按照形状将糖果分拣到不同的容器中。

第四步:测试和调整

学生将机器连接到计算机,并进行测试。他们可以通过点击"运行"按钮来测试程序的效果,观察机器是否能够准确地分拣糖果。如果程序出现错误,学生需要检查代码并进行调整,直到机器能够正常工作。

第五步:展示和分享

学生将设计和建造的机器展示给其他小组。学生可以解释他们的设计理念和编程规则,并展示机器的工作效果。这样不仅可以增加学生的自信心,也可以让其他同学从中获得灵感和启发。

四、教学评估

教师可以通过以下方式来评估学生的学习情况和项目成果:

1. 观察学生在设计和建造过程中的合作和参与程度。

2. 检查学生编写的程序,看程序是否符合要求,能否准确地分拣糖果。

3. 根据学生的展示和分享,评估他们对项目的理解和掌握程度。

4. 带领学生进行小组讨论和反思,分享他们在项目中的收获,解决他们的困惑。

这个 WeDo 编程案例旨在通过实践和合作来培养学生的创造力、逻辑思维和解决问题的能力。通过设计和建造能够自动分拣糖果的机器,学生可以学习到编程基础知识,并将其应用于实际场景中,培养他们的创造力和创新思维。同时,这个案例还鼓励学生之间合作和分享,培养他们的团队合作精神和社交技巧。

六、3D 打印编程教案

3D 打印课程是一门富有创意和实用性的课程,让孩子们能够将抽象的想象和概念转化为具体、可触摸的实物。这种转化过程不仅极大地激发了孩子们的学习积极性,还锻炼了他们的创新思维能力和动手能力。

在 3D 打印课程中,孩子们首先需要学习 3D 建模技术,通过电脑软件设计作品。这个过程需要孩子们发挥想象力和创造力,思考如何将自己的想法转化为三维模型。一旦设计完成,他们就可以使用 3D 打印机将模型打印出来,看到自己的想法从虚拟世界走向现实世界。

3D 打印技术本身属于快速成型技术的一种。它基于数字模型文件,使用可黏合材料如塑料或粉末状金属等,通过逐层打印的方式构造物体。这种技术为孩子们提供了一个全新的学习和创造的平台,让他们将自己的创意付诸实践。

值得一提的是,3D打印技术已经成为一种潮流,并在各个领域得到广泛应用:在工业设计领域,3D打印技术能够快速制作产品原型,缩短产品开发周期;在数码产品开模方面,3D打印技术可以在数小时内完成一个模具的打印,大大提高了开发效率。此外,3D打印技术还在医疗、建筑、教育等领域发挥重要作用。

总之,3D打印课程对于孩子们来说具有极高的教育价值。它不仅能够提升孩子们的学习兴趣和创新能力,还能够培养他们的动手能力和实践精神。同时,随着3D打印技术的不断发展和应用,这门课程也将为孩子们未来的学习和职业发展提供一个方向。

以下为示范案例:

【教案案例4-21】 3D打印技术入门教学

本教学案例适合中学阶段的学生,特别是信息技术、设计与工艺等课程。此教案更适合上机教学,因为它要求学生进行3D建模和打印,以实现实物的制作。为了有效地开展此教案,学校需要配备一定数量的计算机,并安装3D建模软件,如AutoCAD、Blender等;需要一台或多台3D打印机及足够的打印材料,如PLA、ABS等;需要相关的编程环境和支持软件,如3D One、LogoUp等编程语言。

示范教案:

一、教学目标

1.了解3D打印技术的基本原理和应用场景。

2.学习使用3D建模软件进行建模,学习3D打印的基本操作。

3.培养学生的信息意识和计算思维。

二、教学内容

1.3D打印技术的基本原理和应用场景。

2.3D建模软件的使用方法。

3.3D打印的基本操作和技巧。

三、教学步骤

1.介绍3D打印技术的基本原理和应用场景。可以通过视频、图片、案例等方式让学生了解3D打印的原理和在生活中的应用,引起学生的兴趣。

2.学习3D建模软件的使用方法。可以让学生在电脑上安装3D建模软件,并通过教师的讲解、实操演示等方式学习软件的基本操作,如新建模型、选择模型、移动模型、缩放模型、旋转模型等。

3.进行3D建模实践。可以让学生根据自己的兴趣和想法进行3D建模实践,如新建一个立方体、球体、车模等。

4.学习3D打印的基本操作和技巧。如选择3D打印机、设置3D打印机参数、调整3D打印机温度、选择3D打印材料、调整3D打印速度等。

5.进行3D打印实践。可以让学生打印自己设计的3D模型,并观察和检查打印结果。如果打印失败,可以让学生找出问题并重新调整打印机参数。

6.学习基础编程知识。教师引导学生学习编程语言的基本概念、变量、流程控制等知识。

7.编写3D打印的控制程序。指导学生使用编程语言编写3D打印机的控制程序,实现对打印机的控制,如设置打印速度、打印温度等。

8.进行3D打印编程实践。指导学生编写控制程序,打印自己设计的3D模型,并观察和检查打印结果。如果打印失败,可以让学生找出问题并重新思考解决办法,之后再进行实践。

四、教学评价

1.教学目标回顾

在本次教学中,我们的教学目标主要包括以下几个:

(1)了解3D打印技术的基本原理和应用场景。

(2)学习使用3D建模软件进行建模,学习3D打印的基本操作。

(3)培养学生的信息意识和计算思维。

2.教学效果分析

(1)教学目标达成情况

在本次教学中,学生通过观看视频、图片、案例等多种形式了解了3D打印技术的基本原理和应用场景。在学习3D建模软件的使用方法、基本操作和技巧,学习基础编程知识和编写3D打印的控制程序时,教师进行了详细的讲解和实操演示,并让学生进行了实践操作。在进行3D打印编程实践时,学生们成功编写了控制程序,并打印了自己设计的3D模型。

(2)教学方法与手段分析

在本次教学中,教师采用了多种教学方法和手段,如讲解、实操演示、实践操作、编程实践等。教师采用数字化学习方法,并结合这些教学方法,使得学生能够充分地参与到教学中来,增强了学生的学习兴趣、积极性和信息意识,同时也提高了学生的动手能力和计算思维。

(3)教学流程设计分析

在本次教学中,教师将教学内容划分为多个步骤,并通过讲解、实操演示等方式让学生逐步掌握了3D打印技术的基本原理和应用场景、3D建模软件的使用方法、3D打印的基本操作和技巧、基础编程知识等内容。同时,教师也注重实践操作和编程实践,让学生能够将所学知识应用到实际操作中。

(4)学生表现分析

在本次教学中,学生们表现积极,能够认真听讲,遇到不懂的编程问题能够及时向老师提问,教学任务大致完成。

五、教学扩展

1. 指导学生进行更加复杂的3D建模和打印,如设计一个小型机器人、飞机模型等。

2. 教师可以组织学生多参加3D打印的相关比赛,并评选和展示最佳作品。

3. 教师可以引导学生了解3D打印行业的发展现状和应用前景,为学生的未来规划提供启发。

【教案案例4-22】3D造型编程——制作一个动画角色

本教学案例适合中学阶段特别是学习了信息技术、计算机编程和数字艺术等课程的学生。此教案既适合课堂教学,也适合上机教学,能够让学生在实际操作中更好地理解和掌握3D建模与编程技术。它也可以作为夏令营等课外实践活动或比赛训练的内容,以丰富学生的学习体验。

示范教案:

一、教学目标

1. 学习3D造型编程的基本原理和技术。

2. 学习使用3D造型软件进行角色建模。

3. 学习使用编程语言控制3D角色的动画效果。

4. 培养学生的创造力、计算思维和团队协作能力。

二、教学内容

1. 3D造型编程的基本原理和技术。

2. 3D造型软件的使用方法。

3. 3D编程语言的基础知识。

4. 3D角色动画的制作流程和技巧。

三、教学步骤

1. 引入：通过观看3D动画短片，激发学生对3D造型编程的兴趣。

2. 学习3D造型软件的使用方法：教师讲解并演示如何使用3D造型软件进行角色建模，包括创建基本形体、调整形状、添加细节等。然后，学生动手实践，制作一个简单的3D角色。

3. 学习编程语言的基础知识：教师讲解编程语言的基本概念、语法和编程环境，并演示如何使用编程语言控制3D角色的动画效果。学生跟着教师一起学习编程知识，并进行实践操作。

4. 制作3D角色动画：学生使用所学知识和技能，制作一个具有简单动画效果的3D角色。教师可以提供指导和帮助，鼓励学生发挥自己的创造力。

5. 分享和展示：学生展示自己的作品，并分享制作过程中的经验和收获。教师可以组织学生进行互评和讨论，提出改进意见和建议。

6. 扩展学习：教师可以引导学生了解更多的3D造型编程技术和应用场景，如游戏开发、影视制作等，为学生的未来规划提供启发。

四、教学评价

1. 教学目标达成情况：通过观察学生的实践操作和作品展示，评价学生是否掌握了3D造型编程的基本原理和技术，是否能够使用3D造型软件和编程语言制作简单的3D角色动画。

2. 学生表现分析：对学生的参与度、学习态度、团队协作能力等方面进行评价，提出改进意见和建议。

3. 教学反思：对整个教学过程进行反思和总结，分析存在的问题和不足之处，提出改进措施和建议，为未来的教学提供参考和借鉴。

五、教学扩展

1. 组织学生参加相关的比赛或展览,展示他们的作品和成果,增强他们的自信心和成就感。

2. 与其他相关课程或专业进行融合,共同开展跨学科的项目或活动,拓宽学生的视野和知识面。

3. 鼓励学生进行自主学习和创新实践,探索更多的3D造型编程技术和应用场景,提高他们的综合素质和创新能力。

【教案案例4-23】《手机支架》教学案例

本教学案例适合中学阶段,特别是学习了信息技术、设计与工艺等课程的学生。此教案既适合课堂教学,也适合上机教学,能够让学生在实际操作中更好地理解和掌握3D建模与打印技术。为了有效地开展此教案,学校需要配备一定数量的计算机并安装3D建模软件,同时还需要一台或多台3D打印机,以及足够的打印材料。

示范教案:

一、教学目标

1. 了解"抽壳""草图偏移曲线""拉伸""圆角"等命令的作用并掌握其操作方法。

2. 学会"实体分割"的功能。

二、教学重点与难点

手机支架三维模型的设计与制作。

三、教学环境与材料准备

硬件设施:教师用计算机、学生用计算机、3D打印机。

软件资源:极域电子教室软件、3D One建模软件。

实践材料:同理心地图、绘图工具(图纸、铅笔、尺子、橡皮)。

四、教学过程

学情分析:

中小学生喜欢有趣、自主开放的课堂学习氛围。

1. 引入:老师创设"我们在拿手机阅读或看电影时间过长时手很酸痛,如何解放双手呢?"的情境,学生观看图片并思考老师所提出的问题。

2. 构思方案:利用极域电子教室软件,向同学们呈现各式各样的手机支架。

为学生提供教师设计的思维导图和草图,讲解合格草图的要素,指导学生绘制草图。引导学生运用"我觉得你的想法_____,而我认为_____""如果我是_____,我希望_____""要实现_____,我们可以_____"等思考策略进行头脑风暴。

3. 原型创作:教师利用极域电子教室软件示范使用 3D One 建模软件绘制手机支架的整个过程,并详细讲解"抽壳""实体分割""草图偏移曲线""拉伸""圆角"等命令的位置与操作方式。在学生设计与建模操作的过程中,教师要巡视教室,为模型设计、切片和打印操作有困难的同学提供帮助。

4. 作品展示与指导:教师组织学生按照顺序展示作品,针对学生作品进行点评和给出建议。教师引导学生参照评价标准完成组间作品互评与组内作品自评,总结手机支架设计过程中的注意事项及本节课上学生的整体表现。

五、学习评价设计

1. 学生围绕手机支架草图、三维模型的设计与作品制作情况,利用"作品评价标准量表"进行自我评价。

2. 教师利用"作品评价标准量表"对作品进行评估。

3. 组间利用"作品评价标准量表"对其他组的作品进行评估。

【教案案例 4-24】《小台灯》教学案例

本教学案例适合中学阶段的学生,既可用于课堂教学,也可用于上机教学、夏令营等课外实践活动或比赛训练。

示范教案:

一、教学内容分析

创设情境,引导学生解决生活中的问题,让学生开动脑筋设计台灯,并通过本次课程将想法变成现实,激发他们的创作热情。因此,以台灯为主题开展的 3D 打印课程具有一定的教育价值。

二、学情分析

中小学生喜欢有趣、自主开放的课堂学习氛围。

三、教学目标

了解"草图绘制""特殊造型""特殊功能"等命令的作用并掌握其操作方法。

四、过程与方法

1. 通过填写同理心地图,学生进行换位思考和移情,发现问题并想出解决问题的办法。

2. 通过头脑风暴构思设计方案,促进创新思维的发展。

4. 通过小组交流讨论和展示汇报,促进团队协作能力、沟通交流能力、表达能力的发展。

五、教学重点与难点

1. 教学重点:以创新的设计和精细的工艺来设计和制造美丽和实用的台灯。

2. 教学难点:设计并制作台灯。

六、教学环境与材料准备

1. 硬件设施:教师用计算机、学生用计算机、3D打印机。

2. 软件资源:极域电子教室软件、3D One 建模软件。

3. 实践材料:同理心地图、绘图工具(图纸、铅笔、尺子、橡皮)、直径为32 mm 的 3 瓦 LED 灯、1.5 米的 USB 插头线。

七、教学过程

1. 创设情境。教师向同学们呈现视频《正在看书,突然家里的灯关了,怎么办?》,随后呈现一些在黑暗环境下看书的图片。

2. 布置任务,引发思考。教师让学生根据情境中的问题与图片在纸上记录所见、所听、所想。引导学生填写同理心地图。

3. 提出"如何在光线不足的地方看书学习呢?"的问题,并引导学生思考。教师指导学生完善同理心地图,并进行展示,最终确定主题"台灯的设计与制作"。

4. 向同学们呈现各式各样的台灯。教师为学生提供设计好的思维导图和草图,讲解合格草图的要素,指导学生绘制草图。引导学生运用"我觉得你的想法_____,而我认为_____""如果我是_____,我希望_____""要实现_____,我们可以_____"等思考策略进行头脑风暴。

5. 步骤讲解,操作示范

教师利用极域电子教室软件示范使用3D建模软件绘制台灯的整个过程,并详细讲解"特殊造型""草图绘制"等命令的位置与操作方式。在学生设计的过程中,教师要巡视指导,为模型设计、切片和打印操作有困难的同学提供帮助。

6. 成果展示和交流评价

教师组织学生按照顺序展示作品,针对学生作品进行点评和给出建议。教师引导学生参照评价标准完成组间作品互评与组内作品自评,总结台灯设计过程中的注意事项及本节课上学生的整体表现。

八、学习评价设计

1. 学生围绕台灯草图、三维模型的设计与作品制作情况,利用"作品评价标准量表"进行自我评价。

2. 教师利用"作品评价标准量表"对作品进行评价。

3. 组间利用"作品评价标准量表"对其他组作品进行评价。

【教案案例4-25】 设计一个立体Logo(LogoUp)

本教学案例适合中学阶段,特别是学习了信息技术、设计与工艺等课程的学生。此教案既适合课堂教学,也适合上机教学,能够让学生在实际操作中更好地理解和掌握3D建模与打印技术。

示范教案:

一、教学目标

1. 学习和掌握 LogoUp 3D 设计的基本概念和技能。

2. 运用 LogoUp 3D 设计技能完成一个具体的项目。

3. 培养学生的空间思维和创造力。

二、教学内容

1. LogoUp 3D 设计的基本操作,如立体图形的构建、材质和光照的应用、动画和特效的创建等。

2. 通过一个具体的项目——设计一个立体Logo,学习如何运用 LogoUp 3D 设计技能解决实际问题。

3. 通过分享和展示,让学生了解其他同学的创意和设计,提出改进意见和建议。

三、教学步骤

1. 导入项目:教师介绍一个具体的项目——设计一个立体Logo,并展示一些优秀的立体 Logo 作品，激发学生的兴趣和热情。

2. 学习基本概念和技能：通过讲解和演示，让学生掌握基本的 LogoUp 3D 设计技能和属性调整方法。可以介绍一些常用的操作技巧和快捷键，帮助学生更快地掌握软件操作方法。

3. 实践设计：让学生在计算机上自主设计立体 Logo。教师提供指导和帮助，可以给学生一些设计思路和灵感，例如从平面 Logo 中获取灵感、运用不同的材质和颜色等。

4. 分享和展示：让学生展示自己的作品，并分享创作过程中的经验和收获。教师可以组织学生进行互评和讨论，提出改进意见和建议；同时，可以展示一些优秀的作品，鼓励学生互相学习和借鉴。

5. 总结和评估：对整个教学过程进行总结和评估，分析存在的问题和不足之处，提出改进措施和建议，为未来的教学提供参考和借鉴。同时，教师可以让学生对自己的作品进行评估，发现自己的优点和不足之处，为今后的学习提供方向。

四、教学评价

1. 教学目标达成情况：通过观察学生的实践操作和作品展示，了解学生是否掌握了基本的 LogoUp 3D 设计技能，是否能够运用所学知识解决实际问题。教师可以让学生进行一些操作测试，评估他们的技能水平。

2. 学生表现分析：对学生的学习态度、参与度、创造力等方面进行评价，提出改进意见和建议。教师可以让学生进行自我评价和互相评价，发现自己的优点和不足之处。

五、教学反思

对整个教学过程进行反思和总结，分析存在的问题和不足之处，提出改进措施和建议，为未来的教学提供参考和借鉴。同时，教师也可以让学生对教学过程进行评价和建议，帮助他们更好地参与到教学中来。

六、教学扩展

教师组织学生参加相关的比赛或展览，展示他们的作品和成果，增强他们的自信心和成就感。通过参加校内外的一些立体 Logo 设计比赛或展览，学生能够展示自己的作品，同时也可以互相学习和借鉴。

与其他相关课程或专业进行合作和交流，共同开展项目或活动，拓宽学生的视野和知识面。可以与美术、计算机科学等相关课程合作,让学生在实践中学习和应用相关知识;也可以邀请专业设计师或行业专家给学生做讲座或指导,为学生提供更广阔的学习和发展空间。

【教案案例 4 – 26】《基本实体——水杯》教案设计(3D One)

本教学案例适合中学阶段,特别是学习了信息技术、设计与工艺等课程的学生。学校需要配备一定数量的计算机,并安装 3D One 等 3D 建模软件;需要一台或多台 3D 打印机及足够的打印材料,如 PLA 等;需要一台或多台 3D 打印机,以及足够的打印材料,如 PLA、ABS 等。

示范教案:

一、案例背景

本教案案例以 3D One 软件为平台,通过引导学生学习和实践 3D 建模的基本操作,让学生掌握创建基本实体的方法和技巧。案例选取了一个简单的实体模型——水杯,作为教学内容,旨在帮助学生理解 3D 建模的基本概念和操作。

二、教学目标

1. 知识目标:掌握 3D One 软件的基本操作,了解 3D 建模的基本原理。

2. 能力目标:能够利用 3D One 软件创建基本实体——水杯。

3. 情感态度与价值观目标:培养学生对 3D 建模的兴趣和热情,提高他们的创新意识和实践能力。

三、教学内容与步骤

1. 导入

(1)展示 3D 打印的水杯,激发学生的学习兴趣。

(2)提问:你们想学习如何用 3D One 软件创建一个水杯模型吗?

2. 讲解与示范

(1)介绍 3D One 软件的基本界面和工具。

(2)示范创建水杯模型的基本步骤:选择基本形状、调整尺寸、添加细节、导出模型。

(3)强调创建过程中的注意事项和常见问题。

3. 学生实践

(1)学生分组进行实践操作——创建一个水杯模型。

(2)教师在此过程中提供指导和帮助,确保学生能够完成作品。

(3)提醒学生注意设计创意和实用性。

4.成果展示与评价

(1)每组展示自己的水杯模型,并简述设计思路和制作过程。

(2)其他同学和教师提供反馈和建议,包括作品的优点、改进空间等。

(3)引导学生互相学习和借鉴。

5.总结与反思

(1)对整个教学过程进行总结,强调3D建模的意义和应用价值。

(2)对学生的学习成果进行肯定和鼓励,同时指出需要改进的地方。

(3)引导学生反思自己的学习过程和方法,以及在未来的学习和实践中如何更好地应用所学知识。

四、教学评价与反思

对学生的实践操作进行评价,包括在建模过程中的参与度和完成的作品的质量。通过观察学生的实践操作和成果,教师可以发现大部分学生能够掌握3D One软件的基本操作,完成水杯模型的创建。部分学生在设计创意和实用性方面表现出色,能够制作出具有个性和实用性的水杯模型。

对学生的团队合作能力和沟通能力进行观察和评价。在小组合作过程中,大部分学生能够积极参与讨论和分工合作,共同完成作品。部分学生在团队合作中表现出色,能够发挥领导力和协作精神,带领团队高效地完成任务。

根据教学评价的结果,教师可以及时调整教学策略和方法,以满足学生的学习需求和期望。对于未能达到预期目标的学生,教师要提供额外的辅导和支持,确保他们在后续课程中能够取得进步。对于成功完成作品并进行展示和分享的学生,教师要激发学生的自信心和学习兴趣,同时鼓励学生提供对教学过程和内容的反馈和建议,以便进一步完善和优化课程设计。

在教学过程中,教师要不断尝试新的教学方法和手段,如引入更多的实际案例、组织课外实践活动等,以拓宽学生的视野,提高学生的实践能力。此外,可以将3D建模技术与其他学科进行跨学科融合,将3D建模技术应用到其他领域的学习和实践中,培养学生的综合应用能力和创新精神。

【教案案例4-27】《3D打印技术演示》教学案例——科技类活动项目教学组织与设计

3D打印教学案例适合中学阶段的学生,既适合课堂教学,也适合上机教学,甚至可以作为夏令营等课外实践活动或比赛训练的内容,能够让学生在实际操作中更好地理解和掌握3D建模与打印技术。

一、背景和意义

3D打印是一种以数字模型文件为基础,运用粉末状金属或塑料等可黏合材料,通过逐层打印的方式来构造物体的技术。3D打印通常采用数字技术材料打印机来实现,目前在教育行业应用越来越广泛。它满足了多元课程融合学习和核心素养教育的需要。3D打印技术不仅可以激发学生的兴趣,提高他们的专注力,还可以通过探索解决方案让学生学会应用和验证书面知识获得新的理念和认知。

二、活动目标

通过以项目为基础、以解决方案为导向的3D设计的学习,让学生积极参与和深度学习。在设计思维学习中,学生通过探索,在建模和测试的过程中发现相互学习的相关性,并对知识获得的路径更加了解。通过探索解决方案,让学生学会应用和验证书面知识获得新的理念和认知,同时培养学生的合作精神和团队精神。

三、活动要求

1. 掌握3D打印的基本流程:建模,切片,格式转换,打印。

2. 培养学生的动手能力、团结合作能力、表达和创新能力。让学生在实践中感受最新科学技术在生活中的应用。

四、活动步骤

本次教学活动按照导入、建模操作和使用的步骤进行。活动对象主要是8—13岁的在校学生。他们对新鲜事物充满好奇,善于探索和发现问题,勇于创新,同时也具备一定的自主学习能力。

1. 导入设问

同学们知道打印机吗?打印机出来的东西有什么变化?3D打印机和普通打印机区别在哪里?

教师分别对比2D打印机和3D打印机的成品,激发学生对新事物的兴趣。

教师解释3D打印机的构造以及机身特点。学生可以围观3D打印机,讨论它和2D打印机的不同点。

2.建模、示范操作

(1)教师拿出3D打印的镜框让学生思考它是如何做出来的。每6个学生为一组进行讨论,围绕如何制作镜框这一问题激发学生的想象力以及团队协作能力。在讨论的过程中,学生可以设计不同形状、不同款式的镜框,思考如何制作才能让镜框美观又舒适。

(2)教师演示如何建立镜框模型,教师先示范操作软件。操作完成后,学生掌握操作方法,再2人为一组,一个人操作,一个人指导。在建模过程中,学生要思考模型尺寸大小是否合适,长度、宽度是否适合佩戴和使用。在小组合作过程中,学生锻炼了动手能力、思维能力和团队协作能力。

3.切片软件使用,导入3D打印机

(1)教师再次提问:同学们把模型做好了,但是如何将模型变成我们想要的镜框呢?能直接导入3D打印机吗?此时学生回答"不知道",教师导入切片软件。

(2)切片软件将3D模型切成一片片后,以适合3D打印机的打印格式进行保存,用SD卡将模型切片导入打印机进行打印。

(3)示范操作如何使用切片软件并解释软件的作用,小组轮流操作切片软件。

(4)将正确的打印格式导入SD卡,指导学生正确使用打印机,增强学生的动手能力和团队协作能力。

五、活动创新点

通过理论和实践结合的3D打印技术的学习,同学们可以设计自己想要的作品并进行打印。在镜框制作的过程中,教师要引导学生发挥想象力来制作不同款式、不同形状、不同颜色、不同大小的镜框,鼓励学生不断创新。在这个过程中,学生分小组讨论,锻炼了想象力,培养了协调和合作精神,最重要的是提高了创新能力和思维发散能力。打印成品的出现也大大提高了学生的动手能力,增强了学生的自信心,学生的想象空间得到进一步拓宽。在教学方法上,整个活动使用了演示法、讨论法和实验法三种教学方法,使学生发挥自身特长。在教学过程中,教师积极引导学生独立思考。

六、活动准备工作

检查室内电源开关,确保电源开关没有问题;准备用于对比的2D打印成品、3D打印成品和塑料打印材料。

七、安全预案

3D打印机打印速度较慢,花费的时间更长,具有严格的自控性。在3D打印过程中,打印机长时间操作容易发热。因此,打印时要注意避开打印机的发热部位,避免烫伤。在打印前接通电源的过程中,注意检查电源线是否有故障,确保电路通畅和安全。

八、活动反思

本次3D打印教学中,我为学生提供了素材,在学生还没有接触此软件时选取两个工具进行讲解。在本节课开始之前,我将3D打印的几个实物呈现在学生面前,一定程度上激发了学生的学习兴趣。课堂上,我利用小徽章,对表现优秀的学生进行表扬和奖励,调动了优秀学生的积极性和主观能动性,但是忽视了对其他学生的培养。这点有待提高和改善。

九、活动评价

讨论和交流贯穿于整个教学活动,大部分同学能够积极举手发言,参与到课堂活动中来。各小组成员积极给出建议,创新意识强烈,在建模的过程中有所体现。学生对新事物有强烈的求知欲望,遇到问题与小组成员进行探究,各成员发挥自身的特长解决问题。教师在教学过程中引导学生独立思考,实践创新的想法,对于学生的成长有积极作用。

本节按编程工具分类展示了少儿编程的教学案例,旨在帮助信息技术教师丰富教学内容,提升学生的学习兴趣和实践能力。在实际教学中,教师可以根据学生的年龄和认知水平选择合适的案例进行教学。各类教学案例不仅使学生掌握了基本的编程知识和技能,还培养了学生的创新思维、问题解决能力和团队合作精神。这为学生在未来的学习和工作中更好地应对挑战、实现个人价值奠定了坚实的基础。

【参考文献】

[1]马琳,向丹丹,黄镜彬,等.双减政策引导下少儿编程教育的创新模式探究[J].电脑

知识与技术,2022,18(17):151-154.

[2]常咏梅,王雅萍.基于计算思维发展的儿童编程教学模式设计研究[J].中小学电教,2022(1):63-66.

[3]孟真.面向计算思维的小学信息技术教学游戏设计研究[D].曲阜:曲阜师范大学,2019.

[4]覃玉华.新课标背景下微课应用于中小学信息技术活动的实践研究[J].课堂内外(初中版),2023(40):137-139.

[5]北京教育科学研究院基础教育教学研究中心.教学指南与案例评析:中小学信息技术[M].北京:北京师范大学出版社,2015.

[6]高正东.初中信息技术课中几个教学案例的实践与思考[C]//2020年"区域优质教育资源的整合研究"研讨会论文集,2020.

[7]方其桂.Python快乐编程:中学学科创意编程实例[M].北京:人民邮电出版社,2021.

[8]薛侠.中小学信息技术教师的教学指南:《思维可见的信息技术教学法及实证案例》推介[J].教育研究与评论,2021(6):121-123.

[9]艾靖雯.小学高段进阶编程语言教学策略研究:以Python为例[J].华夏教师,2022(5):24-25.

[10]陈梦雅.基于游戏化教学的初中信息技术课程教学设计与案例实践:以《Python语言程序设计》为例[D].重庆:重庆师范大学,2020.

[11]李新荣.在游戏中学习编程:Scratch在小学信息技术教学中的应用[J].中小学电教,2022(1):85-87.

[12]曹跃瀚.初中信息科技3D打印创客课程的教学实践[J].中小学电教(教学),2023(3):28-30.

[13]姜浩哲,李洁.基于乐高机器人的STEM教学设计与实施[J].中小学实验与装备,2019,29(1):4-5.

[14]曹宇婷.基于乐高WEDO机器人的小学STEM校本课程开发[D].扬州:扬州大学,2019.

[15]邹月卫.STEAM视角下科技教育创客活动中产品设计教学实践研究:以Arduino+3D打印应用为例[J].中国信息技术教育,2023(1):68-70.

[16]罗玲.面向计算思维培养的初中信息技术教学实践研究:以"3D创意花盆制作"教学为例[J].中小学信息技术教育,2022(6):61-63.

第五章 少儿编程发展与信息技术教育研究

在当今的信息时代,计算机技术以及人工智能的快速发展正在深深地影响并改变我们的生活方式,其中少儿编程的发展与信息技术教育尤为引人注目。少儿编程作为培养孩子们逻辑思维和问题解决能力的重要工具,已经逐渐在全球范围内得到普及。同时,信息技术教育也顺应这一趋势,逐步融入学校教育体系。本章将明确少儿编程发展与信息技术教育研究价值意涵,并针对少儿编程发展与信息技术教育研究的选题方向、研究方法以及相关学术论文的写作进行探讨。

第一节 少儿编程发展与信息技术教育研究的价值

少儿编程发展与信息技术教育研究在普及信息技术教育、缩小教育差距和培养未来信息技术人才等方面意义重大,主要表现在以下三个方面。

一、有助于促进少儿编程与信息技术教育的发展与普及

在互联网时代,信息技术教育不断发展与普及,其研究对于促进少儿编程与信息技术教育的发展与普及具有重要作用。通过提供科学的教学理论和实践指导、推动创新和发展、促进普及和推广,以及为政策制定提供科学的依据和支持,可以推动少儿编程与信息技术教育更好地发展,为培养更多的创新人才做出贡献。比如通过对少儿编程与信息技术教育的研究,越来越多的中小学以及幼儿教育培训机构开设了信息技术或少儿编程课程,针对不同年龄段的学生开展教学。Scratch、无人机大赛以及全国青少年信息学奥林匹克竞赛等少儿编程比赛,促进了信息技术教育的发展与普及。

在一些乡村地区,仍有部分教师认为信息技术教育并不重要,对学生的学习没有意义。而信息技术教育的研究能够让教师认识到乡村开展信息技术教学并认真对待信息技术教育的必要性。例如,张勇在《加强信息技术教育 全

面助力乡村教育教学》中提到了乡村学校开展信息技术教育的必要性,帮助乡村教师认识到信息技术教育对发展信息技术以及信息技术教育对学生学习的实际意义。

二、有助于提升少儿编程与信息技术教师的素养

通过深入研究少儿编程与信息技术教育,教师们可以更深入地理解这些领域的教学理念和方法,提高自己的教学水平。他们可以学会如何设计有趣、有挑战性的编程项目,如何引导学生通过编程解决实际问题,以及如何评估学生的学习成果。

少儿编程与信息技术教育研究也有助于教师们提升自己的技术素养。随着技术的发展,教师们需要不断学习和掌握新的编程语言和技术工具,以便更好地指导学生们进行编程学习。通过参与研究和实践,教师们可以不断提升自己的技术水平,为学生提供更好的技术支持。

少儿编程与信息技术教育研究还有助于教师们提升自己的团队协作能力。在研究中,教师们需要与研究人员、家长等合作,共同推动少儿编程与信息技术教育的发展。这种合作经验有助于教师们更好地理解团队协作的重要性,提高自己的团队协作能力。

少儿编程与信息技术教育研究还有助于教师们提高自己的自我学习能力。随着技术的不断发展和教育理念的不断更新,教师们需要持续学习以保持自己的专业素养。通过参与研究和实践,教师们可以学会如何自我学习,保持学习的热情和动力,不断提升自己的专业素养。

三、有助于优化少儿编程与信息技术教师的教学方法

少儿编程与信息技术教育研究对于优化少儿编程与信息技术教师的教学方法具有积极作用。教师通过了解少儿的认知特点和规律,采用先进的教学理念和方法,利用丰富的教学资源和工具,可以更好地激发学生的学习兴趣和创造力,提升教学效果和水平。信息技术教育研究可以帮助教师更好地理解少儿的学习特点和认知规律,从而更好地设计和实施教学活动。少儿时期是孩子大脑发育和认知能力形成的重要时期。教师通过了解少儿的心理和认知特点,可以更好地激发学生的学习兴趣和创造力,提升教学效果。

少儿编程与信息技术教育研究可以为教师提供先进的教学理念和方法,帮

助教师优化教学方法和策略。例如,教师可以采用项目式学习、游戏化学习、探究式学习等方法,激发学生的学习兴趣和动力,提升他们的学习效果。

少儿编程与信息技术教育研究还可以为教师提供丰富的教学资源和工具,帮助教师更好地实施教学活动。例如,教师可以利用各种编程工具、软件、游戏等,为学生提供更加生动、有趣的学习体验,增强他们的学习兴趣,提高他们的参与度。

少儿编程与信息技术教育研究还可以促进教师之间的交流和合作。教师可以通过参加学术会议、研讨会、教育培训等活动,与同行交流教学心得和方法,分享经验和资源,共同提高教学效果和水平。

第二节 少儿编程发展与信息技术教育研究的选题

少儿编程发展与信息技术教育研究的选题从不同的角度探讨少儿编程发展与信息技术教育的关系,为相关领域的研究和实践提供了参考和借鉴。

一、少儿编程发展与信息技术教育研究的选题方向

(一)编程教育中的创新思维训练与实践应用研究

这个方向主要关注如何将编程语言作为学习工具,提高学生的创造性思维能力和解决实际问题的能力。研究可以集中在如何设计更具创新性和实践性的编程课程,以及如何通过编程教育培养学生的创新思维和解决问题的能力。编程教育的实践性和创新性是推动计算机科学发展的重要因素,也是培养未来科技人才的关键。

1. 实践性

编程教育的实践性是指通过编程教育活动,学生能够将所学的编程知识和技能应用于实际场景中,解决实际问题,并在这个过程中不断提高自己的实践能力和创新思维。实践性是编程教育的重要特征之一。它强调学生的实际操作和实践体验,让学生在实践中学习和掌握编程技能。

编程教育的实践性表现在以下几个方面:

(1)编程技能的培养。编程教育注重学生编程技能的培养,通过大量的编程实践,使学生能够熟练掌握编程语言和编程思维,提高解决实际问题的能力。

(2)理论与实践相结合。编程教育强调理论与实践相结合,学生在学习理论知识的同时,也需要通过实践来验证和巩固所学知识。这种以实践为导向的教学方式能够帮助学生更好地理解和掌握编程技能。

(3)问题解决能力的培养。编程教育注重培养学生的问题解决能力,通过解决实际问题,让学生学会分析问题、提出并实施解决方案,从而提高他们的实践能力和解决问题的能力。

2. 创新性

编程教育的创新性表现在以下几个方面:

(1)创新思维的培养。编程教育注重培养学生的创新思维,通过引导学生进行自主思考和创新实践,使学生发现新问题、提出新思路和新方法,从而培养他们的创新意识和创新能力。

(2)技术应用创新。编程教育鼓励学生将所学知识应用到实际生活中,通过开发新产品、优化现有产品或创造新的应用领域,实现技术应用创新。这种创新能够推动科技的发展和社会的进步。

(3)学习方式的创新。编程教育在开展过程中采用了多种学习方式,如合作学习、自主学习和探究学习等。这些学习方式能够激发学生的学习兴趣和主动性,培养他们的创新能力和自主学习能力。

(4)编程教育的实践性和创新性是相辅相成的。通过实践性教学,学生能够掌握编程技能并提高解决问题的能力;通过创新性教学,学生能够培养创新思维并实现技术应用创新。因此,在编程教育中,教师应该注重实践性和创新性的结合,以培养学生的实践能力和创新能力为目标,推动计算机科学的发展和科技的进步。

(二)多模态学习分析研究——教师支架应用于小学协作编程

编程教育正逐渐进入小学课堂。对于小学生来说,编程不仅是学习技能的途径,更是培养逻辑思维、创新能力和团队协作精神的重要途径。在这个过程中,教师的支架作用不可忽视。本研究采用多模态学习分析方法,探讨教师支架对小学生小组协作编程的影响。

1. 研究方法

采用多模态学习分析方法,结合问卷调查、观察记录和访谈等多种数据收集方法,对小学生小组协作编程过程中教师的支架作用进行深入分析。

2.教师支架的定义与作用

教师支架是指在学生学习过程中,教师提供的各种支持和引导。在小学生小组协作编程中,教师的支架作用主要体现在以下几个方面:

(1)提供编程知识与技能的指导,帮助学生掌握编程基础。

(2)引导学生明确小组协作的目标与分工,提高团队协作效率。

(3)及时给予学生反馈与建议,帮助学生调整编程策略,提高编程能力。

3.多模态学习分析

通过多模态学习分析方法,对小学生小组协作编程过程中的教师支架作用进行量化与质性分析,具体包括以下两个方面:

(1)量化分析:通过问卷调查收集学生对教师支架的感知与满意度数据,运用统计软件进行数据处理与分析,揭示教师支架与学生协作编程能力之间的相关性。

(2)质性分析:通过观察记录和访谈收集学生在小组协作编程过程中的实际表现与体验数据,运用内容分析法对收集到的数据进行编码与分类,深入剖析教师支架对学生协作编程能力的影响。

4.研究结果与讨论

本研究发现,教师支架对小学生小组协作编程具有显著影响。

(1)教师提供的编程知识与技能指导有助于学生更好地掌握编程基础,提高学生的编程能力。

(2)教师引导学生明确小组协作的目标与分工,有助于提高学生的团队协作效率。

(3)教师及时给予学生反馈与建议,有助于帮助学生调整编程策略,提升学生的编程能力。

同时,本研究还发现,不同类型的教师支架对学生协作编程能力的影响程度存在差异。因此,教师在设计支架时需要根据学生的实际情况和需求进行个性化调整,以最大限度地发挥支架的作用。

5.结论与建议

基于研究结果,从教学角度看,教师应利用不同支架(例如,低等和中等控制水平的认知支架)的即时性效果提高协作质量,利用不同支架(例如,高控制水平的认知支架)的延迟性效果培养学生的高阶协作能力。从研究角度看,多模态学习分析有利于从社会、认知、行为和微观层面理解协作学习,使教师能够更好地理解和反思协作学习的过程,更熟练地应用支架以支持协作学习。因此,本研究基于实证研究结果对教师支架的设计和应用提出相关教学启示,并建议相关研究利用多模态学习分析从时间角度揭示协作学习的过程性特征。

6. 展望

未来的研究可以进一步拓展教师支架在其他学科领域的应用,以及针对不同年龄段学生的特点设计更具针对性的支架策略。此外,还可以探讨如何将多模态学习分析方法与其他研究方法相结合,以更全面地揭示教师支架对学生学习效果的影响机制。

(三)个性化编程教育

这个方向主要关注学生的个人需求和兴趣,以及如何满足学生的个性化需求,提供个性化的学习方法和课程。研究可以集中在如何评估学生的个性化需求,如何设计个性化的编程课程,以及如何有效地实施个性化教学上。

个性化编程教育是一种基于学生个性特点和需求的教育方式,旨在培养学生的编程思维和技能,激发他们的创新精神和创造力。以下是个性化编程教育的几个关键方面:

1. 对学生个性的理解和尊重

个性化编程教育的前提是对学生个性的理解和尊重。每个学生都有自己的兴趣和优点,具有不同的学习能力,这些因素会影响他们的学习效果。因此,教师应深入了解每个学生的特点,尊重他们的个性,并根据他们的需求和兴趣制订个性化的教学计划。

2. 灵活的教学方式和方法

个性化编程教育需要灵活的教学方式和方法。不同的学生有不同的学习方式和速度,因此,教师应该采用多种教学方式和方法,以满足学生的个性化需求。例如,有些学生可能喜欢通过观看视频或实际操作来学习,而有些学生则喜欢通过阅读教材或听教师讲解来学习。教师应该根据学生的不同需求和兴趣,提供多样化的学习资源和课程,并采用在线学习、合作学习、探究学习等多种教学方式和方法。

3. 以实践为主的教学内容

个性化编程教育需要以实践为主的教学内容。编程是一种实践性很强的技能，学生需要通过实践来巩固和掌握所学知识。因此，教师应该设计多种实践项目，让学生通过完成项目来学习编程知识和技能。这些实践项目包括编程练习、小游戏制作、网站开发等，可以激发学生的学习兴趣和动力，提高他们的实践能力和问题解决能力。

4. 创新精神和创造力的培养

个性化编程教育的核心是创新精神和创造力的培养。编程是一种创新性的工作，需要学生具备创新思维和创造力。因此，教师应注重培养学生的创新精神和创造力，通过引导学生进行自主思考和创新实践，让他们发现新问题，提出新思路和新方法。同时，教师也应该为学生提供良好的创新环境和资源，如创客空间、开源软件等，帮助他们实现创新成果。

5. 多元化的评价方式

个性化编程教育需要多元化的评价方式。由于每个学生的学习方式和进度都不同，因此，教师应该采用多种评价方式，以全面了解学生的学习情况。例如，教师可以采用作品评价、平时表现评价、考试成绩评价等多种方式，以更好地反映学生的综合素质和实践能力。

个性化编程教育是一种以学生为主体，尊重学生个性，注重实践和创新精神培养的教育方式。这种教育方式通过深入了解每个学生的特点和学习需求、制订个性化的教学计划、采用灵活的教学方式和方法、设计以实践为主的教学内容、采取多元化的评价方式等手段，更好地满足学生的个性化需求，提升他们的编程技能，培养他们的创新精神。在未来的教育中，我们应该不断探索和创新个性化编程教育的方式和方法，为每个学生提供最适合他们的教育资源和环境。

(四)少儿编程教育的跨学科融合

这个方向主要关注如何将少儿编程教育与其他学科(如 AI、物联网、机器学习等)融合。研究可以集中在如何设计和实施跨学科的编程课程，以及帮助学生更好地理解如何将编程融入其他领域中，并更好地应用所学到的知识上。

少儿编程教育是近年来备受关注的一个重要领域。它不仅涉及计算机科学本身，还与数学、物理、工程等多个学科领域密切相关。跨学科融合是编程教育未来发展的重要趋势之一。它可以帮助学生更好地理解和应用编程技能,同时也可以促进学科之间的交叉融合和创新。

1. 少儿编程教育与语文的融合

编程需要良好的语言表达能力,因为编程语言本身就是一种特殊的语言。在编程过程中,孩子们需要学习如何清晰地表达自己的想法和意图,这对于提高他们的语文水平有很大的帮助。

2. 少儿编程教育与数学的融合

少儿编程教育与数学之间有着密切的联系。编程涉及算法和数据结构,而这些是数学课程中非常重要的概念。在少儿编程教育中,学生需要学习和应用逻辑思维、分类讨论、数学建模等思想和方法,以提高编程效率和解决问题的能力。同时,通过编程实践,学生可以更好地理解和应用数学概念,提高数学素养和思维能力。

3. 少儿编程教育与物理的融合

物理是一门实验性很强的学科,与编程存在很多共通之处。在物理实验中,学生需要通过编程来控制实验设备、采集实验数据、分析实验结果等。同时,物理中的很多概念和原理也可以应用到编程中。例如,力学中的运动学、动力学等概念可以应用到机器人的控制中。通过跨学科融合,学生可以更好地理解和应用物理概念,同时也可以提高编程技能和创新能力。

4. 少儿编程教育与工程的融合

工程是一门实践性很强的学科,与少儿编程存在密切的联系。在工程实践中,学生需要通过编程来控制机械设备,实现自动化生产。同时,工程中的很多原理和思想也可以应用到编程中,例如控制论、优化算法等。通过跨学科融合,学生可以更好地理解和应用工程概念,提高编程技能和实践能力。

5. 少儿编程教育与科学的融合

编程教育中的很多内容都与科学知识相关,如物理引擎、机器人编程等。通过编程,孩子们可以模拟实验,探索科学规律,从而更深入地理解科学原理。

6. 少儿编程教育与艺术的融合

编程也可以与艺术相结合,例如通过编程创作动画、音乐、游戏等。这种跨学科的学习方式,不仅可以培养孩子们的创造力,还能让他们体验到艺术与技术的完美结合。

跨学科融合是少儿编程教育未来发展的重要趋势之一。通过开设跨学科课程、开展跨学科项目、加强教师培训、建立跨学科平台等多种手段，可以促进各学科之间的交叉融合和创新，培养更多具有创新精神和创造力的优秀人才。

（五）教育大数据与精准教学及其关系

这个方向主要关注如何利用教育大数据进行分析与应用，以及如何实现精准教学。研究可以集中在如何收集和分析编程教育的大数据，如何利用这些数据来改进教学和提升学生的学习效果，以及如何实现精准教学以更好地满足学生的个性化需求上。

教育大数据与精准教学是近年来教育领域备受关注的话题。随着信息技术的发展，教育大数据的应用越来越广泛。它可以帮助教师更好地了解学生的学习情况，从而进行精准教学，提升教学效果和学生的学习效果。

1. 教育大数据的应用

教育大数据是指在教学过程中产生的海量数据，包括学生作业、考试成绩、课堂表现、在线学习行为等。通过分析这些数据，教师可以更好地了解学生的学习情况和需求，从而进行精准教学。

学情分析：通过分析学生的学习数据，教师可以了解学生的学习兴趣、水平和习惯，从而更好地解决学生的学习需求和困难，为每个学生提供个性化的学习方案。

课程设计：通过分析教学内容和学生的学习数据，教师可以更好地了解学生的学习特点和需求，从而设计更适合学生的教学内容和方式。

教学评估：通过分析学生的学习数据和成绩，教师可以更好地评估教学效果和学生的学习效果，从而及时调整教学策略和方法，提高教学质量。

2. 精准教学的实践

精准教学是指根据学生的学习情况和需求，采用科学的教学方法和手段，对学生进行精准的教学干预，从而提高学生的学习效果和成绩。

个性化教学：通过分析学生的学习数据和情况，教师可以为每个学生提供个性化的学习方案和教学干预，从而满足不同学生的需求和特点。

实时反馈：通过实时分析学生的学习数据和表现，教师可以及时发现学生的学习困难和问题，从而进行及时的反馈和干预，帮助学生解决问题和提升学习效果。

精准辅导:通过分析学生的学习数据和成绩,教师可以精准地找到学生的学习难点和薄弱环节,从而进行针对性的辅导和干预,帮助学生克服学习困难和提高学习成绩。

3.教育大数据与精准教学的关系

教育大数据与精准教学是相互促进、密不可分的。教育大数据是精准教学的基础和前提,而精准教学则是教育大数据的应用和体现。通过教育大数据的分析和应用,教师可以更好地了解学生的学习情况和需求,从而进行精准教学。同时,通过精准教学的实践和应用,教师可以不断积累和生成新的教育大数据,为进一步的教学分析和应用提供数据支持。

4.教育大数据与精准教学的未来

随着大数据技术的发展和应用,教育大数据与精准教学的前景越来越广阔。未来,我们可以进一步探索如何将教育大数据与精准教学更好地结合在一起,实现更智能化、个性化的教学。例如:利用人工智能技术对学生的学习数据进行深度分析和挖掘,为教师提供更加全面、精准的教学支持和辅助;利用虚拟现实等技术为学生提供沉浸式、体验式的学习环境和资源等。

教育大数据与精准教学是未来教育发展的重要方向之一。通过教育大数据的分析和应用以及精准教学的实践和创新,我们可以更好地了解学生的学习情况和需求,从而为学生提供更加个性化、精准化的教学服务和支持,让他们在更好的学习环境中成长和发展。

(六)信息技术教师专业发展

信息技术教师专业发展研究是一个重要的领域。随着信息技术的不断进步和发展,教师的专业发展也随之改变。这种变化不仅仅体现在教育技术的使用上,还体现在对教师角色的理解、教育理念的更新以及教育方式的变革等方面。

1.信息技术教师的专业发展在专业技能上有更高的要求。他们不仅需要掌握传统的教学方法,还需要熟悉并掌握各种新兴的信息技术工具,如云计算、大数据、人工智能等。这些技术工具不仅可以提高教学效率,还可以创新教学方式,更好地满足学生的学习需求。

2.信息技术教师的角色也在发生变化。他们不仅仅是技术的使用者,更是技术的引领者和创新者。他们需要将技术与教学深度融合,通过技术创新推动教学创新，从而提升学生的学习效果。同时，他们还需要成为学生学习过程中的指导者和伙伴，帮助学生更好地理解和应用信息技术。

3. 信息技术教师需要关注教育理念的更新。他们需要理解并接受以学生为中心的教育理念，尊重学生的个性差异，关注学生的学习过程，而不仅仅是学习结果。他们还需要关注学生的全面发展，通过信息技术教育培养学生的信息素养、创新思维和实践能力等。

4. 信息技术教师还需要关注其职业生存环境和发展现状。他们需要关注行业的最新动态，了解技术的最新发展，不断提高自身的专业素养。同时，他们还需要关注自己的职业发展路径，明确自己的职业目标，规划自己的职业生涯。

因此，信息技术教师专业发展研究是一个涵盖多个方面的综合性研究。它需要关注教师的专业技能、角色定位、教育理念以及职业生存环境等多个方面。只有这样，我们才能更好地推动信息技术教师的专业发展，为培养更多的优秀人才做出贡献。

（七）少儿编程与智慧教育示范区建设

这个方向主要关注如何创建和治理智慧教育示范区，以及如何在这些示范区有效地实施少儿编程教育。研究可以集中在如何设计和建设智慧教育示范区，如何有效地实施少儿编程教育，以及如何评估这些示范区的治理效果。

智慧教育示范区建设是当前教育信息化发展的重要趋势之一，旨在通过信息技术手段，提高教育教学效率和质量，推动教育现代化。本文将从智慧教育示范区建设的意义、目标和措施等方面进行探讨。

1. 智慧教育示范区建设的意义

智慧教育示范区建设对于推进教育信息化、提高教育质量、促进教育公平具有重要意义，具体包括以下几个方面：

（1）推进教育信息化：智慧教育示范区建设是教育信息化发展的重要组成部分，通过信息技术手段，促进教育教学与信息技术的深度融合，推动教育信息化的进程。

（2）提高教育质量：智慧教育示范区建设可以通过智能化教学、个性化学习等方式，提升学生的学习效果，激发学生的学习兴趣，同时也可以提高教师的教学质量和效率。

（3）促进教育公平：智慧教育示范区建设可以通过远程教育、在线学习等方式,打破地域限制,让更多的学生享受到优质的教育资源,促进教育公平。

2. 智慧教育示范区建设的目标

智慧教育示范区建设的主要目标是推动教育教学与信息技术的深度融合,提高教育教学效率和质量,促进教育公平和现代化。具体包括以下几个方面:

(1)构建智能化教学环境:通过建设智能化教学平台、数字化教学资源、智能化教学设备等,构建智能化教学环境,实现教学过程的智能化管理和反馈。

(2)个性化学习:通过大数据分析、人工智能等技术手段,为学生提供个性化的学习方案和资源,满足学生的个性化需求和发展。

(3)提高教师素质:通过培训和交流等方式,提高教师的信息技术应用能力和教育教学水平,促进教师的专业发展。

(4)远程教育和在线学习:通过远程教育和在线学习等方式,打破地域限制,为学生提供更多的学习机会和资源,促进教育公平。

(5)创新教育教学方式:通过信息技术手段,创新教育教学方式和方法,推动教育教学改革和创新。

3. 智慧教育示范区建设的措施

为了实现智慧教育示范区建设的目标,需要采取一系列措施:

(1)制定规划和管理制度:制定智慧教育示范区建设的规划和管理制度,明确建设目标、任务和责任主体,确保建设的顺利实施。

(2)加强基础设施建设:加强智慧教育示范区的基础设施建设,包括网络设施、数据中心、教学设备等,为教育教学提供稳定、可靠的技术支持。

(3)强化师资培训和技术支持:加强教师的信息技术应用能力和教育教学水平的培训,同时也要提供及时的技术支持和维护,确保智慧教育的顺利实施。

(4)推进资源共享和应用:建设数字化教学资源库和平台,推进优质教育资源的共享和应用,促进教育的公平和普及。

(5)加强合作和交流:加强与其他地区、学校和企业的合作交流,共享智慧教育的经验和成果,推动智慧教育的发展和应用。

因此,智慧教育示范区建设是当前教育信息化发展的重要趋势之一,对于推进教育信息化、提高教育质量、促进教育公平具有重要意义。因此,我们应该加强智慧教育示范区建设的研究和实践,制定科学合理的规划和措施,为实现智慧教育的目标而努力。

关于少儿编程和信息技术教育研究的成果颇为丰富。近五年,有关少儿编程和信息技术教育研究的文献有很多。表 5-1 中列举了部分研究成果。

表 5-1　少儿编程和信息技术教育期刊文献和专利

文献名/专利名	作者	出处	发表时间/专利申请日期
少儿编程教学方法研究——以新疆开放大学"有道优课"少儿编程为例	琚泽伍、张雨停	《新疆开放大学学报》	2023 年第 1 期
基于 Roblox 平台的少儿编程课程设计与实践初探	赵诗怡、谢鑫、龙庆平、廖婧岚、谭治业、范鹏珍	《科教导刊(电子版)》	2023 年第 2 期
STEM 教育、STEAM 教育与幼儿编程教育	边霞	《教育导刊》	2022 年第 5 期
教育信息化下少儿编程的现状分析及对策探析	高璐	《中文科技期刊数据库(文摘版)教育》	2021 年第 5 期
AI 战略下少儿可视化编程教育研究	钟志宏、周娟娟	《电脑知识与技术》	2019 年第 32 期
基于 STEAM 理念的少儿编程课程体系的研发	方芳、陈晓伟	《电脑知识与技术》	2022 年第 30 期
我国少儿编程线上线下混合教学模式探究	李海茹、康肖楠	《电脑知识与技术》	2022 年第 9 期
我国少儿编程类图书出版探析	徐瑞成	《传播力研究》	2021 年第 19 期
小学阶段开设少儿编程的困境与出路	生辉	《新课程导学》	2022 年第 16 期
基于 ITIAS 的少儿编程在线一对一教学分析研究	袁东斌、吴征依	《闽南师范大学学报(哲学社会科学版)》	2021 年第 3 期
编纂少儿编程统编教材势在必行	王朔	《民主》	2022 年第 10 期
基于 JL 创享编程的少儿编程研究	王欢、王炜	《信息与电脑》	2021 年第 12 期

续表 5-1

文献名/专利名	作者	出处	发表时间/专利申请日期
基于 Web 的少儿在线编程课堂研究和实现	黄志文	《计算机应用文摘》	2022 年第 24 期
浅析少儿编程对提升小学生计算思维的帮助	刘丽君	《理科爱好者（教育教学）》	2021 年第 5 期
一种基于 STEAM 教育的少儿编程教学方法及平台	曹斌	湖北中软中创科技有限公司	2021 年 6 月 15 日
少儿编程对提升小学生计算思维的作用探析	牟森	《孩子》	2021 年第 16 期
面向计算思维培养的少儿编程项目学习与案例设计研究	刘伟兰	《中国信息技术教育》	2021 年第 A2 期
基于兴趣引导的交互式少儿编程教具产品设计探究	王增厚	《科技与创新》	2021 年第 16 期
基于数据分析下的少儿编程市场状况——以荆州为例	薛瑞洁、熊杰、刘彩云	《电脑知识与技术》	2020 年第 5 期
浅谈少儿编程在四线城市的发展及对策	王靖涛、李华、赵瑞泽、侯超凡、庞晓丽	《科学大众》	2020 年第 9 期
武汉市少儿编程行业的可持续发展研究	孙卓尔、秦子珊、柯云龙、佘智杨、朱艺馨、陈果	《进展（科学视界）》	2020 年第 10 期
少儿编程进入中小学信息技术课堂的可行性及对策分析	熊嘉星、徐昌鸿、袁玖根	《发明与创新（职业教育）》	2021 年第 5 期
国内编程教育研究的可视化分析——基于 2016—2019 年中国知网的期刊分析	刘卫星、刘凤娟	《教育信息技术》	2021 年第 3 期
社区教育中少儿编程课程建设研究	孙琦	《数码设计（下）》	2019 年第 1 期

续表 5-1

文献名/专利名	作者	出处	发表时间/专利申请日期
编程教育中的教学评一体化解析——基于 Python 编程中的"初识分支结构"教学案例	刘野	《中小学信息技术教育》	2021 年第 12 期
少儿编程:下一个奥数?	符遥	《学习之友》	2019 年第 2 期
挖掘学生创造潜能培养少儿编程素养——小学信息技术 Scraino 编程教学策略探究	张娜	《新课程教学(电子版)》	2020 年第 3 期
创客视域下少儿机器人课程设计与实践——以 ICMC 国际机器人创客大赛 EV3 项目为例	万冰慧、杨颖	《电脑知识与技术》	2023 年第 15 期

表 5-2 所列内容是近五年有关少儿编程和信息技术教育研究的部分学位论文。

表 5-2 少儿编程和信息技术教育学位论文

文献名	作者	大学	发表时间
小学信息技术"图形化编程"学习活动设计及实践研究	聂婷	内蒙古师范大学	2022 年
基于 SCS 创客教学法的小学图形化编程教学设计与实践研究	王言	宁夏大学	2022 年
基于 STEAM 教育理念的小学图形化编程教学模式的设计与应用	刘月	天津师范大学	2021 年
积木式 python 编程系统的研究与实现	刘正	北京邮电大学	2020 年
基于 Scratch3 的在线编程系统的设计与实现	江友华	北京邮电大学	2020 年
基于 Unity3D 教育游戏的设计与开发——以 Python 编程语言学习为例	孙程	江西科技师范大学	2020 年
在线编程平台数据集的研究与实现	彭聪	北京邮电大学	2020 年
以智能小车为平台的少儿计算思维能力培养与实践	宫涛涛	西北师范大学	2020 年

第三节　少儿编程发展与信息技术教育研究的基本方法

随着科技的飞速发展,编程技能和信息技术的重要性日益凸显,少儿编程教育逐渐受到广泛关注。越来越多的儿童开始接触计算机编程,并在这个领域展现出惊人的天赋和潜力。少儿编程可以帮助儿童培养逻辑思维、创新能力和解决问题的能力,为他们未来的职业发展奠定坚实的基础。因此,对少儿编程发展与信息技术教育进行研究具有重要的现实意义和理论价值。

少儿编程发展与信息技术教育研究的基本方法主要有文献研究、文本分析、问卷调查、访谈等,其中,文献研究法与文本分析法常常一起使用。

一、文献研究法

文献研究法就是阅读大量与少儿编程发展、与信息技术教育研究相关的文献,再将这些文献进行归纳和整理,得出结论,并在此基础上提出作者自己的想法。文献研究法是目前少儿编程发展与信息技术教育研究中比较常用的一种研究方法。

目前,刊载少儿编程发展与信息技术教育类论文的文献资料主要有三类:

(一)少儿编程发展类专业杂志

少儿编程发展类专业杂志主要刊载有关少儿编程与少儿编程发展的论文、综述、研究报告、评述与动态。这些杂志侧重点有所不同,有的侧重少儿编程与少儿编程发展理论研究,有的侧重少儿编程与少儿编程发展实践研究。

(二)教育学类期刊、集刊、丛刊、汇刊及高校的学报

比如《中国教育信息化》《现代教育技术》等,这些期刊也会发表少儿编程发展与信息技术教育研究类论文,学术性和专业性都比较强。

(三)文摘及复印资料

这是一种资料汇编性的综合索引刊物。比如专门收录少儿编程发展与信息技术教学类的重要文章及信息资料,可供少儿编程发展研究人员及中小学信息技术教师做教学参考。

【案例 5-1】 少儿编程教育在提升学生创新能力方面的作用研究

研究目的：通过对少儿编程教育的研究文献进行梳理和分析，探讨少儿编程教育在提高学生创新能力方面的作用，为相关领域的研究和实践提供参考。

研究方法：采用文献综述法，通过收集和阅读国内外相关文献，对少儿编程教育在提高学生创新能力方面的作用进行系统性的梳理和分析。

研究步骤：确定研究范围和关键词，通过学术搜索引擎和图书馆等途径收集相关文献。对收集到的文献进行筛选和分类，按照研究目的和主题进行整理和分析。对文献中的研究方法、数据来源、结论和建议进行详细的分析和评价。

根据分析结果，提出少儿编程教育在提高学生创新能力方面的作用及未来的研究方向。

研究结果：通过对文献的梳理和分析，发现少儿编程教育在提高学生创新能力方面具有重要作用。首先，少儿编程教育可以培养学生的逻辑思维能力和问题解决能力，这是创新能力的核心要素。其次，少儿编程教育可以培养学生的创造力和想象力，这是创新能力的关键要素。此外，少儿编程教育还可以培养学生的团队协作能力和沟通能力，这些能力对于创新能力的提升也具有重要意义。

结论：通过对少儿编程教育的研究文献进行梳理和分析，可以发现该领域在提升学生创新能力方面具有重要作用。因此，需要加强相关领域的研究和实践，为少儿编程教育的进一步发展提供有力支持。同时，也需要进一步探讨如何将少儿编程教育与创新能力培养相结合，以更好地发挥其在提高学生创新能力方面的作用。

二、文本分析法

文本分析法是研究者用来诠释文字记载与视觉信息特征的一种研究方法，由研究者从文本中找出意义，这个意义可能是文本自身的意义，也可能是研究者通过观察和搜索给出的意义。文本分析法可描述文本内容的结构和功能，多用于分析教材文本或已发表的少儿编程发展与信息技术教育研究相关的纸质资料。比如，《2003—2020 年我国高中信息技术教材出版情况及内容分析》一文针对高中信息技术课程的发展分析采用了文本分析法。这是由教材文本形成后在一定时期内具有稳定性、明确性，结论具有可重复性、可信度高的特点决定的。

三、问卷调查法

问卷调查法简称问卷法,是设计者根据调查目的提出各种问题,采用问卷的形式,向调查对象了解所需要的信息或咨询建议的调查方法。问卷调查法是通过书面的形式给出问题,要求调查对象按照要求作答后收集、整理、分析信息的一种研究方法。设计者将所要调查的问题设计成选择题或问题表格,通过邮寄或当面回答的形式,了解调查对象对所研究问题的认识和看法。比如,针对少儿编程发展融入少儿编程的教学现状就可以使用问卷调查法,可以选取所教班级的学生,分别从学生和教师两个角度来调查少儿编程发展融入少儿编程的教学现状,然后对调查结果进行统计和分析,了解学生和教师对少儿编程发展融入少儿编程教学的看法和意见,从而帮助学生从少儿编程历史发展的视角深刻理解少儿编程概念的本质。

四、访谈法

访谈法也称谈话法,是指设计者为了了解某些事实的真相和调查对象的真实想法,直接与调查对象沟通交流,并收集信息和整理信息的研究方法,常与问卷调查法一起使用。如《政策驱动下的少儿编程教育发展问题研究——以上海小学生编程教学为例》一文中就使用了问卷调查法和访谈法,分别针对小学生编程学习的内因、外因和编程教师进行分析研究。少儿编程发展与信息技术教育研究中,访谈法是最常用、最简洁的研究方法之一,也是最原始、最古老的收集数据和信息的方法之一。需要说明的是,访谈法不是随便的交流,而是具有研究性质的谈话,是有目的、有计划、有策略的沟通,在实施过程中有确定的指向性,自始至终围绕研究主题来进行访谈。比如,针对少儿编程发展融入信息技术教学对教师信息技术认识信念的影响研究,就可以从多个维度编制课堂观察量表,并进行一个学期的跟踪研究,然后根据实践过程中收集到的教学设计文本、课堂教学观察记录编制访谈提纲进行访谈,最后进行质性分析,以探索教师的信息技术认识信念在实践过程中的变化情况。

五、行动研究法

"行动研究"一词源于美国,1946年由心理学家库尔特·勒温(Kurt Lewin)正式定名。20世纪70年代,行动研究的思想在教育领域受到人们的广泛关注和借鉴。其中,最有影响的倡导者是美国学者柯雷(Corey),他第一次将行动研究运用到教育领域。行动研究是研究者为加强对所从事的社会工作的理性认识、为加深对实践活动及其背景的理解而进行的反思研究。对于少儿编程发展与信息技术教育研究来说,行动研究就是信息技术教育研究者为了解决某一个少儿编程发展融入信息技术教育或教学问题,通过制订计划、具体实施、观察效果、总结反思、修正设计而循环往复获得结论的研究方法。比如,针对已有研究成果,研究者可以根据信息技术概念的历史发展过程开发教学设计,对某高中的实验班与对照班实施少儿编程发展融入信息技术教学的行动研究,再对行动研究的数据进行分析并提出教学建议。

【案例 5-2】少儿编程教学方法研究——以新疆开放大学"有道优课"少儿编程为例

随着少儿编程教育规模的扩大,少儿编程教育开展的过程中出现了一系列问题,如少儿编程知识的专业性、学习过程中交流的通畅性、严密的逻辑表达、持久的兴趣吸引、课后的强化复习等问题。本文基于网易有道优课"双师"课堂,以 2021 年春季新疆开放大学(以下简称新疆开大)的"有道优课"少儿编程为例,围绕 5—10 岁少年儿童,通过优化少儿编程的教学方法,探索解决以上问题。下面是论文的框架。

一、少儿编程教学方法介绍

二、基于少儿编程教学方法的调查问卷的数据分析

(一)研究样本的分布。(二)教学过程分析。(三)家长及少儿培训反馈的分析。

三、当前少儿编程教学方法存在的问题

(一)课程内容不符合少儿学习特点(学习内容复杂、知识重点提炼不明确、忽视多维度计算思维培养)。(二)教学方法较为单一(课程导入方式不当、教学中交流不够畅达)。

四、少儿编程教学方法问题原因探析

五、少儿编程教学方法质量提升策略

(一)教师素养方面。(二)教学方式的设计方面。(三)教学过程方面。

六、观察法

观察法是进行教育科学研究常用的一种方法。研究者依据一定的目的和计划,在自然条件下,对研究对象进行系统、连续的观察,并做出准确、详尽的记录,以便全面、正确地掌握所要研究的情况。观察法一般常用于市场调研中。比如,在中小学少儿编程发展中,市场的冷热情况也十分重要,它反映了少儿编程发展的可行性。这一点可在《奥数遇冷编程渐热之思》一文中得到验证。

观察法的步骤如下:

(一)事先做好准备,制订观察计划,先对观察对象做一般的了解;然后根据研究任务和研究对象的特点,确定观察的目的、内容和重点;最后制订整个观察计划,确定观察全过程的步骤、次数、时间、记录用纸、表格、所用的仪器等。

(二)按计划进行观察,在进行观察的过程中,一般要严格按计划进行,必要时也可随机应变。观察时要选择最适宜的位置,集中注意力并及时记录。

(三)及时整理材料,对大量分散材料进行汇总加工,删去一切错误材料,然后对典型材料进行分析,如有遗漏,及时补充,对反映特殊情况的材料另做处理。

第四节　少儿编程发展与信息技术教育学术论文类型及写作

少儿编程在国外的发展较快。目前,少儿编程教育已被多国纳入中小学基础教学体系,许多国家已要求小学生把编程作为自己的必修课。在美国、日本、英国等发达国家,儿童编程已经成为孩子继阅读、写作、算术这三项基本能力后需要掌握的第四项必备技能。美国是最早开始推动少儿编程教育的国家之一,美国政府和许多教育机构投入大量资源,为儿童提供编程教育。英国也是积极推动少儿编程教育的国家之一,英国政府还制定了一项名为"编程必修"的计划,要求所有中小学提供编程课程。检索国外少儿编程相关文献,期刊论文有29.3万篇,图书有410种,学位论文有3.5万篇,会议论文有3732篇。在中国知网搜索"少儿编程"或"信息技术教育",可查到文献200多篇。其中,专门研究"少儿编程"的文献有 90 多篇。我国关于少儿编程教育的文献最早出现于 2016 年。少儿编程成为社会关注的热点始于 2017 年下半年,当时国务院发布了《新一代人工智能发展规划》。此后,少儿编程发展与信息技术教育研究的文献逐年递增,平均每年保持在 30 篇左右。可见,随着我国少儿编程发展与信息技术教育水平的不断提高,少儿编程不再默默无闻,相关研究如雨后春笋般蓬勃发展。

一、少儿编程发展与信息技术教育学术论文类型

(一)实证研究论文

这种类型的论文通过实验或调查的方式,对少儿编程或信息技术教育的实际效果进行测试和分析。作者通常会设计一些实验或调查,收集数据并对其进行统计分析,以验证或推翻某个假设或理论。实证研究论文的目的是对少儿编程和信息技术教育进行深入的理解,提供实际效果评价。

【案例 5-3】AI 战略下少儿可视化编程教育研究(节选,有删改)

少儿(指年龄为 6—13 岁的儿童)编程教育在世界各国均引起了从教育专家到国家领导、社会各方面的重视,制定了相应的规范并进行了大规模的实践。

美国作为信息化与 AI 发展水平最高的国家,其计算机科学课程覆盖了从幼儿园到高中阶段,以培养青少年的计算思维能力。早在 2015 年,美国时任总统奥巴马认为:如果美国想要在全球科技创新中保持领先,所有人都应更早地学习如何编程。奥巴马本人以身作则,成为首位会编程的总统。2016 年,Facebook 总裁扎克伯格呼吁美国各科技企业联合起来,共同推行奥巴马提出的《面向所有人的计算机科学教育》全民计算机教育计划。目前美国是少儿编程教育渗透率最高的国家,达到 44.8%。日本于 2017 年制定了《IT 人才强化指南》,并计划从 2020 年起,把编程作为中小学的必修课程。澳大利亚于 2016 年将编程教育作为全国必修课程,青少年从 10 岁开始学习编程,培养编程思维,到 12 岁便可通过编程解决实际问题。英国于 2014 年把编程作为所有学校的必修课,规定 5 到 7 岁的少儿应掌握算法的含义以及如何将算法转换为程序进而执行。德国作为工业 4.0 的最初创立者,要求编程教育作为全国中小学必需课程,且以各类算法作为基础。"创新之国"以色列,更是要求小学一年级的学生就要学习编程,并能够解决一些较为复杂的算法问题。

《2018年开发者技能报告》公布了世界各国5—10岁编程人员所占的比例,如图5-1所示,英国和澳大利亚为10%以上。从全球来看,西方发达国家均非常重视少儿编程教育,并在本国实施了大规模的中小学程序设计课程。

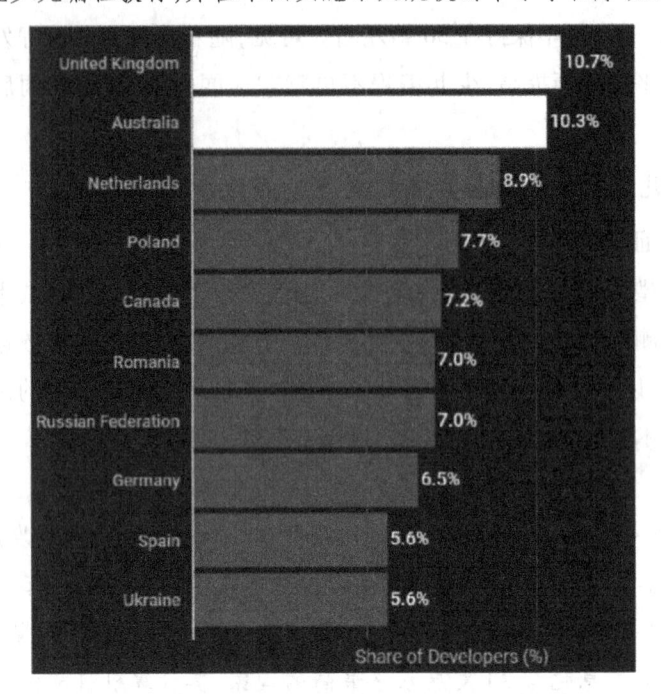

国家	比例
United Kingdom	10.7%
Australia	10.3%
Netherlands	8.9%
Poland	7.7%
Canada	7.2%
Romania	7.0%
Russian Federation	7.0%
Germany	6.5%
Spain	5.6%
Ukraine	5.6%

图5-1　世界各国5—10岁编程人员所占的比例

我国少儿编程教育严重滞后,以全球使用最为广泛的少儿编程语言Scratch为例,美国市场渗透率为44.80%,英国为9.31%,中国仅为0.96%。当前,我国少儿阶段(中小学阶段)编程教育主要问题在于计算机教学知识体系落后,教学方法和授课内容陈旧枯燥,程序设计课程并没有完整合理的教学大纲,师资建设滞后,使得我国计算机信息教育成果不明显,编程教育更加缺失。随着我国信息化建设的不断推进,人工智能、大数据、云计算、物联网、移动网络的不断发展,信息技术课程开始不断获得国家及各级教学机构的重视,少儿编程教育在我国开始蓬勃发展。

在中国知网学术期刊库中以"Scratch""少儿编程"为关键词,检索发表于2011至2018年的论文,共得到文献538篇。

从图5-2来看,相关的文献研究大体呈增长趋势。在2016年,研究趋势有所下降,但随着2017年国务院印发《新一代人工智能发展规划》,相关研究开

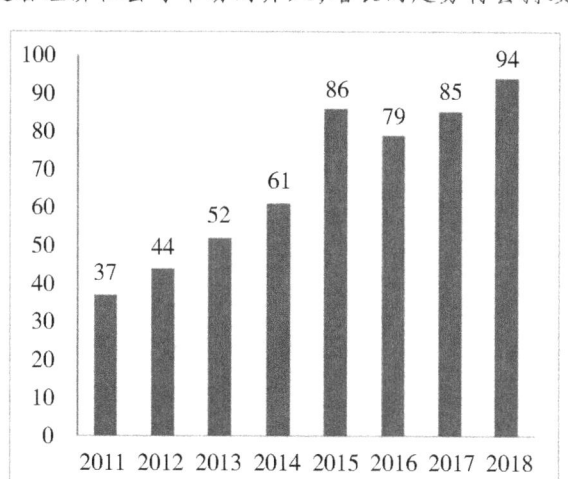

始增多。相信随着经济社会与市场的介入,增长的趋势将会持续。

图 5-2　少儿编程教育相关论文数量及发表年份

通过编程学习,应能够理解和使用计算机科学领域里的基本原则和概念,能够利用计算思维分析问题,并具备通过编写程序解决相关问题的能力。编程学习的内容主要包含以下几个方面:

(1)理解算法含义,算法的基本表示方法,以及算法是如何转换成为相应功能的程序,并在电子设备精确、清楚地执行的。

(2)掌握某一程序设计语言及其编程方法。能使用顺序、选择和循环三种基本结构来表示任意逻辑;使用基本数据类型和复合数据类型表示程序中的数据结构,并设计程序的输入和输出;利用过程或函数进行模块化程序设计;利用面向对象程序设计的相关概念实现程序的可靠性和重用性;掌握程序设计的工具、编写和调试程序的技巧。

(3)掌握常见算法。从计算思维观点了解常见算法(例如排序、搜索等),并能使用逻辑推理对不同算法解决同一问题时的时空效率或优缺点进行分析。

(4)掌握常见数据结构及其存储方法,如逻辑结构中数组、树、图,以及顺序存储、链式存储、散列表等。

(二)理论研究论文

这种类型的论文专注于理论研究和探索新的理论观点。作者通常会对现有的理论进行批判性分析,或者提出新的理论来解释少儿编程和信息技术教育的现象。理论研究论文的目的是促进对少儿编程和信息技术教育的理解,并提供理论基础。

【案例5-4】 人工智能时代下的少儿编程教育研究(节选,有删改)

根据少儿认知的特点,我们设计了以少儿编程为主要抓手的 STEAM 教育需要遵循的若干原则。

1. 以学生为中心

在少儿编程教育中,学生应该成为课堂的中心,教师是帮助学生组织、获取和转换信息的协助者,起着促进学生学习、辅助他们解决问题的作用。在教学过程中,老师需要充分调动学生学习的积极性,帮助学生养成自主思考的习惯。

2. 重视创设情境

为了激发学生探索问题的积极性,教师需要设计出针对本课堂的学习情境,鼓励学生根据情况提出问题、思考问题并且自主解决问题。学生要在教师的指导下,运用相关的知识,搭建原始知识体系,从而解决遇到的问题,深刻掌握学习的知识。在设计情境这一环节中,每个教师有每个教师的想法,可以互相分享融合,将不同的情境结合起来,让学生有不一样的学习体验,解决不同的问题,这样可以增强学生的知识储备和学习能力。

3. 自主探究和合作相结合

该原则可以分为两部分理解,一是自主探究,在建构主义学习理论下,教学设计需要注重学生的独立性,使之搭建自己独特的知识结构,从而达到学习目标。二是合作,在学生学习过程中遇到问题时,教师应当鼓励他们互相谈论,互相帮助。教师拥有丰富的知识,但缺少学生那个年龄阶段的思想。同龄人之间的交流,有助于学生解决问题,同时又培养了同学友谊。教师需要将自主探究与合作紧密结合,充分运用于课堂教学。

4. 多维度评价

在教学过程中,教师需要从不同角度运用不同的方法来设计教学情境,这样可以更好地促进学生学习,可以取得良好的教学效果,从而实现教学目标。内容主题的丰富度伴随着的是教学方式的多样性及评价方法的新颖性。对学生的总结性评价不能局限于教师的评价,而应该是多角度的评价,例如结合学生之间的互评、教学过程中的评价和教师的评价来总结。

(三)案例研究论文

这种类型的论文通过对特定的情况或问题进行深入的描述和分析,来探讨少儿编程或信息技术教育的应用和实践。作者通常会选择一些具有代表性的案例,对其进行详细的描述和分析,以展示少儿编程和信息技术教育的实际应用情况和效果。

【案例5-5】 STEAM 教育理念下小学科学教学案例的开发与实施——以《气球驱动小车》为例(节选,有删改)

1. STEAM 教育理念与小学科学教学融合的分析

本文的实验对象是长沙某小学,该学校开设了拓展课程。在小学阶段,学生已经开始学习少儿编程的内容,能够初步运用"搭积木"的方式设计简单的动画,并且能够用言语表述设计意图及想要表达的效果。STEAM 教育的实践过程中会涉及 3D 打印、编程教育、创客教育等,要求教师不仅要有较高的专业素养,还要具备跨学科的知识与技能、优秀的动手制作能力。在少儿编程与教学案例的融合中,教师要利用 Scratch 程序设计出能呈现小学科学实验现象的教学情景。

依据 2017 年的《义务教育小学科学课程标准》,结合 STEAM 教育理念开发小学科学教学案例。选择教科版小学科学四年级上册《用气球驱动小车》一课进行教学案例的开发与实施。本板块要求四年级学生了解日常生活中有哪些力,且力是怎样影响物体运动的。教材要求学生针对一项具体任务,按照设计方案、利用简单的工具进行制作,在实测后总结并提出简单的改进方法,再不断地进行测试和改进。教师在教学案例中利用 Scratch 语言设计探究活动,并将设计的案例用于课堂教学,并与传统课堂进行对比。

2. 基于 STEAM 理念下小学科学教学案例的开发

本文是对教科版小学科学四年级上册教材中《用气球驱动小车》来进行教学案例的开发与实施。开发的 STEAM 课程共两个课时,每个课时为 40 分钟。第一个课时包括创设情境、提出问题、提出项目、编程设计。第二个课时包括工程实施、交流评价和总结评价。

2.1 问题情境创设

教师提问:同学们都玩过气球吗?你们是怎么玩气球的呢?教师与学生开展对话交流,激发学生学习兴趣,活跃课堂氛围。

2.2 提出问题及项目

用上一环节学生的回答引入,引导学生将手放在气球口,感受喷出的气体,或把手放在气球上方,感受气球上升的力。教师提问:为什么气球会飞出去?飞出去的方向是怎样的?小组内讨论交流,教师引导学生总结出两个概念:推力与反冲力。教师利用多媒体给学生展示关于推力与反冲力的例子,例如火箭升空,进而提出项目:教师作为商家,实验小组作为研发团队,商家想要一款喷气式小车,特地邀请研发团队进行研发,并提出小车行驶距离要远的要求。

2.3 探究学习

将学生分成小组,各小组通过Scratch编程设计气球驱动小车装置,对影响小车运动距离的因素做出假设,例如气球大的小车行驶得更远。小组利用Scratch程序中"搭积木"的方式对"气球驱动小车"进行创作。编程设计完成后,小组人员利用气球、小车等工具制作活动装置。标记小车的起点,同一个喷管与大小不同的气球组装和不同的喷管与同样大小的气球组装,测试小车的运动距离。各小组依据记录单的实验数据,思考并讨论研究问题,总结出探究结果。在实践探究完成后,小组人员在编程设计的基础上制作出不同装置小车运动距离远近的动画,方便观看影响小车运动距离的因素有哪些。在探究活动中,教师提出工程项目,明确要求,树立学生的工程意识。

2.4 分享与展示

各小组进行评价与交流,分别从气球驱动小车运动装置的设计、探究小车运动距离的设计思路、动画改进等方面进行阐述,最后总结探究结果,构建自己的概念体系。例如:本小组首先用Scratch创建对象小车、大(小)气球与粗(细)喷管,并将三个对象组装。用"搭积木"的方式设计小车运动趋势,假设组装了大气球的小车的运动距离比组装了小气球的小车的运动距离要远。用实物进行探究,得出结果后再对程序进行修改,最后得到正确的动画情境。由此可得,组装了大气球的小车的运动距离比组装小气球的小车的运动距离要远。

2.5 反思与总结

各小组进行评价与交流,总结在设计工程中的不足之处,教师与学生共同总结影响小车运动距离的因素,引发更深入的思考。

(四)系统开发论文

这种类型的论文专注于介绍新的教育系统或工具的开发和实现。作者通常会描述一个新系统的设计和实施过程,以及其在实际应用中的效果和性能。系统开发论文的目的是提供对新的教育系统或工具的介绍和使用方法,以促进少儿编程和信息技术教育的进步。

【案例5-6】核心素养引领下的小学少儿编程教学设计研究——以 Scratch 为例(节选,有删改)

计算机程序本质上就是一系列指令的集合,它能告诉计算机要做什么。通常,我们使用编程语言写下这些指令,当然 Scratch 也是这样。对初学者来说,学习这些编程语言并了解它们的语法规则是非常困难的,但是 Scratch 不同,因为它不是基于文本的,而是一种可视化的编程语言。MIT 媒体实验室设计并发布了 Scratch 编程软件,设计它的初衷就是为了更容易地学习编程,也让学习过程更加有趣。Scratch 发布于2007年,其最新的版本是 Scratch 3.0,于 2018 年 8 月发布。

Scratch 2.0 程序由图形化的功能块组成,这些功能块组合在一起形成脚本,通过类似于拼图游戏的方式组合了相关功能,从而防止新手使用无效的组合。图形化的编程模块,确保新手程序员通过学习组合,形成编程逻辑,以正确的方式编写脚本。Scratch 的灵感来自 DJ 打碟的过程,DJ 通过所谓"scratching"的过程在唱盘上来回摩擦以移动旧式的黑胶唱片,从一些已有的声音中创建出新的独特的声音效果。Scratch 2.0 以类似的方式将图形和声音混合起来,以便青少年可以按照全新的方式来使用它们。

通常,在使用计算机和互联网应用程序的时候,用户会受到一些限制,需要按照开发应用程序的程序员所设计的方式来使用它。Scratch 2.0 让用户成了程序员,从而扭转了这一局面。Scratch 2.0 通过设计来满足8到16岁的年轻人群的需求,向他们介绍计算机技术并提高他们的学习技能,同时促进他们的创新能力和表达能力。很多人认为编程是神秘而复杂的,而且需要高级的技术培训和教育才能够掌握。其实不然,像 BASIC 这种专门用来帮助初学者上手的编程语言已经存在数十年了。近几年来,更多的编程语言出现了,尤其是帮助儿童或学生学习编程的语言更是层出不穷,其中最适合的编程语言就是 Scratch 2.0。

Scratch 2.0 是一种带有图形界面的可视化编程语言。它所创建的项目包含了图像、声音乃至视频,通过脚本来控制这些素材,而脚本则确定了应用程序的编程逻辑。Scratch 通过把功能块拼合在一起来创建脚本,这些功能块都具有自己独特的功能,这和通过搭建乐高积木来实现各种不同的创意非常相似。Scratch 2.0 的功能块还为学生提供了访问各种媒体(包括声音和图像)的功能,还有可以用来创建新的图像和声音文件的工具。

Scratch 2.0 是一种解释型编程语言。这就意味着应用程序项目不会在执行前进行预编译(即转换为能够作为独立应用程序运行的可执行代码)。相反,构成 Scratch 2.0 项目的代码功能块,会在每次执行应用程序项目的时候进行解释和处理。Scratch 2.0 还是一种动态语言,它甚至允许在项目运行时修改程序。Scratch 2.0 还允许学生现场对项目做出修改,以便能够在应用程序执行的时候看到修改后所产生的效果。Scratch 2.0 的口号是"想法—程序—分享",凭借其易学性和强大的编程环境,让学生充分发挥自己的想象力和创新力进行程序的开发设计。

(五)综述论文

这种类型的论文是对某一特定主题的全面回顾和总结。作者通常会收集并分析大量的相关文献,以提供该领域较为全面的理解或者某一特定主题的深入见解。综述论文可以提供一个全面的视角,让读者了解少儿编程和信息技术教育的最新进展、重要概念、理论中心和研究方向。

【案例 5-7】家庭参与少儿编程教育培训产品消费意愿、效果及影响因素研究——以武汉少儿编程培训市场为例(节选,有删改)

Schultz(1961)率先表示,教育不同于一般的商品,它既具有消费属性,也包含投资属性。美国经济之所以能够在短时间内快速发展主要依赖于人的技术能力的提升、专业知识的扩展等,教育是扩大人们知识视野、提高技术能力的关键方法。Kindleberger(1986)指出,教育从本质上来讲是对文化产品的一种消费,但是同时也可将其视为一种对生产力的投资行为。陶美重(2007)表示,教育消费主要是指民众为享受特定教育服务或者购买教育产品而支付的资金。田芯等(2012)关于教育消费提出了同样的观点,并且做了进一步补充,即学生在学校享受教育、汲取知识,成人为进一步提升自我而开展的继续教育活动也属于消费行为。当前,教育消费相关理论体系日臻成熟,关于教育消费的含义、特性等,学术界达成了共识。越来越多的学者开始探讨教育消费对经济增长做出的贡献等相关内容。

Benhabib 等(1994)在进行调查分析后表示,教育消费能够促进区域乃至国家的技术创新实力大幅提升,也能够快速高效地学习他国一流技术,为经济发展提供了强大支持。Herbertsson 等(2003)在进行实证分析后指出,研究国家的教育消费对经济增长的贡献率一般为12%~33%。作为一种有别于一般商品的消费形式,教育消费有自身的特殊性。它对经济增长做出的贡献主要表现为两点:一是扩大直接投资规模,推动经济发展;二是依托人力资本及技术的提升推动经济发展。Mamoona 等(2008)着重对教育消费推动经济发展的机制进行了细致深入的探讨。他们表示,教育消费能够依托技术能力的提升、效率的改善等扩大人力资本,由此促进经济增长与发展。傅家荣(2003)表示,在居民消费体系中,教育消费占据着举足轻重的地位,随着经济的蓬勃发展,教育消费的占比不断增大。唐东会等(2016)表示,教育消费支出特别是平均财政性教育支出的增加,势必会促进区域全要素生产率显著提升。杨真等(2019)在进行调查分析后表示:家庭教育的期望越高,家庭消费降幅越明显。特别是经济条件相对比较差的农村家庭,其家庭消费降幅特别显著。究其原因,家庭在教育方面的消费不断增加。

有学者表示,人们的教育消费呈现出明显的区域差别。

张薇(2016)在研究过程中,将目光聚焦于西部城市,深入细致地探讨了城乡居民家庭在学前教育消费方面的不同。结果表明,相较于农村家庭,经济条件比较好的城镇家庭在学校教育消费方面的支出明显更多。他们的教育消费结构也更科学、更合理。

翁莉等(2019)在借鉴前人研究成果的基础上深入探讨了江苏省的高等教

育消费需求情况,分别从消费观念、消费能力等多维度入手进行调查分析。结果表明,该省在教育消费方面呈现出城乡差别显著、功利色彩明显等特征。赵文天等(2019)主要对上海市STEAM的消费现状展开了深入细致的调查分析,由此发现,编程类课程在上海市受到热烈欢迎,发展前景较为广阔。

综上,在居民消费体系中,教育消费占据重要地位,增加教育支出可促进学习者扩大知识视野、提高技术能力,通过提升人力资本的方式促进经济发展。随着国民经济的快速发展,我国家庭教育消费占比不断提高。不过,教育消费支出呈现出明显的区域差异,城乡差别比较显著。另外,在教育消费体系中,编程类课程备受欢迎,发展前景比较广阔。

二、少儿编程发展与信息技术教育学术论文写作的基本步骤

一般来说,少儿编程发展与信息技术教育学术论文可以按照收集资料、拟定题目、拟定提纲、撰写引言、撰写正文、撰写结论、提炼摘要、选取关键词、修改初稿等步骤依次展开写作。

(一)收集资料

收集资料是对原始资料和前人研究成果(文献资料)的搜寻和采集,目的是让研究者把握现状,避免重复劳动。另外,通过收集资料还可以较为全面地知悉别人已经采用了哪些方法,尤其是别人进行研究设计的方法、收集原始资料的方法、测量的方法、统计分析的方法、论证的方法等具体方法和技术,从而为自己提供方法借鉴,提高研究的科学性。

一般来说,文献资料的收集(图5-3)可以采用工具法、追溯法和综合法三种方法。工具法是利用各种检索工具查找文献资料的方法。比如利用中国知网、维普网、万方数据库、中国人民大学复印报刊资料、超星数字图书馆等专业网站,或者利用《中国教育学刊》《课程·教材·教法》等基础教育类核心期刊及《中国信息技术教育》《中小学信息技术教育》《中国教育信息化》等信息技术教育类核心期刊,也可以利用综合性大学主办的信息技术教学类期刊查找少儿编程与信息技术教育相关文献。追溯法是通过阅读已经查找到的文献的注释或参考文献来进一步寻找同少儿编程与信息技术教育相关文献的方法。追溯法在一定程度上可以将工具法可能遗漏的某些重要文献补充进来。综合法是将工具法和追溯法交替使用的一种文献资料收集方法,即先利用检索工具找到

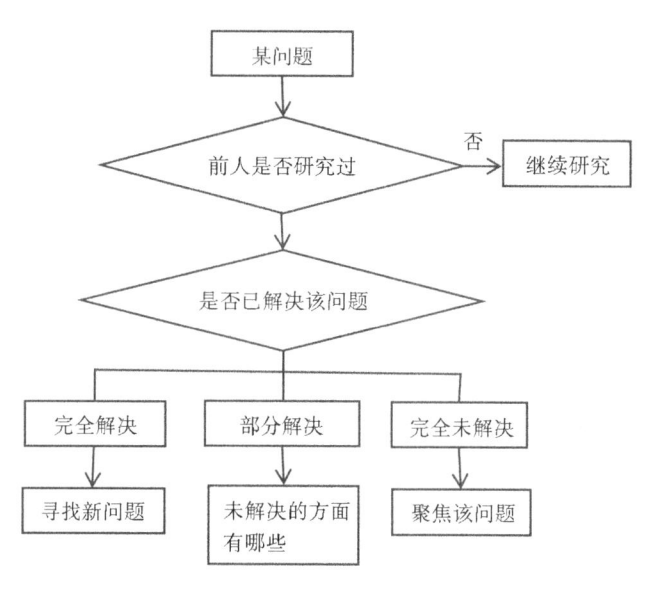

图 5-3　收集资料流程图

一些文献资料,再利用这些文献资料的注释或参考文献来查找另一些文献资料。一般来说,工具法和追溯法能够相互补充,因而将两种方法交替使用的综合法是最好的文献资料收集方法。

(二)拟定题目

一般来说,研究者查阅论文或编辑部审读来稿时,首先看的是论文题目。论文题目在一定程度上影响着读者是否愿意阅读这篇论文。好的论文题目直接起到吸引读者的作用,因此拟定题目是论文写作过程中必须认真对待的一件事。概括地看,论文题目的拟定需遵循三个原则。

1. 题目要精确

所谓精确,即题目必须准确、全面地反映论文主要内容,既不能过于宽泛和空洞,又不能过于繁杂和琐碎,亦不能似是而非。比如:"有效利用少儿编程素材,提高信息技术教学质量"就属于大而空的题目,同时表述也不够准确;若改为"政策驱动下的少儿编程教育发展问题研究——以×××为例",则题目范围更小,研究主题更精确。

2. 题目要简洁

题目太长,容易给读者留下烦琐和啰唆的印象,进而影响到读者的阅读兴趣和对论文质量的评价。因此,题目应该惜字如金,用最少的文字精确概括出论文的主要内容。中文论文的题目最好不超过25个汉字,英文论文的题目最好不要超过100个字符。题目如果用一行文字能表达完,就尽量不要用两行。

3. 题目要清晰

题目要能清晰地反映出论文的主要内容,让读者一看就理解。拟定题目时,要尽量避免用艰涩的词语,不常用的公式、专业术语或自己生造的中英文缩写词,否则容易让读者费解。题目通常由名词性短语构成,如果有动词也大多以动名词或分词的形式出现。

(三)拟定提纲

在撰写少儿编程与信息技术教育研究学术论文时,有些作者不太愿意写提纲,习惯于直接写初稿。如果作者在头脑中已经把提纲拟好,那也未尝不可。但如果作者头脑中还没有形成清晰的写作思路和明确的结构安排,那么拟写提纲就是不应被省略的一个重要步骤。提纲是正式动笔行文前的必要准备,体现了作者对论文思路和框架的构思。学术论文需要运用大量的文献资料或原始资料,逻辑严密、层次清楚、结构合理地展开论述,从而严谨科学地论证主要观点或得出基本结论。而有了一个较为成熟的提纲,就能够做到纲举目张,确保论文结构的完整、层次的分明和逻辑的一致,并能够按照提纲中各个部分的具体需要来选择资料,将资料的作用尽可能充分地发挥出来。提纲分为简单提纲和详细提纲。简单提纲往往比较简略,只涉及论文要点,对于每个要点具体应如何展开则不加描述,因而经常只有一级提纲。作者如果已经深思熟虑,就可以采用简单提纲,否则就应采用详细提纲。详细提纲是将论文的要点和每个要点怎样展开都详细地列出来,因而往往会形成三级提纲。

拟写提纲时,主要从三个方面加以把握:第一,要以问题为中心,始终围绕学术论文所要解决的问题拟定框架,防止所列条目偏离主题。第二,要考虑提纲的逻辑性,注意各个部分之间的逻辑关系,这一点很关键。在拟写提纲时,内在逻辑结构的安排不容忽视。一般来说,数学教育研究学术论文的内在逻辑结构主要有三种:并列结构、递进结构和综合结构。并列结构是指学术论文的各个部分之间是并列关系,不存在主从之分或逐层展开的关系。采用并列结构的学术论文的各个部分可以调换位置而不影响逻辑性。递进结构是指学术论文的各个部分之间存在逐层深入、逐步展开的内在逻辑关系,即每一部分均由前一部分自然地引出,各个部分的位置不可随意调整,否则就会造成逻辑混乱。综合结构是指在学术论文中交叉采用并列结构和递进结构的结构安排方式。第三,要确立全局观念,从整体上明确各个部分的地位和作用,进而确定各个部分的比例分配和全文的篇幅,做到各个部分的比例分配与其地位和作用保持一致,全文的篇幅长短与研究主题保持协调。

(四)撰写引言

引言就是引出论文正文部分的文字,有时也叫"问题的提出",位于论文的开头部分,字数为500—800字,最长不超过1000字。作为引导性的文字,引言一般包括以下几个方面。

1.交代研究缘由

研究缘由主要是凸显论文关注主题的研究价值,言简意赅,一两句话即可,主要目的是回答"为什么要研究"的问题,即让读者理解本研究的必要性。

2.介绍研究概况

研究概况是简要介绍前人对论文所关注的主题已经做了哪些研究,研究到何种程度,这些研究存在哪些不足或忽视了什么问题,从而揭示出论文的理论价值。有时研究概况和研究缘由可以合并,叫作研究背景。

3.阐明研究问题

在研究概况中,通过对研究成果的概要回顾来发现既往研究的不足或忽视的问题,从而引出论文尝试解决的总问题。作者需要对引出的总问题进行初步阐释,让读者对这个总问题形成准确、全面的理解。在阐释中,有时不仅要对总问题本身进行解释,而且要围绕总问题层层剥离出一个个子问题。总问题犹如一棵树的树根,由总问题进行第一次分解所形成的子问题犹如树的主干,将第一次分解的子问题进行第二次分解形成的子问题就是树枝,它们形成了一棵"问题树"。

4.明确基本概念

对基本概念的界定在引言中并非必不可少。如果撰写的论文涉及的基本概念是在学术界已基本达成共识或为同行所熟知的,就没有必要对论文所用概念加以界定。如果论文涉及的基本概念是学术界尚存争议的或比较新颖的,就有必要对概念做出厘定。这样做的好处是既便于读者理解,又利于始终围绕论文界定好的概念内涵展开研究,避免因滑向概念的其他含义而造成逻辑上的矛盾或不统一。

5. 交代研究方法

研究方法的重要性不言而喻。引言中应当交代为了解决所研究的问题而采用的方法,否则,即使论文的基本观点或研究结论非常引人注目和令人振奋,读者也可能因不明白论文究竟采用了什么研究方法而对观点和结论的可靠性产生怀疑。当然,如果论文所用的研究方法比较传统和常规,那么只需一带而过地论及所用方法对解决研究问题的适切性,而无须对方法本身做过多阐释。如果论文所用方法比较新颖且不为同行所熟知,那么还应对方法本身进行简明扼要的解释。这种解释只要让读者明白该方法究竟是什么即可,不应过多展开,以免偏离主题。值得说明的是,如果研究方法需要详细地阐述,也可以不在引言中出现,可以单独放在文章结构中,成为和引言并列的部分。

6. 阐述研究意义

研究意义包括理论意义和实践意义,主要是凸显论文研究的应用推广价值,一般在引言的末尾呈现,有时也可以和研究缘由放在一起进行阐述,用一两句话阐述即可。

需要特别强调的是,并不是每篇论文的引言都包括以上六个方面,可以从以上六个方面进行选择,自由组合。有的引言内容可能只有三个方面,如研究缘由、研究问题和研究意义;有的引言内容可能包括四个方面,如研究缘由、研究概况、研究问题和研究意义。比如案例5-8的引言就是按照研究缘由、研究概况、研究方法和研究意义的顺序写的。

【案例5-8】《幼儿园开展少儿编程教育的可行性研究》引言

【研究缘由】随着人工智能时代的到来,为了在未来的国际竞争中占据主动,很多国家已经将人工智能教育定义为一种通识教育,而编程教育作为人工智能的基础和核心,更是逐渐呈现出低龄化的发展趋势。2014年,英国的教育主管部门把计算机编程纳入每所学校的必修课,教学大纲规定5岁以上的儿童必须接受编程教育;2016年,美国政府宣布投资40亿美元开展少儿编程教育,将少儿编程教育加入STEAM教育体系,在4~7岁儿童中开设了图像化编程课程。同期,芬兰国家教育委员会也提出了一项针对4~9岁儿童的编程教育计划,规定从2016年秋季学期开始执行。除了欧美一些发达国家,中国香港也在幼儿园开展了少儿编程教育,甚至将其作为幼升小的考试科目。相较而言,内地的少儿编程教育起步较晚,基本以校外培训等为主导。据美国教育研究学会会员、香港大学的李辉教授在2018年两岸学前教育研讨会上的现场调研,包括来自北京、上海、深圳等一线城市的近百所幼儿园,只有1所开设了少儿编程课程。因此,很多学前教育专家表示,内地的幼儿园在编程教育方面已经落后。其实,国家和各地方政府已经开始重视少儿编程教育。国务院在2017年7月发布的《新一代人工智能发展规划》中提出,要在中小学阶段设置人工智能相关课程,逐步推广编程教育。浙江省从2017年开始,率先将编程列入浙江省高考体系之中。2018年,北京、南京、广州和重庆等地纷纷将编程列入中考特招项目,关于编程教育的利好政策频频出台。

【研究概况】但对于是否把少儿编程教育渗透并下移到幼儿园,目前国内教育界还没有做过多研究。截至2020年6月30日,笔者在中国知网以"幼儿园""学前"结合"编程"为主题词进行检索,整个CNKI数据库只有1篇幼儿园编程教育方面的文章,还仅仅是关于编程语言Scratch Jr在幼儿园的教学应用。

【研究方法】有鉴于此,本研究采用分层随机抽样的调查方法,以江苏省部分幼儿园师生和家长作为调查对象,调查研究在园儿童的学习情况、计算机使用情况以及对少儿编程的看法和需求等。

【研究意义】本研究通过对调查数据的分析,对幼儿园儿童的学习现状、编程学习需求进行描述,以期为幼儿园的少儿编程教育提供一些思路。

(五)撰写正文

正文是少儿编程与信息技术教育研究论文的主体部分。正文的写作过程是在提纲的基础上,进一步推敲和明晰论点,并选取恰当而充分的材料加以论证的过程。在写作时,提纲不是一成不变和必须严格遵循的,而是应根据写作时获得的新认识灵活地调整。正文的写作要紧紧围绕怎样运用专业的语言提炼出新的论点,怎样运用新的材料和新的方法对新的论点做出准确、深入、客观的论证这两个问题展开,并注意论述时语言的流畅性、行文的规范性和逻辑的严密性。

撰写正文时,尤其要注意论点与论据的统一性、论据与论证方法的契合性。一方面,使用的论据包括理论论据和事实论据,这些论据既要真实可靠,又要与论点紧密结合、浑然一体,从而增强论点的说服力。另一方面,论据必须借助合适的论证方法,才能起到证明论点的作用。论证方法主要有引证法(直接引用、间接引用)、例证法(直接证明、诠释证明)、推理法(归纳推理、演绎推理、引申推理)、比较法(横向比较、纵向比较、综合比较)、分析法(因果分析、结构分析、层次分析、角度分析、定量分析、定性分析)。应根据论据的具体内容,酌情选用上述论证方法中的某一种或某几种。

(六)撰写结论

结论是学术论文的最后一个部分,也可以称为"结论与讨论"。该部分主要包括五个方面:

1. 陈述论文的基本观点或研究结论

通常情况下,论文的不同部分已经相应地包含着作者的观点或结论。本部分只需将这些观点或结论进行归纳和总结,并集中地呈现给读者。这种归纳和总结必须是高度概括的,不应展开,否则就容易与正文中的某些内容重复。

2. 说明论文的长处和短处

在高度凝练地陈述论文的观点或结论后,应对论文的长处和短处做一个全面的说明。尤其不应忽视论文的短处,因为读者特别是研究者和审稿人,往往非常关注短处,以将其作为研究的新起点或提修改意见的切入点。因此,如果作者对论文的短处避而不谈,那么一旦短处被读者发现,就可能导致读者对观点或结论的可信度产生怀疑,从而造成不良影响。

3. 剖析论文与其他研究,比较其长处和短处

在就论文自身谈长处和短处之后,还需将论文与既往研究加以比较。比较的目的绝不是要夸耀自己的研究比既往研究更好,而是为了客观地分析论文与既往研究存在的优势和劣势。在比较中,最忌讳的是掩盖论文的缺陷,最重要的是讨论论文与既往研究在观点或结论上存在什么差别以及为什么会存在这种差别。假如通过比较后实在搞不清为什么会存在差别,那么宁愿省略差别的原因分析,也不要妄自断言论文的观点或结论是正确的,既往研究的观点或结论是错误的。

4. 阐释论文的理论意义和应用前景

本部分还应对论文形成的观点或结论在理论上的价值和实践中进行应用的可能前景做出中肯的剖析,并清楚地交代论文的创新之处和重要性。

5. 交代论文未解答的问题和可能的努力方向

本部分最后还应简要指出本论文没有解答的问题,并指明解决这些问题可以从哪些方向努力,从而为他人以此为基础进行后续研究提供参考。

(七)提炼摘要

摘要是对论文主要内容择其要点加以介绍的文字。摘要的作用在于,读者通过阅读摘要就能大致了解该论文所要解决的问题、得出的基本观点或研究结论。摘要分为报道性摘要和提示性摘要。报道性摘要主要介绍论文的研究目的、研究方法、基本观点或研究结论,相对更为全面。提示性摘要只介绍论文的基本观点或研究结论,不提及研究目的和研究方法,相对更为简洁。一般来说,中文论文多数采用提示性摘要,英文论文往往采用报道性摘要。提炼摘要的基本要求有:

1. 完整性

如果是报道性摘要,就应当把研究目的、研究方法、基本观点和研究结论都加以介绍,不应有遗漏,尤其是不能漏掉某一个或某几个基本观点或研究结论。如果是提示性摘要,因为只介绍论文的基本观点或研究结论,所以更不能遗漏这些内容。

2. 重点性

对报道性摘要而言,研究目的和研究方法不应省略,可以一带而过,并重点介绍基本观点或研究结论,其他内容则无须涉及。对提示性摘要而言,基本观点或研究结论是唯一的重点,无须再提及其他内容。

3. 简洁性

摘要的写作必须字斟句酌,文字精练,点到为止,无须展开。中文论文的摘要通常为100—200字。

4. 客观性

报道性摘要就是对研究目的、研究方法、基本观点或研究结论的客观陈述,提示性摘要就是对基本观点或研究结论的客观介绍。撰写这两种摘要时,作者应站在旁观者的角度进行价值祛除式的提炼,而不应进行主观评价,也无须通过与既往研究进行比较来凸显本论文的价值,更不能自我褒扬甚至吹嘘。考虑到这一点,摘要一般用第三人称来写,不要出现"本文""本研究""我们""作者""笔者"等主语,以免影响表述的客观性。

(八) 选取关键词

关键词是论文的文献检索标识,是体现文献主题概念的词或词组。关键词通常从论文题目、层次标题和正文中选取。可以选作关键词的词或词组通常包括叙词和自由词两类。叙词是指我国编制出版的《汉语主题词表》中经过规范化的词或词组。自由词是指在《汉语主题词表》中找不到的词。如体现该论文主题的新学科、新理论、新概念等新的名词术语就可能尚未收入《汉语主题词表》,因而无法从表中找到。关键词的数量通常为3—5个。关键词的选取需遵循专指性规则、组配规则和自由词标引规则。

(九) 修改初稿

论文修改有广义和狭义两种。广义的论文修改是指在论文写作的每一步所做的修改。它既包括论文初稿形成后针对初稿进行的修改,又包括从收集资料开始直至论文初稿完成之前的每个步骤所做的修改。收集资料的过程中虽然没有正式动笔写,但也可能存在对收集资料的范围、方法等进行调整的活动。这个活动也是论文写作的一个步骤,因此亦可视为论文修改的一个有机组成部分。狭义的论文修改仅指论文初稿形成之后针对初稿所做的修改。对初稿的修改主要包括观点的修改、结构的修改、材料的修改、语言的修改、标题的修改五个方面。修改初稿时应着重从这五个方面反复修改,直至达到相应的要求,方能定稿。

1. 标题的修改

标题是论文的"眼睛"。论文的标题包括论文题目和具体标题。前文已经指出,论文题目应做到精确、简洁、清楚。这个要求同样适用于具体标题。在检查和修改论文标题时,应严格对照这三点要求进行。

(1)按照"精确"这个要求检查标题是否准确、全面地反映了论文的内容。如果发现题不配文,就需要修改,直至标题符合要求为止。

(2)按照"简洁"这个要求检查标题是否短小精悍。如果发现标题太长或啰唆,就要按要求修改。

(3)按照"清楚"这个要求检查标题是否存在笼统、含糊、词不达意的问题,是否存在使用生造词或生僻词、不常用的公式和专业术语等问题。对于笼统、含糊、词不达意等问题,需仔细推敲和修改用词和表达;对于使用生造词或生僻词、不常用的公式和专业术语等问题,需换用规范词语,用更加通俗易懂的文字替换掉不常用的公式和专业术语。

2. 结构的修改

结构是论文的"骨架"。结构合理与否，直接影响到论文内容表达的效果。论文结构的修改应着重从三个方面着手。

（1）思路和层次是否清晰。对思路和层次的检查既要从具体标题之间的关系来着手，也要从自然段与自然段之间的关系来进行。第一，对于具体标题之间的关系，主要看论文标题与标题之间是否符合并列结构、递进结构或综合结构的要求。尤其是当论文采用递进结构时，要看具体标题的顺序是否颠倒。标题顺序颠倒会导致逻辑混乱，因而必须调整标题顺序。第二，对于自然段与自然段之间的关系，主要看相邻自然段之间是否符合起承转合的要求，在意思上是否连贯顺畅。如果自然段之间意思不连贯，就需要重新整理思路，并对相关阐述加以梳理，有时需要增加一些过渡性的话语，有时需要对自然段的位置或其中某些内容的位置进行调整，有时还需要增补一些内容。总之，对思路和层次的修改直至阅读时产生一气呵成之感，才算达到基本要求。

（2）结构是否完整。一篇论文通常由引言、正文和结论三大部分组成。每个部分都有应包含的具体内容。修改时应对照这些内容，将缺少的内容补充完整。当然，引言、正文和结论中的具体内容也是相对的。如果通读全文时发现缺少个别内容并不影响全文的完整性，那么此内容可以省略。

（3）结构是否紧凑。如果论文结构比较松散，就需要将多余的材料删除，将可有可无的材料缩减或删去，将偏题和无关紧要的句子删掉；同时要检查每个部分之间的衔接、过渡和照应问题。

3. 观点的修改

观点是论文的"灵魂"。一篇论文如果在观点方面存在缺陷，那么其质量就会大受影响。有鉴于此，修改初稿时，最为重要的是对论文观点的正确性、深刻性、新颖性加以推敲。因此要立足全篇，理性审视论文的中心观点是否正确、深刻，是否具有创新性；若没有，则需对中心观点进行修正、完善，甚至重写论文。在中心观点完善后，需要考察分观点与中心观点是否一致，分观点是否准确、全面。如果不准确，就要修改；如果不全面，就要补充，直至达到要求为止。

4. 材料的修改

材料是论文的"血肉"。材料的修改是指对初稿中所用的材料进行调整、删减或增补。由于材料是证明论文观点的论据和使观点充实、丰满的重要支撑，因此所用材料必须符合三个方面的要求。

（1）必不可少。选用的材料对证明论点是不可或缺的；换言之，少了该材料，论点就无所依托。如果材料并非必不可少，而是可有可无，那么就应删减。

（2）真实可靠。材料作为证明观点的论据，如果不够真实可靠，就会大大影响观点的可信度和正确性。假如材料的真实可靠性存在问题，就必须对这个材料进行调整甚至替换。

（3）恰到好处。为了证明观点所引用的材料既应恰当贴切，又要不多不少。如果材料不能准确有力地论证观点，就要对材料进行调整；如果材料过于冗长和芜杂，就要进行提炼和梳理；如果材料太过粗略或陈旧，就要细化或替换。总之，为了做到恰到好处，必须逐字逐句地对材料进行推敲，然后酌情调整、删减、增补，直至所用材料能恰如其分地证明观点为止。

5.语言的修改

语言是论文的"细胞"。论文的形成必须以语言为基本载体，论文的观点和结论必须靠语言来呈现。对论文语言的基本要求是准确、简练、可读。为了达到这个要求，在修改初稿时，必须对语言进行反复推敲、修改，可以从三个方面努力。

（1）准确性。需要对论文中的用词不当情况加以改正，需要把似是而非、含糊不清的语句改为准确的文字，需要仔细校对，改正错别字和标点符号错误，需要仔细核实论文中出现的符号、公式、图标等。

（2）简练性。需要逐字逐句地审阅，删去重复的和可用可不用的词句，并将啰唆冗长的语句改为精练的文字。

（3）可读性。需要把拗口的词句改为流畅的词句，把平淡的语言改为生动的语言，把晦涩的文字改为明快的文字，把搭配不当、成分残缺、逻辑混乱等有语法错误的病句改为符合语言规范的句子；需要理顺句子与句子之间的内在逻辑关系，以实现上下贯通、前后一致、逻辑自洽。

少儿编程和信息技术教育是培养未来科技人才的重要途径，面临着新的挑战和机遇。未来，随着科技的不断进步和教育理念的不断更新，少儿编程和信息技术教育将更加注重多样化、智能化、跨学科融合和国际化发展。同时，教育机构和教育者也需要不断探索和创新，为孩子提供更优质的教育体验，以培养出更多具有创新思维和问题解决能力的科技人才。

[本书是省级教改课题"OBE 理念下的教学技能'结构—定向'式教学理论与实践探索"(编号 JXJG-22-23-23)的研究成果。]

【参考文献】

[1]胡善凯.核心素养引领下的小学少儿编程教学设计研究:以 Scratch 为例[D].曲阜:曲阜师范大学,2020.

[2]王亚敏,肖波,李扬艺.STEAM 教育理念下小学科学教学案例的开发与实施:以《气球驱动小车》为例[J].科教导刊,2022(8):143-145.

[3]钟志宏,周娟娟.AI 战略下少儿可视化编程教育研究[J].电脑知识与技术,2019,15(32):204-207.

[4]辛跃武.少儿编程在小学信息技术教学中的探索[J].新课程导学,2020(17):87.

[5]袁庆.将 Scratch 引入小学信息技术课堂[J].中国教育信息化,2014(20):85-86.

[6]李靖.谈论文修改的意义与方法[J].河北师范大学学报(哲学社会科学版),1996(S1):232-233.

[7]邓颖敏.幼儿园开展少儿编程教育的可行性研究[J].科研,2022(5):156-159.

[8]闻枭峰,蔡泽敏,张琦,等.少儿编程"热",需要"冷"思考:用户视角下杭州市少儿编程培训调查研究[C]//2021 年(第七届)全国大学生统计建模大赛获奖论文集:二,2021.

[9]王纪,赵钰婷.STEAM 教育理念下小学科学实验课程设计:以叶脉书签的制作为例[J].教育实践与研究,2022(16):61-64.

[10]丁绍华.大学生教育补充消费行为研究[D].大连:大连交通大学,2010.

[11]柴华丽.行动研究与教师专业发展研究综述[J].当代教育论坛(宏观教育研究),2007(11):110.

[12]常磊.人工智能时代下的少儿编程教育研究[J].语文课内外,2022(29):245-247.

[13]王佳星,周武源,李甜甜.人工智能发展态势的文献计量分析与研究[J].小型微型计算机系统,2023,44(11):2424-2433.

[14]张进宝,姬凌岩.中小学信息技术教育定位的嬗变[J].电化教育研究,2018(5):108-114.

[15]戴欣宇.教师支架对小学生小组协作编程的影响:多模态学习分析研究[D].杭州:浙江大学,2022.